おいしく元気！ 栄養を生かした実用料理

日本の食材帖 実践レシピ

吉田企世子 監修

主婦と生活社

実 Fruiting vegetables

葉 Leaves

contents

Roots 根

Herbs & Fruits 香草・果物

Fish 魚

Meat & Other 肉・その他

参考文献

「あたらしい栄養学」高橋書店

「うまい魚がすべてわかる本」プレジデント社

「梅名人・藤巻あつこの梅仕事
おいしい『梅干し作り』と『梅のレシピ』」藤巻あつこ著
主婦と生活社

「ＮＨＫきょうの料理ビギナーズ　2009年11月」
日本放送出版協会

「からだにおいしい魚の便利帳」高橋書店

「からだにおいしい野菜の便利帳」高橋書店

「五訂増補食品成分表2009」女子栄養大学出版部

「魚屋さんに教わる　図鑑　台所のさかな」中公文庫

「さかな料理指南」本山賢司著　新潮文庫

「四季の魚料理」グルメ文庫　角川春樹事務所

「食材レッスン」アサヒグラフ別冊

「新食肉がわかる本」財団法人日本食肉消費総合センター

「全国版郷土料理レシピ集」全国生活研究グループ連絡協議会

「食べ物栄養事典」主婦の友社

「漬け物百科」家の光協会編　家の光協会

「土井善晴の魚料理」日本放送出版協会

「日本の食生活全集」農山漁村文化協会

「浜内千波　お魚料理はじめます」家の光協会

「部位別実用ミート・マニュアル」
財団法人日本食肉消費総合センター

「もっとからだにおいしい野菜の便利帳」高橋書店

「野菜の効用事典」山口米子・大滝緑編著　真珠書院

「私の作る郷土料理」ふるさとごはん会編　マガジンハウス

協力

厚木シロコロ・ホルモン探検隊

オキハム

株式会社十文字チキンカンパニー

行田ゼリーフライ研究会

佐世保バーガー株式会社

社団法人全国肉用牛振興基金協会

月星食品株式会社

浜松餃子学会

袋井市観光協会

ふじよしだ観光振興サービス

本家宮崎肉巻きおにぎり

みそかつ　矢場とん

青木夕子

岩﨑由美

齋藤葉子

坪井英子

橋本真奈巳

松田純枝

涌井波瑠香

本書の使い方

名称

名称の表記は、呼び名にあたる漢字及びカタカナを表記。ふりがなは、独立行政法人農畜産業振興機構の使用している表記を参考にしている。

ただし、一般的な呼び名がわかりやすい場合や、魚類のように地方名が複数存在する場合など、例外もある。

栄養

個々の食材の、特徴的な効能を紹介。

基本の栄養成分は「五訂増補日本食品標準成分表」に基づいている。

伝統料理 伝統

伝統料理は、その地域の食材を使って調理された「ふるさと料理」。のちに広く伝わって、日本の食文化のひとつとなってきたものなど、様々なものを紹介。

品種

同種の中でも特徴的な品種や、特別な調理法があるような品種を紹介。

詳しくは「日本の食材帖」に表記。野菜の流通では様々な名称が混在しているので、品種名･商品名･ブランド名には＊をつけている。

コツ コツ

各食材にかかわる調理のコツや原理、基本的な家庭料理の調理方法を紹介。

常備菜 常備

比較的日持ちのするレシピや、冷蔵庫に常備しておくことで、日々の献立の助けになるものなどを紹介。

レシピ

材料表の分量は、小さじ１＝５㎖、大さじ１＝15㎖です。

オーブン、電子レンジの加熱時間は目安です。

お手持ちの機種によって調整してください。

ご当地 ご当地

全国の特定地域内において、伝統にこだわらず、地元食材を使用した料理や環境的に定着してきた料理。「B級グルメ」などや、一般家庭に広く親しまれているレシピを様々紹介。

食材の栄養

エネルギーの源、三大栄養素

たんぱく質、脂質、炭水化物は、生命活動に必要なエネルギーを供給する三大栄養素。体内で分解され、エネルギーを生みます。たんぱく質は筋肉や臓器などの構成成分でもあります。

炭水化物は体内でブドウ糖に変わり、特に脳や神経系、赤血球、筋肉などが活動するためには不可欠です。

余ったブドウ糖はグリコーゲンとして蓄えられ、必要に応じて消費されますが、それでも余れば体脂肪として蓄積されてしまいます。

脂質は効率のよいエネルギー源で、脂肪酸はその構成成分。脂肪酸には、オレイン酸、α－リノレン酸、EPA、DHAなどがあります。

三大栄養素の働きを潤滑にするビタミンとミネラル

ビタミンは体の機能を調節、維持するために欠かせない栄養素。体内では合成できないため、食品から摂取する必要があります。水溶性ビタミンは、損失を少なくするため、調理する際にはさっと洗い、煮汁も一緒に食べましょう。脂溶性ビタミンは油と合わせてとると体内で吸収されやすくなります。

ビタミンAの化学名はレチノール。ビタミンAには、動物性食品に含まれるレチノールと、植物性食品に含まれるカロテン（α、β、γ、クリプトキサンチン）があり、カロテンは体内でレチノールに変換します。カロテンにはビタミンAとしての働きのほかに、強い抗酸化作用があり、動脈硬化や老化、ガンの予防に有効な成分として注目されています。

葉酸は、造血や細胞の新生に不可欠なビタミンB群の一種。胎児や乳幼児の発育にかかわる妊婦や授乳中の女性には欠かせません。認知症の予防効果があることがわかり、注目されています。水に溶け出るので汁物の料理がおすすめ。ビタミンCはアスコルビン酸ともいわれ、コラーゲンの合成に必要で血管や皮膚を健康に保ちます。抗酸化成分でもあります。

ミネラルは無機質とも呼ばれ、ビタミン同様に代謝を促進したり、生理機能を調節する働きがあります。

カルシウムは骨や歯などの構成成分、鉄は血液のヘモグロビンの構成成分として不可欠です。

ビタミンの種類

水溶性ビタミン
ビタミンB_1、ビタミンB_2、ナイアシン、ビタミンB_6、ビタミンB_{12}、葉酸、パントテン酸、ビオチン、ビタミンC
脂溶性ビタミン
ビタミンA、ビタミンD、ビタミンE、ビタミンK

第6の栄養素、食物繊維

ヒトの消化酵素では消化されない成分が食物繊維。水溶性食物繊維は胆汁酸を吸着して排出するため、コレステロールの上昇を抑えます。動脈硬化や心筋梗塞を予防し、ナトリウムを排泄する働きがあるので高血圧の予防効果があります。

不溶性食物繊維は大腸で水分を吸収して便の量を多くするので便秘の改善に役立ち、大腸ガンを予防します。血糖の上昇を抑える効果もあります。

注目される機能性成分

栄養素としての働きではありませんが、発ガン予防やアレルギー予防、免疫力アップなどの働きをもつ成分を機能性成分といいます。例えばポリフェノールには抗酸化作用があり、アントシアニン、フラボノイドなどはポリフェノールの仲間です。

実

Fruiting vegetables

トマト（大玉）

栄養豊富なうえ機能性も高い優れもの

ビタミンCやクエン酸を多く含み、美容効果とともに血圧の降下や疲労回復作用もあります。赤系とピンク系のほか、オレンジやグリーンの品種もありますが、生活習慣病予防に有効とされている、リコペンを多く含むのは赤系です。ペクチンも豊富で、特に種の周りのゼリー部分に多く含まれています。

桃太郎＊
大玉ピンク系といえばこの品種。

食品成分表
（果実　生　可食部100gあたり）

エネルギー	19kcal
水分	94.0g
たんぱく質	0.7g
脂質	0.1g
炭水化物	4.7g
無機質　カリウム	**210mg**
ビタミンA（β-カロテン当量）	**540μg**
C	**15mg**
食物繊維	1.0g

トマトの赤い色素成分のリコペンは、強い抗酸化作用があるカロテノイドのひとつ。消化器系ガンの発生を抑制することがわかってきて、昨今、注目の栄養素。またペクチンは、血中コレステロールの上昇を抑え、血液をサラサラに。

常備　基本のトマトソース

味つけはシンプルに塩のみ
生トマトでなく缶詰でOK
冷凍保存もできます

材料（作りやすい量）
トマト（缶詰）…3缶
にんにく…3片
オリーブ油…適量
塩…適量

イタリアン＊
缶詰に使われているイタリアントマトは、旨み成分を多く含む調理用の品種。果肉が厚くゼリー分が少ない。

1 にんにくは包丁の腹で軽くつぶす。

2 缶詰のトマトは芯やヘタを取り除いてつぶす。

3 オリーブ油ににんにくを入れて火にかけ、香りを移す。

4 2を加え、混ぜながら中～弱火で煮詰める。

5 塩を加えて味を調える。保存する場合は、保存袋に入れて冷凍庫へ。

なすとトマトの黄金コンビは絶品

トマトソースグラタン

材料（2人分）
基本のトマトソース（右記参照）…400㎖
なす…2本
にんにく…1片
溶けるチーズ…100g
オリーブ油…大さじ2

作り方
1. なすは1㎝厚さの輪切りにし、にんにくはみじん切りにする。
2. オリーブ油でにんにくを炒め、香りが移ったらなすを炒める。
3. 耐熱皿にトマトソース、なすの順に2層に重ねる。
4. 溶けるチーズをのせ、オーブンまたはオーブントースターで香ばしく焼く。

桃太郎ゴールド*

橙黄色の「桃太郎」。きめは細かく、糖度は控えめ。

ぜいたくトマト*

濃厚な甘みのフルーツトマト系大玉品種。果肉はなめらか。

ファースト*

とがった果先が特徴。酸味と甘みのバランスがよくジューシー。

アメリカではポピュラーな一品
サクッとした歯ごたえが病みつきに

フライドグリーントマト

グリーンゼブラ*
リコペンを含まないため、完熟しても赤くならない。フライやソテーに。

材料（2人分）

グリーントマト…1個
ピクルス…適量
パン粉・小麦粉…各適量
卵…1個（溶いておく）
A ┃マヨネーズ…大さじ4
　┃牛乳…大さじ2
　┃塩・こしょう…各少々
揚げ油…適量

作り方

1. トマトは1㎝厚さの輪切りにする。
2. ピクルスはみじん切りにし、Aと混ぜ合わせる。
3. 1に小麦粉、卵、パン粉の順に衣をつける。
4. 170℃くらいに熱した油で、衣がキツネ色になるまで揚げる。仕上げに2をかける。

どんな具でもOKの簡単鍋
しめはご飯とチーズでリゾット風に

トマト鍋

材料（2人分）

基本のトマトソース（p10参照）…600㎖
白ワイン（なければ水）…100㎖
しいたけ…4枚
まいたけ…1/2パック
豚ばら肉…100g
アサリ（殻つき）…200g

作り方

トマトソースと白ワインを土鍋に入れ、具材を加えて中火で煮る。ソースごといただく。

相性抜群なトマトとチーズは前菜にどうぞ

トマトのクリームチーズ詰め

トマトは上部をカットし、中身を少しくり抜いて、塩・こしょう各少々をする。やわらかくなるまで練ったクリームチーズをトマトに詰め、耐熱皿に並べ、上にバジルペーストとオリーブ油をかけて、オーブントースターで焼く。分量はお好みで。

中玉トマト

シシリアンルージュ＊

濃厚な味わいの加熱調理向きトマト。生食でも美味。

シンディスイート＊

コクがあり濃厚な味。ほどよい大きさで、幅広い料理に。

こくみトマトラウンド＊

果肉がしっかりしているので、加熱調理にもぴったり。

トマトと魚介のさっぱりマリネ
よく冷やしてワインのお供に

トマトと魚介のマリネ

フルーツ ゴールド ギャバリッチ＊

糖度が高く果肉がなめらか。アミノ酸の一種、GABA が通常の約２倍。

材料（２人分）

- トマト（ミニ～中玉の黄色品種）…10 個
- ゆでタコ…100g
- エビ（殻つき）…４尾
- オリーブ油…大さじ４
- にんにく…１片
- A
  - りんご酢…200 ㎖
  - 赤とうがらし…３本
  - 砂糖…小さじ１
- 塩・こしょう…各適量

作り方

1. タコは食べやすい大きさにそぎ切りにする。エビは尾をつけたまま背ワタを取って殻をむき、背に切り目を入れる。トマトは湯むきしておく。にんにくはみじん切りにする。
2. フライパンにオリーブ油を熱してにんにくを炒め、香りが立ったら A の約８割と１のタコとエビを加えて軽く炒める。
3. ボウルに２、トマト、残りの A を合わせ入れ、塩、こしょうで味を調える。しばらくおいて、味をなじませる。

朝食の代わりに一杯

トマトオレ

トマトジュースと牛乳を１：１の割合で混ぜ合わせる。

トマトの甘酸っぱさがしょう油と合う

トマトラーメン

材料（２人分）

- インスタントラーメン（しょう油味）…２人分
- トマト（中玉）…４個
- 長ねぎ…1/3 本
- チャーシュー…適量

作り方

1. トマトは半分に切る。ねぎは小口切りにする。
2. インスタントラーメンは表示どおりに作り、途中でトマトを加えて軽く煮る。
3. 器に盛り、チャーシュー、長ねぎをのせる。

ミニトマト

アメーラルビンズ＊
高糖度できれいなルビー色。パキッとした歯ごたえをもつ。

アイコ＊
肉厚で非常に甘い。通常のトマトの2倍のリコペンを含む。

トマトベリー＊
いちごのような形のミニトマト。糖度がすいか並みに高い。

箸休めにぴったり

トマトの昆布茶煮びたし

ミニトマト15個は湯むきする。水100㎖を煮立たせ、酢小さじ1/2と昆布茶小さじ2を入れ、すぐに火を止める。そこへトマトを入れ、粗熱がとれたら冷蔵庫で冷やす。食べるときに千切りにした青じそ適量をのせる。

熱々のトマトをつぶしながらどうぞ

にんにくトマトライス

材料（2人分）

ミニトマト…15～20個
ご飯…茶碗2杯分
にんにくのみじん切り…2片分
バター…大さじ2
塩・こしょう・粉チーズ…各適量

作り方

1. フライパンにバターを溶かし、にんにくを炒める。ご飯を加え、塩、こしょうで強めに調味する。
2. 耐熱皿に1を入れ、ヘタを取ったミニトマトをすき間なく上にのせる。
3. オーブントースターで5分加熱し、粉チーズをふってさらに1～2分軽く焦げ目がつくまで焼く。

甘みが凝縮された

トマトトースト

ミニトマト9～10個は180℃のオーブンで20分焼き、水気をとばしてセミドライトマトにする。食パン1枚はオーブントースターでこんがり焼く。トーストにトマトをのせ、塩・こしょう各少々をふる。

コツ 湯むきのいろいろ

ヘタを取って皮に十字の切り目を入れ、熱湯に入れる。すぐに皮が破れるので、水に入れると皮は簡単にむける。また、冷凍しておいたものを解凍するときにも、皮はむけてしまうので便利。冷凍の際はヘタを取って保存袋に。

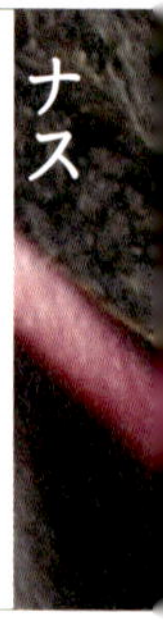

茄子

鮮やかな「茄子紺」を生かして調理を

なすの魅力はそのみずみずしさ。約93％が水分なので、漬け物にすると身が引き締まり、歯ごたえがよくなります。本来、低カロリーなのですが、果肉がスポンジ状なので油をよく吸収するため、揚げ物にするとカロリーが上がることを覚えておきましょう。

食品成分表
（果実　生　可食部 100g あたり）

エネルギー	22kcal
水分	93.2g
たんぱく質	1.1g
脂質	0.1g
炭水化物	5.1g
無機質　カリウム	**220mg**
食物繊維	2.2g

皮の紫色はアントシアニン系色素で、ポリフェノールの一種。近年、この中のナスニンに、活性酸素の発生を抑える作用、発ガン物質抑制効果があることがわかってきました。水溶性のアントシアニンは油で調理すると流出も抑えられます。皮つきのなすは油との相性もよく、彩りも鮮やかになります。

バターとパセリで香り豊かな

なすの香草パン粉焼き

材料（2人分）
なす…2本
バター…50g
A
おろしにんにく…小さじ1
粉チーズ…大さじ2
パセリのみじん切り…大さじ2
パン粉…大さじ2
塩・こしょう…各少々
オリーブ油…適量

作り方
1. ボウルにバターを入れて室温でやわらかくし、Aの材料とよく混ぜ合わせる。
2. なすは縦に1㎝幅の薄切りにする。アルミホイルの上になすを並べ、上に1を塗り、オリーブ油をたっぷりふりかける。
3. パン粉に焦げ目がつくまでオーブントースターで7～8分焼く。

アジと薬味でさっぱり

米なすのたたき

材料（2人分）
米なす…1個
アジ…2尾
薬味（小ねぎ・青じそ・
　みょうが・しょうが）…各適量
ポン酢…適量

作り方
1. なすはヘタを取って半分に切る。水にさらしてアク抜きをしてもよい。アジは頭とワタを取って塩（分量外）を薄くふって焼き、身をほぐす。ねぎは小口切りに、青じそ、みょうがは千切りに、しょうがはみじん切りにする。
2. 鍋に水を煮立たせ、なすの皮を下にして5分ほどゆでる。しんなりしたら取り出し、軽くしぼる。
3. 冷めたなすは1㎝厚さに切り、皿に盛る。上にアジの身、薬味をのせ、ポン酢をかける。

常備

からしはお好みで調整を

なすのからしじょう油漬け

砂糖小さじ1/2、練りがらし小さじ1、薄口しょう油大さじ1と1/2、酢大さじ1をポリ袋に入れて漬け汁を作る。なす3個は1㎝厚さの輪切りにし、漬け汁に入れ、袋の上からもむ。1～2日漬ける。

米なす
アメリカの品種を改良した大型種。加熱調理に向く。

長なす
やわらかい果肉は、焼いても煮ても美味。長さ30cmほどもある。

水なす
手でしぼると水がしたたるほど水分が多い。漬け物に向く。

賀茂なす*
肉質はきめ細かく、田楽や揚げ物に最適。京都上賀茂地域が発祥。

レンジで簡単蒸し

蒸しなす ごまだれがけ

材料（2人分）

なす…3本

塩…少々

A
- 練りごま（白）…大さじ2と1/2
- 砂糖…大さじ1と1/2
- みそ…大さじ1
- しょう油…大さじ2
- ごま油…大さじ1
- 酢…大さじ1と1/2
- ごま（白）…小さじ1

作り方

1. なすはヘタを落として皮をむき、塩を加えた水でさっとさらす。
2. 耐熱皿に水気を切ったなすをのせ、ラップをふんわりかけ、レンジで5分加熱して取り出す。なすを裏返し、再びラップをかけて余熱で火を通す。
3. 器になすを盛り、混ぜ合わせたAを適量かける。

焼きなすは、外はこんがり、中はトロトロ
みそは他の野菜につけても美味

なすの田楽みそ

材料（2人分）

なす…2個

A
- みそ…100g
- 砂糖…50g
- みりん・水…各大さじ2
- 酒…小さじ2
- だしの素…少々

プロセスチーズ…適量

青じそ…4枚

作り方

1. なすは縦半分に切り、切り口に斜め格子状に切り込みを入れる。水に放ってアク抜きをしてもよい。
2. 合わせたAを中火にかけて練り、ぽってりしてきたら火を止める。
3. 2をなすの上に盛り、角切りにしたチーズをのせ、焼き網かグリルで焼き色がつくまで焼く。
4. 焼き上がったら、青じそを敷いた器に盛りつける。

コツ なすの下ごしらえ

なすはアクが強いので、通常は切ったらすぐに水にさらす。ただ、切った直後に炒めるのであれば、さらさなくてOK。煮物の場合は、ひと手間かけ、素揚げして色落ちがないように下処理してから、煮汁へ加えるとなおよい。

温かいのはもちろん
夏場は冷やしてもおいしい

なすとワカメのポン酢和え

材料（2人分）

なす…2本

ワカメ（乾燥）…適量

サラダ油…適量

ポン酢…適量

削り節…適量

作り方

1. なすは輪切りにする。ワカメは水でもどす。
2. フライパンに多めのサラダ油をひき、なすを揚げ焼きにする。
3. 皿に盛り、水を切ったワカメ、削り節をのせ、ポン酢をかける。

カボチャ

南瓜

豊富なビタミンEに若返り効果が

各種ビタミンを多く含み、「冬至に南瓜を食べると病気にならない」といわれています。ホルモン調整機能があるビタミンEを含み、肩こりや更年期障害の症状改善、血行促進といった効果が期待できます。熟したものの方が栄養価はアップします。

黒皮栗＊
別名えびすかぼちゃとも呼ばれる代表的な西洋種。

食品成分表（西洋かぼちゃ　果実　生　可食部 100g あたり）

エネルギー	91kcal
水分	76.2g
たんぱく質	1.9g
脂質	0.3g
炭水化物	20.6g
ビタミン A（β - カロテン当量）	**4000 μg**
E（α - トコフェロール）	**4.9mg**
C	**43mg**
食物繊維	3.5g

黄色い色素はβ - カロテン由来。抗酸化作用があるβ - カロテンだけでなく、α - カロテンも豊富。脂溶性のβ - カロテンは、体内の脂質だけでも吸収できますが、油との調理でさらに吸収力アップ！抗ガン作用があるビタミン C、E も含むので、相乗効果も。

皮まで食べられて栄養たっぷり

丸ごとかぼちゃのミートソースドリア

材料（作りやすい分量）

- ミニかぼちゃ…1 個
- A
  - ご飯…大さじ 3 程度
  - 塩・こしょう…各少々
  - ホワイトソース（市販）…大さじ 4
  - ミートソース（市販）…大さじ 2
- 溶けるチーズ…適量

坊ちゃん＊
果重 500g ほどの小型かぼちゃ。粉質で味がよい。

作り方

1. かぼちゃは半分に切ってタネを取る。ラップをふんわりかけ、レンジで 4 ～ 5 分やわらかくなるまで加熱する。
2. かぼちゃの果肉をスプーンでかき出して軽くつぶし、A と混ぜ合わせておく。
3. 中身をくり抜いたかぼちゃの中に 2 を入れ、上にチーズをのせ、オーブントースターで焼き色がつくまで焼く。

常備

ポリポリとした歯ごたえがいい

かぼちゃのみそ漬け

かぼちゃ 1/8 個はタネを取って 1 ㎝厚さに切り、レンジで 1 分加熱。セロリー 10 ㎝は 2 ㎝幅の斜め薄切りにする。みそ 100g、酒大さじ 1/2、みりん大さじ 1 を練ってみそ床を作る。容器に切った野菜、コンブ 7 ㎝、みそ床を重ねて漬け込み、冷暗所で 3 ～ 6 日漬ける。みそを落としていただく。

伝統

青森県の郷土料理

あぶらげもち

かぼちゃ 150g は蒸してよくつぶし、冷ます。そこへふるった薄力粉 70g、ご飯 130g、ごま（白）20g、砂糖 250g、塩少々を加え、箸で混ぜる。かたいときは水少々を加える。フライパンにサラダ油をひき、成形したもちの両面を焼く。

常備

好みで甘みは加減して

マーマレード

かぼちゃ 1/4 個はスライサーでひも状にする。夏みかんの皮、レモンの皮各 1 個分は薄切り、しょうが 1 片は千切りにする。かぼちゃと皮の総重量の 1/2 量の砂糖を用意する。夏みかんのしぼり汁 1 個分と水 100 ㎖、砂糖の半量を加え混ぜ、ラップをふんわりかけ、レンジで 5 分加熱する。残りの砂糖の半量を加え混ぜ、レンジで 5 分加熱する。鍋に移して残りの砂糖を入れて煮詰める。

黒皮かぼちゃ（日向かぼちゃ）＊

日本かぼちゃの一種。果肉は粘質で煮くずれしにくい。甘みは控えめ。

打《うつ》木《ぎ》赤《あか》皮《がわ》甘《あま》栗《ぐり》＊

加賀野菜のひとつで、果皮の鮮やかな朱色が特徴。果肉は厚く粘質。

鹿《しし》ケ《が》谷《たに》＊

ひょうたん形の日本かぼちゃで京野菜のひとつ。味はあっさり。

そうめん南瓜＊

繊維状の果肉は、ゆでると糸状にほどけるのが特徴。和え物向き。

よくからむこっくりソース

かぼちゃのクリームパスタ

材料（2人分）

- かぼちゃ…150g
- トマト（大）…1個
- 合びき肉…100g
- パスタ…100g
- 薄力粉…小さじ1/2
- A 生クリーム…大さじ3
- A 牛乳…大さじ2
- A 顆粒スープの素…小さじ1
- オリーブ油…小さじ1
- 塩・こしょう…各少々
- 粉チーズ…適量

作り方

1. かぼちゃはタネを取ってひと口大に切り、ラップをふんわりしてレンジで5～6分加熱する。トマトは粗みじん切りにする。
2. フライパンにオリーブ油を熱し、ひき肉をパラパラになるまで炒める。
3. 2に薄力粉をふり入れて軽く炒め、Aを加えてひと煮し、1を加えて塩、こしょうで調味する。
4. パスタをゆで、3に加えて和える。仕上げに粉チーズをふる。

伝統

石川県金沢地方の郷土料理

小豆煮

かためにゆでた小豆に、ひと口大に切ったかぼちゃを加え、砂糖としょう油で味をつけ、かぼちゃがやわらかくなるまで煮る。いとこ煮という名前で呼ばれることも。

子供も喜ぶホクホクやさしい甘さ

かぼちゃの炊き込みご飯

材料（2人分）

- かぼちゃ…1/8個
- 米…1.5合
- 豚ばら薄切り肉…100g
- 干ししいたけ…1枚
- かまぼこ…40g
- にんじん…1/4本
- コンブ…3cm
- A 塩…小さじ1/2
- A 酒・みりん…各大さじ1/2
- 紅しょうが…少々

作り方

1. 米は洗ってざるに上げ、30分おく。
2. 豚肉は1cm幅に切る。しいたけは水でもどしていしづきを取り、かぼちゃ、かまぼこ、にんじんとともに1cm角に切る。
3. 炊飯器に米とAを入れ、目盛りまで水を加える。2とコンブをのせて普通に炊く。
4. コンブを取り出し、千切りにして炊飯器に戻し、さっくりと混ぜる。仕上げに紅しょうがをのせる。

そのまま食べるのはもちろん
ディップとしてパンに塗っても

かぼちゃのなめらかサラダ

材料（2人分）

かぼちゃ…1/8個

A
- カレー粉…小さじ1
- マヨネーズ…大さじ1/2
- 生クリーム…50㎖
- 塩・粗びきこしょう…各少々

パセリのみじん切り…少々
好みのパン…適量

作り方

1. かぼちゃはタネを取って乱切りにし、ラップをふんわりしてレンジで5～6分加熱する。
2. 皮をむいたかぼちゃをマッシャーなどで粗くつぶし、Aの材料を順に加えて、なめらかになるまで手早くまぜる。
3. 好みのパンに2を塗って、パセリを散らす。

黄色の団子が鮮やかな
ベーコンとみその味わい深い汁

かぼちゃの白玉汁

材料（2人分）

かぼちゃ…1/8個
白玉粉…50g
牛乳…50～70㎖
たまねぎ…1/4個
ベーコン…2枚
だし汁…約2カップ
赤みそ
…大さじ2～3
小ねぎ…適量

作り方

1. かぼちゃはタネを取り、ラップをふんわりしてレンジで5～6分加熱し、粗熱をとって皮をむく。
2. ボウルに白玉粉を入れ、牛乳を少しずつ加えて耳たぶよりかために練る。1を加えて、さらに練り混ぜる。
3. たまねぎはくし形、ベーコンは1㎝幅に切る。
4. 鍋にだし汁と3を入れて煮立てる。2を団子状に丸めて真ん中をくぼませ、鍋に入れる。
5. 団子が浮き上がったら、みそを溶き入れ、仕上げに小口切りにした小ねぎを散らす。

青森県の郷土料理

じゅうす

伝統

赤ちゃんからお年寄りまで楽しめる素朴な味の、かぼちゃのおかゆ。おかゆを作るとき、かぼちゃの角切りを一緒に入れる。時間がないときは残りご飯でも。夏は冷たく、冬は熱くして食べるのもよい。

生のシャキシャキ感を

かぼちゃのピリッと甘酢漬け

常備

かぼちゃ1/8個はタネを取って5㎜角の拍子木切りにし、塩少々でもんでしんなりさせ、しぼっておく。鍋に、酢150㎖、砂糖大さじ3、塩小さじ1、水50㎖、タネを取って輪切りにした赤とうがらし1本分を入れ、一度煮立たせる。漬け汁が冷めたらかぼちゃを加えて半日ほど漬ける。

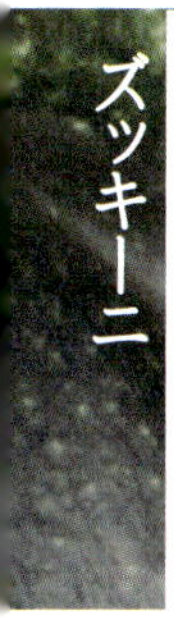

ズッキーニ

食品成分表
（果実　生　可食部 100g あたり）

エネルギー	14kcal
水分	94.9g
たんぱく質	1.3g
脂質	0.1g
炭水化物	2.8g
無機質　カリウム	**320mg**
ビタミン A（β - カロテン当量）	**320μg**
K	**35μg**
食物繊維	1.3g

カロリーが低いので、ダイエットにはおすすめです。炒めるなど、油との組み合わせでカロテンの吸収がアップ。クセがないのでどんな料理にも合います。オリーブ油との相性もよく、イタリア料理で頻繁に使われます。

煮てよし 炒めてよしの 使いやすい野菜

かぼちゃの仲間。かぼちゃほどビタミンは多くありませんが、カロテンやビタミンB_2、C、カリウムを含み、免疫力のアップや感染症予防、美肌作用が期待できます。煮込むと甘みが増し、とろりとした食感になります。

肉汁をたっぷり吸った

ズッキーニの肉はさみ焼き

材料（2 人分）

ズッキーニ…1 本
合びき肉…100g
塩・こしょう・小麦粉…各適量
卵…1 個（溶いておく）
バジル…6 ～ 7 枚
粉チーズ…大さじ 1
オリーブ油…適量

作り方

1. ひき肉は塩、こしょう、少量の溶き卵、小麦粉と合わせ、よく混ぜる。
2. ズッキーニは 1 ㎝幅の斜め切りにし、2 枚の間に 1 をはさんでこしょうをし、小麦粉をまぶす。
3. 卵に塩を入れ、みじん切りにしたバジル、粉チーズを加え、混ぜ合わせる。
4. フライパンにオリーブ油を多めにひき、3 にくぐらせた 2 を並べ、ひき肉に火が通るまで両面焼き上げる。

すし酢を使って手軽に

ズッキーニの甘酢焼き

材料（2 人分）

ズッキーニ…1 本
にんにく…1 片
オリーブ油…大さじ 1
塩・こしょう …各少々
すし酢…大さじ 4

作り方

1. ズッキーニは 1 ㎝厚さの輪切りにする。にんにくは軽くたたいてつぶす。
2. フライパンにオリーブ油とにんにくを入れて熱し、ズッキーニを加えて塩、こしょうをし、焼き色がつくまで炒める。
3. すし酢を加え、煮立ったら火を止める。

最後に散らしたミントが
全体をさわやかにまとめた

ズッキーニのミントソテー

材料（2 人分）

ズッキーニ…2 本
にんにく…1/2 片
オリーブ油…適量
バルサミコ酢…小さじ 1
塩・こしょう…各適量
ミントの葉…適量

作り方

1. ズッキーニは縦に 5 ㎜幅の薄切りにする。にんにくはみじん切りにする。
2. フライパンにオリーブ油を熱してにんにくを炒め、色づいたらズッキーニを焼く。両面に焼き色がついたら、塩、こしょうで調味する。
3. 皿に盛り、上からバルサミコ酢をかけ、ミントの葉を散らす。

キュウリ

胡瓜

暑い時期には欠かせないみずみずしさ

利尿作用のあるカリウムを多く含みます。血圧上昇の原因となるナトリウムの排出を促し、腎臓の働きを助けるので、高血圧の予防効果もあります。歯ごたえがよく、色鮮やかで、水分もたっぷり。使いやすい野菜です。

食品成分表
（果実　生　可食部 100g あたり）

エネルギー	14kcal
水分	95.4g
たんぱく質	1.0g
脂質	0.1g
炭水化物	3.0g
無機質　カリウム	**200mg**
ビタミン A（β - カロテン当量）	**330μg**
C	**14mg**
食物繊維	1.1g

ぬか漬けにするとビタミン B_1 がぐっとアップします。青臭さのもと、ピラジンは血液が固まるのを防ぎ、血栓や脳梗塞、心筋梗塞の予防に効果があることがわかってきました。

煮汁を吸った熱々のきゅうりのおいしさ新発見！

きゅうりとイカの炒め物

材料（2 人分）

きゅうり…2 本
しょうが…1 片
イカの胴…1 ぱい分

A
塩…少々
酒・片栗粉…各小さじ 1

B
中華スープの素…小さじ 1
砂糖…小さじ 1/2
塩…小さじ 1/3
酒…大さじ 1
水…50 ㎖

C
片栗粉…小さじ 1/2
水…小さじ 1

サラダ油…大さじ 1

作り方

1. イカは食べやすい大きさに切り、A の塩と酒をふって片栗粉をつける。
2. きゅうりは縦半分に切ってから 4 〜 5 ㎜厚さの斜め切りに、しょうがは千切りにする。B と C はそれぞれ合わせる。
3. フライパンにサラダ油を温め、強火でイカを炒める。色が変わったら、きゅうり、しょうがを加えて炒め、B を加える。煮立ったら弱火で 1 分ほど煮て、C を加えてとろみをつける。

伝統

宮崎県の郷土料理

冷や汁

材料（2 人分）

きゅうり…1 本
豆腐…1/2 丁
青じそ…5 枚
みょうが…1 個
アジのほぐし身…半身分
みそ…大さじ 1
ごま（白）…大さじ 2
だし汁（または湯冷まし）…200 ㎖

作り方

1. すり鉢でごまをすり、アジのほぐし身、みそを順に加え、よくする。
2. すり鉢にすりつけたまま、直火で軽くあぶり、だし汁を少しずつ加えてのばす。
3. 薄切りにしたきゅうり、粗くつぶした豆腐、青じその千切り、みょうがの薄切りを加える。好みで氷を入れてもよい。

常備

さっぱりとお茶漬けに

きゅうりの酢じょう油漬け

きゅうり 3 本は 1 ㎝厚さに切り、塩適量をまぶして重石をのせ、半日ほど塩漬けにする。しょう油大さじ 2、水大さじ 1、酢小さじ 2、砂糖小さじ 1 を合わせ、水気を切ったきゅうり、みょうがの千切り 1/2 本分を入れ、半日ほど漬ける。

四川＊

ちりめん状の果皮が特徴。歯ごたえがよく、甘みがある。

加賀太《かがぶと》＊

直径10㎝にもなる大型種。果肉がかたいため、加熱向き。加賀野菜。

フリーダム＊

果皮のイボがなくツルツルしている。独特の青臭さが少ない。

もろきゅう

その名のとおりもろみをつけて食べる。通常のきゅうりを若採りしたもの。

歯ごたえを残すため
きゅうりは手早く炒めて

きゅうりと豚のキムチ炒め

材料（2人分）

きゅうり…2本
豚薄切り肉…100g
塩・こしょう…各少々
キムチ…120～140g
ごま油…少々
しょう油・みりん…各少々

作り方

1. きゅうりは大きめの乱切りにする。豚肉に塩、こしょうをふる。
2. フライパンにごま油を熱し、豚肉を炒める。火が通ったらキムチを加え、しょう油、みりんで調味する。
3. 2にきゅうりを加え、手早く炒める。

伝統

だし

山形県の郷土料理

きゅうり・みょうが・青じそ・オクラ（ゆでる）各適量は粗みじん切りにし、塩水に5分ほどさらして水気を切る。納豆コンブ（糸コンブ）に水少々を加えてとろみを出し、野菜を加え、だし汁としょう油少々で調味する。野菜はほかになす、長ねぎなど好みで。

コツ

酢の物

酢の物は加熱しない調理法。なので、うまく素材に味がからみ、歯切れや口当たりの「食感」がポイントになる。

板ずり

きゅうりは表面がかたいので、そのままでは味がしみにくい。塩をつけて転がすと、表面のイボも取れ、口ざわりもよくなる。

1

厚みは、なるべく均等に揃えること。塩をふることで、きゅうりの水分が抜けて、合わせ酢がしみ込みやすくなる。塩の量は、きゅうり3本に対して小さじ1弱。

2

塩をふって15分、水が抜けた状態。

3

酢の物は、食べる直前に酢をかけるのが原則。時間をおくと水っぽくなり、色も悪くなってしまう。すぐに食べないときには、冷蔵庫に入れると多少退色が防げる。

×

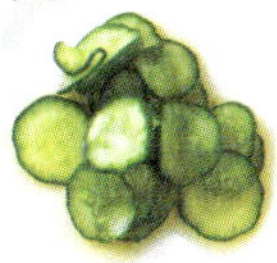

合わせ酢をかけて30分。

ピーマン

毎日とりたいビタミンの供給源

免疫力を高めるカロテンが豊富に含まれています。カロテンは油と一緒にとると吸収されやすいので、炒め物や揚げ物にすると効果的。緑の色素成分には、貧血予防効果もあり、積極的に食べたい野菜です。

食品成分表（青ピーマン　果実 生 可食部 100g あたり）

エネルギー	22kcal
水分	93.4g
たんぱく質	0.9g
脂質	0.2g
炭水化物	5.1g
無機質　カリウム	**190mg**
ビタミン A（β - カロテン当量）	**400μg**
C	**76mg**
食物繊維	2.3g

ピーマンのビタミンCは加熱しても壊れにくく、4個前後で1日に必要なビタミンCが摂取できます。たっぷり食べれば、美肌効果も。ビタミンCの吸収を助けるビタミンPの働きで毛細血管を丈夫にする効果も発揮。さらに青臭さのもと、ピラジンは血液をサラサラにするので、脳梗塞・心筋梗塞の予防にもうれしい効果が。

中までしっかり味がしみた

肉詰めピーマンの煮びたし

材料（2人分）

- ピーマン…4個
- たまねぎ…1/4個
- サラダ油…適量
- 合びき肉…100g
- 小麦粉…少々
- A　片栗粉…小さじ2
- A　塩・こしょう…各少々
- B　水…130 ㎖
- B　しょう油…小さじ1
- こしょう…少々

作り方

1. たまねぎはみじん切りにし、サラダ油をひいたフライパンで炒める。
2. ピーマンは上部を落としてタネを取り、内側に小麦粉をふる。
3. 合びき肉をボウルに入れ、1とAを加え混ぜる。粘りが出てきたら、ピーマンに詰める。
4. 鍋にBを煮立て、ピーマンを入れて10分ほど煮る。仕上げにこしょうをふる。

ピーマンのおひたし

ピーマン3個はヘタとタネを除き、縦に1㎝幅の細切りにしてさっとゆでる。冷水にとってしぼり、だし汁大さじ1、しょう油・みりん各小さじ1をかけ、削り節適量をふる。

コツ

チンジャオロース

青椒牛肉絲は、強火で炒める中華の炒（チャオ）という料理。おいしく作るコツは…。

- 強火で一気に炒め、水分や旨みを閉じ込めること。そのために、材料は細く、均等に切って準備しよう。
- ピーマン独特の苦みがある。これが苦手なら、必ず縦に切ること。輪切りにすると、細胞を必要以上に傷つけるため、苦みと匂いが強くなる。
- 強めに熱した中華鍋で調理し、炒めたあとも鍋に放置しないこと。鍋の大きさに対して、調理の分量が多いのも禁物。

牛肉も切り方を揃える。

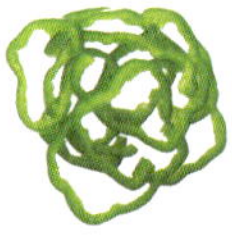

苦みと匂いを生かす輪切り。

苦みの少ない縦切り。

カラフルな組み合わせ

ピーマンの塩漬け　常備

ピーマン3個はヘタとタネを除いて細切りにする。彩りにパプリカも少々加えるとよい。容器にピーマンとパプリカを入れ、塩小さじ1/2をふって混ぜ、しんなりしたら軽い重石をのせて2時間ほど漬ける。汁気を軽くしぼっていただく。

パプリカ

ピーマンよりも甘みが強く、栄養成分が豊富なパプリカ。特に赤いものはカロテン、ビタミンC、Eが豊富です。パプリカのビタミンCが加熱しても壊れにくいのはビタミンPを含むから。色素成分は抗酸化作用があるので、色鮮やかなものを選びましょう。

見た目も味も栄養価もトップクラス

鮮やかなパプリカを少し加えるだけで、料理がぐんと華やかになるので、人気が高まっています。肉厚で食べごたえがあるうえ、生でも加熱しても旨みがたっぷり。さらにビタミン、ミネラルも多く、いいことずくめ。美肌作用もあります。

肉厚パプリカの食感と甘みを楽しむ

パプリカのチーズ詰め

材料（2人分）

パプリカ（赤）…1個
クリームチーズ…100g
ハム…5枚
パセリ…少々
たまねぎのすりおろし…小さじ1
A 塩・こしょう・砂糖…各少々

作り方

1. パプリカは上下を切り落とし、タネを取り除く。切り落とした部分も一緒に耐熱皿にのせ、ラップをふんわりしてレンジで1分30秒ほど加熱する。
2. 1の粗熱がとれたら、切り落とした部分、ハム、パセリを粗みじん切りにする。
3. クリームチーズはレンジで20～30秒加熱してやわらかくし、2とたまねぎを加え混ぜ、Aで調味する。
4. 1のパプリカの中の水気を取って3を詰め、冷蔵庫で1時間ほど冷やし固め、1㎝厚さに切る。

バターしょう油で食欲アップ

パプリカとタコのバター炒め

材料（2人分）

パプリカ…2個
ゆでタコ…適量
エリンギ…1本
にんにく…1片
バター…10g
オリーブ油…大さじ1と1/2
塩・こしょう…各少々
しょう油…大さじ1

作り方

1. パプリカ、タコ、エリンギはざく切りにする。にんにくは軽くたたいてつぶす。
2. フライパンにバター、オリーブ油、にんにくを入れて火にかける。香りが立ったら、残りの1を加え、塩、こしょう、しょう油を加えて炒める。

トウガラシ

唐辛子

暮らし全般に役立ってきた有用野菜

とうがらしの辛み成分は油に溶けやすいので、はじめにとうがらしを油で炒めてから、次の食材を調理すると効果的です。タネの周りが特に辛いので、辛みを抑えたいときは、タネを取り除きましょう。殺菌作用もあり、食中毒予防にも役立ちます。

韓国唐辛子
流通量の多い一般的な品種。キムチやチゲに。

食品成分表
（果実　生　可食部 100g あたり）

エネルギー	96kcal
水分	75.0g
たんぱく質	3.9g
脂質	3.4g
炭水化物	16.3g
無機質　カリウム	**760mg**
ビタミン A（β - カロテン当量）	**7700μg**
ナイアシン	**3.7mg**
食物繊維	10.3g

ビタミンを豊富に含みますが、一度に食べる量が少ないので摂取栄養素は多くありません。辛みの主成分、カプサイシンは胃液の分泌を促して消化吸収を助け、食欲増進効果が。さらに中枢神経を刺激して脂肪分解酵素リパーゼを活性化させるので、ダイエット効果も。

常備　人気の一品。とうがらしの量はお好みで

手作りラー油

材料（作りやすい量）

- 青とうがらし…3 本
- 赤とうがらし…3 本
- A
  - 干しエビ…5g
  - にんにく…1 片
  - しょうが…1 片
  - 松の実…10g
  - たまねぎ…1/4 個
- サラダ油…80 mℓ
- ごま油…40 mℓ
- 塩…適量

作り方

1. 赤とうがらしはタネを取り、青とうがらしとともに小口切りにする。干しエビはぬるま湯でもどしてからみじん切り。その他の材料もすべてみじん切りにする。
2. 鍋に油類を熱し、A を入れて香りが立つまで炒める。
3. 野菜が色づいてきたら、とうがらしを加えて混ぜ合わせ、塩で調味する。

※ 入れる具材はお好みで。粉とうがらしを使ってもよい。

保存がきく常備菜

南蛮みそ

常備

フライパンにごま油適量を熱し、にんにくのみじん切り・しょうがのみじん切り各小さじ 1 を入れて炒める。香りが立ったら、小口切りにした青とうがらし 10 本分を加えて炒める。さらに、みそ大さじ 4、酒大さじ 3、みりん大さじ 4 を合わせたものを加えて炒める。色が濃くなったら、削り節 5g、すりごま（白）大さじ 2 を入れて混ぜ合わせる。

スパイシーな手羽元はビールと一緒に

手羽元の南蛮炒め

材料（1 人分）

- 鶏手羽元…3 本
- 塩・こしょう…各少々
- きゅうり…5 cm
- 南蛮みそ…大さじ 2

作り方

1. 手羽元は塩、こしょうをし、グリルで色がつくまで焼く。
2. 手羽元に火が通ったら南蛮みそを塗り、軽くあぶる。きゅうりの薄切りを添えて。

刺激的な香りと風味

とうがらしスピリッツ

とうがらし（好みの品種）適量を洗い、水気を切る。ヘタを取ってびんに詰め、ホワイトリカー、ウォッカ、ジンなど、アルコール度が高い酒適量を注ぐ。分量はお好みで。

シシトウ

ししとう

食品成分表
（果実　生　可食部 100g あたり）

エネルギー	27kcal
水分	91.4g
たんぱく質	1.9g
脂質	0.3g
炭水化物	5.7g
無機質　カリウム	**340mg**
ビタミン A（β - カロテン当量）	**530μg**
C	**57mg**
食物繊維	3.6g

ビタミンC、カロテンが豊富なので、美容にもいい食材。カリウムは余分なナトリウムを排出し、利尿作用があるので、むくみやすい人に効果的。カプサイシンも含みます。

ひと口サイズの優等生

辛みがないので、一度にたくさん食べることができます。揚げ物や炒め物で油と一緒に調理すると、カロテンをたっぷりとることができて効果的。たまに辛いものがありますが、これは栽培時のストレスが原因といわれています。

マイルドなチーズが◎

チーズ入りししとう焼き

材料（2 人分）

ししとう…10 本
プロセスチーズ…50 ～ 60g
（ししとうの大きさに合わせて調節）
塩・こしょう…各少々
サラダ油…少々

作り方

1. ししとうはヘタを取り、タネを除く。チーズはししとうの中に入る幅に切り、中に詰める。
2. フライパンにサラダ油を熱し、塩、こしょうをふったししとうを入れる。チーズが溶け出さないよう注意しながら、焼き色がつくまで炒める。

もう一品ほしいときに

ししとうのみそマヨネーズ

ししとう 10 本はヘタを取り、表面に包丁で少し切り込みを入れる。ラップしてレンジで 20 秒ほど加熱する。みそ・マヨネーズ各大さじ 1 を混ぜ、粗熱をとったししとうにかける。

中華風に炒めた

ししとうとメンマの炒め

材料（2 人分）

ししとう…10 本
メンマ（水煮）…1/2 袋
もやし…1/4 袋
ごま油…小さじ 1
砂糖・しょう油
…各小さじ 1
塩・こしょう…各少々
だしの素…小さじ 1/4

作り方

1. フライパンにごま油を熱し、ししとうとメンマを炒める。
2. ししとうに焼き色がついたら砂糖、塩、こしょう、だしの素を加えて炒める。
3. もやしを入れ、しょう油を回し入れ、炒め合わせる。

ダイエット・美肌に期待のカプサイシン

辛み成分のカプサイシンは、脂肪分解酵素リパーゼを活性化させ、ダイエット効果があるといわれます。発汗作用を促すので、肌の皮脂分泌が活発になり、潤いを保って美肌効果も期待できます。その他、胃の調子を整えたり、疲労回復にも効果的。殺菌作用もあります。辛いのが苦手な人は、乳製品と一緒に食べると辛みがやわらぎます。

ニガウリ

苦瓜（ゴーヤ）

暑さで弱った体にぴったりの高栄養野菜

カリウムを多く含みます。体内のナトリウムを排出し、血圧の上昇を抑える効果があるので、高血圧予防に積極的にとりたい野菜です。敬遠されがちな独特の苦みは、だしをきかせた濃いめの味つけで、旨みになります。

ゴーヤとウナギの卵とじ

卵を半熟状にするのがコツ

材料（2人分）

- ゴーヤ…1本
- ウナギの蒲焼き…1枚
- 卵…2個
- サラダ油…大さじ2
- A
  - 水…100㎖
  - 砂糖…大さじ3
  - しょう油…大さじ3
  - 酒・みりん…各大さじ1

作り方

1. ゴーヤは縦割りにしてからタネを取り、2～3㎝幅に切り、塩で軽くもんでおく。ウナギは1㎝幅に切る。
2. フライパンにサラダ油を熱し、ゴーヤを2分ほど炒める。Aとウナギを加える。
3. 煮立ったら、溶きほぐした卵を回し入れてふたをする。10～20秒で火を止め、1～2分おいて卵を半熟状にする。

コツ ゴーヤチャンプルー

ポイントは豆腐の水分をとばし、味をしみ込みやすくすること。ペーパータオルを重ねて敷いた耐熱皿に、豆腐をちぎって並べ、ラップをせずレンジで3分加熱し、水気をふき取る。肉、野菜を炒める前に豆腐の両面を焼いておくと、さらに水分をとばすことができる。

食品成分表
（果実　生　可食部100gあたり）

エネルギー	17kcal
水分	94.4g
たんぱく質	1.0g
脂質	0.1g
炭水化物	3.9g
無機質　カリウム	**260mg**
ビタミンC	**76mg**
食物繊維	2.6g

ゴーヤのビタミンCは熱に強いのが特徴。チャンプルーにすれば、豊富なビタミンCをたっぷり摂取できます。苦みのもとの成分、モモルデシンには血糖値を下げたり、血圧を下げる効果があることがわかってきました。胃液の分泌を促して食欲を増進させ、整腸作用もあるようです。

伝統

にがごいのおかか

鹿児島県の郷土料理

ゴーヤを丸ごと直火で焼く。焼き色がついたら縦に割り、ワタとタネを取り除いて薄切りにし、塩でもんで水洗いする。水気をしぼり、しょう油で和え、削り節をたっぷりとかける。

玉蜀黍《トウモロコシ》

主食にもおかずにも、甘みの強い品種が主流

たんぱく質と炭水化物が主成分で、野菜の中ではカロリーが多い方です。アミノ酸も豊富に含み、疲労回復や免疫機能の向上といった効果も見られます。食物繊維が多く、整腸作用がありますが、皮がかたいため消化が悪いので、よくかんで食べましょう。

食品成分表（スイートコーン
未熟種子　生　可食部 100g あたり）

エネルギー		92kcal
水分		77.1g
たんぱく質		3.6g
脂質		1.7g
炭水化物		16.8g
無機質	**マグネシウム**	**37mg**
	亜鉛	**1.0mg**
ビタミン B_1		**0.15mg**
食物繊維		3.0g

豊富に含まれるビタミンＢ群は、炭水化物や脂質の代謝を促進し、疲労回復や肥満防止に効果があります。ゆでてもあまり損失がないのも特徴。リノール酸を多く含む胚芽は、コレステロールの上昇を抑え、動脈硬化の予防効果も。黄色い色素のゼアキサンチンには強力な抗酸化作用があります。

コツ　ゆでるポイント

水からゆでるのがポイント。鍋に水を入れ、とうもろこしを入れる。沸騰したら３分ほどゆで、取り出して冷ます。ゆで上がったら塩水にさっとつけると、ほんのり塩味がついて美味。

米がコーンの旨みを含んだ

スイートコーンの和風リゾット

材料（２人分）

- とうもろこし（缶詰）…１缶
- 長ねぎのみじん切り…10 ㎝分
- 米…100g
- バター…大さじ１
- 酒…大さじ２
- だし汁（熱いもの）…500 ㎖
- みそ…大さじ１
- 粉チーズ・粗びきこしょう…各少々

作り方

1. 鍋にバターを熱し、ねぎをさっと炒め、缶汁を切ったとうもろこし、洗っていない米を加えてひと炒めする。
2. 酒、半量のだし汁を加え、混ぜながら煮る。水分がなくなったら残りのだし汁を足して、弱火で 20 ～ 25 分煮る。
3. みそを加え、粉チーズとこしょうをふる。

いつもの肉じゃがを洋風のみそ仕立てに

みそ肉じゃが

材料（２人分）

- 鶏もも肉…100g
- じゃがいも…２～３個
- とうもろこし（缶詰）…大さじ２
- たまねぎ…１個
- バター…大さじ１
- みそ…大さじ２
- 水…150 ㎖
- 顆粒スープの素…小さじ１
- こしょう（白）…少々

作り方

1. じゃがいもと鶏肉はひと口大に、たまねぎは１㎝幅に切る。
2. 鍋にバターとたまねぎを入れて中火で炒め、鶏肉、じゃがいもを加えてさらに炒める。
3. 全体がなじんだら、水とスープの素を加え、強火で煮る。煮立ったらアクをすくってみそを加え、ふたをして 10 分ほど煮る。
4. じゃがいもがやわらかくなったら、とうもろこし加え、こしょうをふる。

生より缶詰の方が新鮮？

生のとうもろこしと缶詰では、栄養面の違いはほとんどありませんが、生のとうもろこしは、収穫して日が経つにつれ、鮮度や風味、栄養が落ちてきます。一方缶詰は、収穫後すぐに加工され、新鮮な状態で栄養をキープすることができます。時期や調理法によって使い分けを。

オクラ

秋葵

夏には欠かせないスタミナ野菜

粘りが特徴的ですが、ビタミン類も豊富に含まれていて、じつはかなりのスタミナ野菜です。体力が落ちる暑い時期に、のどごしよく食べられるのも魅力のひとつ。中のタネが育つとかたくなるので、若採りした小ぶりなものの方が食べやすいようです。

食品成分表
（果実　生　可食部100gあたり）

エネルギー	30kcal
水分	90.2g
たんぱく質	2.1g
脂質	0.2g
炭水化物	6.6g
無機質　マグネシウム	**51mg**
ビタミンA（β-カロテン当量）	**670μg**
葉酸	**110μg**
食物繊維	5.0g

ネバネバのもとは、食物繊維のペクチンと多糖類のムチン。ペクチンは腸の働きを整えて大腸ガンを抑制したり、コレステロールや血圧の上昇を抑えます。ムチンは健胃や便秘改善効果があります。

豪快に混ぜてかきこみたい

オクラのマヨ納豆丼

納豆1パックに、刻んだ小ねぎ1本分、オクラの輪切り2本分、マヨネーズ大さじ1、しょう油・みりん・練りがらし各少々、削り節適量を加え、よく混ぜ合わせる。炊きたてのご飯に納豆をのせ、真ん中に卵黄1個をのせ、切ったのりを適量散らす。

漬けたその日に食べられる

常備 オクラのみそ漬け

オクラは塩少々でもんでさっとゆで、粗熱をとっておく。みそ250g、酒・みりん各大さじ1と1/2を混ぜてみそ床を作る。オクラにみそ床をからめながら保存袋に入れ、半日ほど漬ける。皿に盛り、しょうがの千切り適量をのせる。

とろみのあるソースが刺身とからむ

オクラと白身魚のサラダ

材料（2人分）
オクラ…8本
白身魚の刺身…100g
A
おろしにんにく…1片分
レモン汁…大さじ1
オリーブ油…大さじ2
塩…小さじ1/3

作り方
1. オクラはヘタと先を落とし、ガクの周りをむく。塩もみをしてさっとゆで、粗熱をとる。
2. 1のうち4本は5㎝長さの斜め切りにする。残りは細かく刻み、Aと混ぜ合わせてソースを作る。
3. 斜め切りにしたオクラを皿に並べ、刺身をのせ、上からソースをかける。

マメ

豆類

ビタミンCとカロテンで美容効果が大

空豆、枝豆、さやいんげん、さやえんどう、グリーンピースは、未熟で食べるマメ科の野菜です。たんぱく質のほか、ビタミンやミネラルをたっぷり含み、高栄養。乾物にはないビタミンCとカロテンを含むのが、大きな特徴です。

食品成分表（空豆　生　可食部 100g あたり）

エネルギー	108kcal
水分	72.3g
たんぱく質	10.9g
脂質	0.2g
炭水化物	15.5g
無機質　銅	**0.39mg**
ビタミン B_1	**0.30mg**
B_2	**0.20mg**
食物繊維	2.6g

亜鉛を多く含み、湿疹ができやすい人にはおすすめ。鉄や銅が貧血に効果的。ビタミンAやミネラル類がアルコールを分解するので、お酒のおつまみにもぴったり。

空豆
さやが上を向いてなるから「空豆」という。鮮度が大切。

空豆とひき肉の炒め

空豆を加えたらスピードが大事

材料（2人分）
空豆…15個
豚ひき肉…100g
サラダ油…適量
しょう油…少々
塩・こしょう…各少々

作り方
1. 空豆はゆでて皮をむく。
2. フライパンにサラダ油を熱し、ひき肉を入れ、塩、こしょうをして炒める。
3. 空豆を加えてしょう油を入れ、さっと炒める。

空豆とエビのカナッペ

クリーミーな前菜

材料（2人分）
空豆…15個
むきエビ…10尾
マヨネーズ…大さじ5
粒マスタード…大さじ1
塩・こしょう…各適量
バゲット…1/2本

作り方
1. 空豆はゆでて皮をむく。エビは背ワタを取り、さっとゆでる。
2. 1にマヨネーズ、粒マスタード、塩、こしょうを加えて和える。
3. 斜め薄切りにしたバゲットに2をのせ、オーブントースターで軽く焼く。

食べごたえのあるいんげんで
マカロニは少なくカロリーオフ

さやいんげんマカロニサラダ

材料（2人分）
さやいんげん…50g
たまねぎ…1/8個
ツイストマカロニ…50g
A マヨネーズ…大さじ3
A レモン汁…大さじ1
A 粒マスタード…小さじ1
A オリーブ油…大さじ1
A 塩…少々

作り方
1. いんげんはヘタと筋を取る。たまねぎは薄切りにする。
2. マカロニはゆで、ざるに上げて冷ます。いんげんは塩を加えた熱湯でゆで、マカロニと同じ長さに切る。
3. Aの材料を合わせ、いんげん、マカロニ、たまねぎを加え、混ぜ合わせる。

シンプルに豆を味わう
焼き空豆

グリルまたは焼き網を熱し、空豆をさやのままのせ、全体に焦げ目がつくまで焼く。器にさやごと盛りつける。

卵と豆腐のふわふわ感と豆のほくほく感がよく合う
グリーンピース エビ焼きがんも

材料（2人分）

グリーンピース（缶詰）…50g
木綿豆腐…1/2丁
エビ（殻つき）…大2尾
塩…少々
A
卵…1個
片栗粉…大さじ2
塩…小さじ1/2
砂糖…ひとつまみ
サラダ油…適量

作り方

1. グリーンピースは缶汁を切る。豆腐はペーパータオルを敷いた耐熱皿にのせ、レンジで1～2分加熱して水気を切る。エビは背ワタと殻を取り、たたいて塩をふる。
2. ボウルに豆腐を入れて手でつぶす。卵を卵黄と卵白に分け、卵白は空気を入れるように泡立て、溶いた卵黄と合わせて豆腐に加える。残りのAと1を加え、さらに混ぜ合わせる。
3. フライパンにサラダ油を熱し、2を小判形に整えて入れ、両面をキツネ色に焼く。

伝統 宮城県の郷土料理
ずんだなす

なす2個はヘタを落とし、やわらかくなるまでゆでる。水気を切って粗熱をとり、手で縦に裂き、しょう油・酒各大さじ1/2をふりかける。枝豆はやわらかめにゆでて冷まし、さやから出した豆を1/2カップ分用意する。薄皮をむいて粗く刻み、すり鉢で粗くすり、砂糖大さじ1/2、塩少々で調味する。かたいようなら水を加え、ペースト状にする。なすの水気を軽くしぼり、枝豆と和える。

コツ
大豆の水煮

大豆の水煮は缶詰にもあるが、乾物からしっかり吸水してやれば、割合に早くやわらかくなる。水煮したものを冷凍保存しておくと使い勝手がいい。

1 大豆はよく洗ってから、虫食いのあるものなどを除き、3倍の水につける。

2 5～8時間吸水させてから、つけ汁ごと鍋に入れて火にかける。落としぶたをして約1時間中火で煮る。やわらかくなったらでき上がり。

乾燥大豆

1時間の吸水で1.2倍ほどに。

6時間ほどで、2倍になる。

つき出しにぴったりの料理
空豆と油揚げのおろしポン酢

材料（2人分）

空豆…15個
油揚げ…1枚
だいこん…5㎝
ポン酢…適量

作り方

1. 空豆はゆでて皮をむく。
2. 油揚げはオーブントースターで表面がカリカリになるまで焼き、細めの短冊切りにする。
3. だいこんはおろして軽く水気を切り、空豆と合わせる。
4. 3を器に盛り、油揚げを上に散らし、ポン酢をかける。

さやいんげん
カロテンやビタミンCが豊富。栄養価が高いので、主役として食べたい野菜。

枝豆
大豆の未熟果。たんぱく質はもちろん、大豆にはないビタミンCも含む。

さやえんどう
えんどうを早採りしたもの。品種として「きぬさや」や「スナップえんどう」がある。

グリーンピース
えんどうの未熟果。旬の生のものは格別に美味。食物繊維が豊富。

そぼろ春雨をたっぷりからめて

さやいんげんのカレー風味

材料（2人分）

さやいんげん…12～14本
合びき肉…100g
春雨…30g
にんにくのみじん切り…1片分
ごま油…小さじ2
A カレー粉…小さじ1
A 酒・しょう油…各小さじ1
塩・砂糖…各少々

作り方

1. さやいんげんは筋を取って半分に切り、かためにゆでる。
2. 春雨は熱湯に2分ほどつけてもどし、水気を切って食べやすい長さに切る。
3. フライパンにごま油を熱し、にんにくをさっと炒め、合びき肉を加えてくずしながら炒める。
4. Aと春雨を加えてひと炒めし、器に盛ったさやいんげんの上にかける。

コツ

さやいんげんのゆで方

水＋塩でゆでたもの

水だけでゆでたもの

野菜をゆでるときには塩を入れるが、それはどんな影響があるだろう？
上の写真、左右の色には大きな差はないが、食感には差がある。塩水でゆでると、沸点も高く、早くやわらかくなる。さらに、塩を入れることで、いんげんの甘みを引き出す効果も。

ブルーチーズが香る大人向けの一品

さやいんげんのチーズオムレツ

材料（2人分）

さやいんげん…6本
ブルーチーズ…30g
卵…4個
A 牛乳・生クリーム…各大さじ2
サラダ油…少々
パセリ…少々

作り方

1. さやいんげんはかためにゆで、3～4㎝長さに切る。ブルーチーズはさいの目に切る。
2. 卵を溶きほぐし、Aと1を加え、よく混ぜる。
3. フライパンにサラダ油を熱し、2を流し入れて中火で焼く。焼き色がついたら半分に折り、3等分に切り分けて重ね、刻んだパセリを散らす。

お店のような本格的な味

枝豆と甘ダイのリゾット

材料（作りやすい分量）

枝豆（豆のみ）…100g
甘ダイ（切り身）…1切れ
米…1カップ
オリーブ油…適量
A 湯…600㎖
A 固形スープの素…2個
オレガノ…少々
にんにく…1片
塩・こしょう…各少々
粉チーズ…適量

作り方

1. 枝豆はゆで、さやから豆を出す。甘ダイは塩、こしょうをふり、皮にオレガノの葉をのせる。にんにくはみじん切りにする。Aを合わせてスープを作る。
2. フライパンにオリーブ油を熱し、にんにくを入れて炒める。軽く色づいたら米を入れ、中火で炒める。
3. 米が熱くなったら、1の熱いスープをひたるぐらいの量加えて混ぜる。スープが減ったら足し、スープの量を保ちながら煮て、米をほどよいかたさにする。
4. 塩、こしょうで調味し、枝豆を加える。
5. 甘ダイをオリーブ油で両面をこんがり焼く。
6. 皿に4を敷き、上に5をのせ、好みで粉チーズをかける。

豆類 乾物

加工向きな栄養食材

乾物の豆は、マメ科野菜が完熟したもの。炭水化物とたんぱく質に富み、煮豆、あん、みそなどの加工品として、日本の食卓を支えています。
まとめてゆでておき、冷凍保存をしておくと重宝。水煮缶詰が出回り、手軽に使いやすくなりました。

食品成分表（ひよこ豆　全粒　乾　可食部 100g あたり）

エネルギー		374kcal
水分		10.4g
たんぱく質		20.0g
脂質		5.2g
炭水化物		61.5g
無機質	**カリウム**	**1200mg**
	カルシウム	**100mg**
ビタミン B_1		**0.37mg**
	葉酸	**350μg**
食物繊維		16.3g

たんぱく質、ビタミン B_1、カリウム、カルシウムなどを含みます。豆類の中ではカロリーが高く、造血作用や細胞の新生に大切な葉酸を比較的多く含有。脂質や炭水化物が多いのでほくほくの食感に。

ひよこ豆
ほっくりした食味で、煮込んでも形がくずれない。別名「ガルバンゾ」。

パスタやご飯にかけてもおいしい

ひよこ豆のトマトソテー

材料（2 人分）

ひよこ豆（缶詰）…120g
しょうが…1/2 片
たまねぎ…1/2 個
ピーマン…2 個
サラダ油…大さじ 1/2
カレー粉…小さじ 1/2
コンソメスープの素（顆粒）…小さじ 1
基本のトマトソース（p10 参照）…1/2 カップ
粗びきこしょう（黒）…小さじ 1/2

作り方

1. しょうが、たまねぎはみじん切り、ピーマンはひよこ豆の大きさに合わせて角切りにする。
2. フライパンにサラダ油を熱してしょうがを炒め、たまねぎを加えて炒め合わせる。カレー粉、スープの素を加えて 2 ～ 3 分炒め、基本のトマトソース、ひよこ豆を入れてなじむまで炒める。
3. 2 にピーマンを加えて 1、2 分炒め、こしょうをふる。

少ない素材でスピードサラダ

豆とキャベツのコールスロー

キャベツ 3 枚は 1 ㎝角に切って耐熱皿に入れ、ラップをしてレンジで 1 分 30 秒ほど加熱する。粗熱がとれたら、水気をよくしぼる。ボウルにキャベツを入れ、缶汁を切ったミックスビーンズ（缶詰）120g とレモン汁小さじ 1、マヨネーズ大さじ 2、塩・こしょう各少々を加えて混ぜる。

ツナでコクを加えて
甘酢でさっぱり和える

ミックス豆とツナのサラダ

たまねぎ 1/2 個は細かいみじん切りにし、水にさらす。水気を切ったたまねぎと缶汁を切ったミックスビーンズ（缶詰）120g、ツナ缶 1/2 缶、すし酢大さじ 1 を和える。最後にしょう油小さじ 1/2 を加え混ぜる。

黄大豆

一般的な大豆。様々な加工品の原料になるが、おかずとして古来日本人のたんぱく源になってきた。

うずら豆

名の由来は見た目のとおり、うずらの卵に似ているため。煮豆や甘納豆に向く。

金時豆

いんげん豆の一種で「赤いんげん」とも呼ぶ。煮豆に最適。

白いんげん豆

白あんや甘納豆など和菓子の原料に用いられる。煮込み全般に合う。

じっくり煮込んで旨みを引き出した

豆のマカロニパスタ

材料（2人分）

金時豆（缶詰）…120g
たまねぎ…1/4 個
セロリー…1/2 本
じゃがいも…1 個
豚ひき肉…50g
オリーブ油…大さじ 2
水…4 カップ
ローリエ…1 枚
タイム・塩・こしょう…各適量
シェルマカロニ… 80g
粉チーズ…大さじ 3
パセリ…適量

作り方

1. たまねぎ、セロリーはみじん切りに、じゃがいもは 2 ㎝角に切る。
2. 鍋にオリーブ油を熱し、ひき肉を炒める。パラパラになったら、たまねぎ、セロリーを入れてしんなりするまで炒める。
3. 2 に水、金時豆、ローリエ、タイム、じゃがいも、塩少々を加えてふたをし、弱火で 30 分煮る。
4. 豆の半量を取り出してミキサーでピューレ状にする。残りの 3 にマカロニを加え、火が通るまで煮る。ピューレを戻してから、塩、こしょうで調味し、粉チーズ、刻んだパセリを散らす。

水煮豆で手軽に作る

簡単甘納豆

水 100 ㎖に砂糖 70g を入れて火にかけ、溶けたら黒豆（水煮）110g を入れる。つづいて砂糖を 40g ずつ 2 回に分けて入れる。こうして甘みを少しずつ豆に入れていく。煮汁から豆の肩が出てきて、表面に照りが出たらざるに上げ、熱湯をかける。黒豆を広げて乾燥させ、乾いたらグラニュー糖適量をかける。

黒豆
大豆の品種のひとつ。種皮にアントシアニンを含む。おせち料理には欠かせない。

ご当地

おからを使った埼玉名物

行田ゼリーフライ

埼玉県行田市にしかないという「ゼリーフライ」は、おからとゆでたじゃがいもを混ぜ合わせ、卵をつなぎにして、パン粉などの衣を使わずにそのまま揚げたおからコロッケ。形が小判に似ているので「ゼニフライ」と呼ばれたのが語源らしい。

胡麻

料理にふりかけて風味も薬効もアップ

成分の約52％が脂質ですが、含まれているのは、リノール酸やオレイン酸などの不飽和脂肪酸。中性脂肪やコレステロールの上昇を抑える作用があります。良質なたんぱく質のほか、ビタミンE、B群、カルシウム、鉄などのミネラルも豊富に含みます。

食品成分表（乾　可食部100gあたり）

エネルギー	578kcal
水分	4.7g
たんぱく質	19.8g
脂質	51.9g
炭水化物	18.4g
無機質　カルシウム	**1200mg**
マグネシウム	**370mg**
ビタミンE（γ-トコフェロール）	**22.2mg**
食物繊維	10.8g

話題のセサミンは、水溶性食物繊維、リグナンの一種。強い抗酸化作用があり、ビタミンEとの相乗効果で活性酸素を除去。肝臓ガンの発生を抑える効果があることもわかっています。アルコールの分解を助け、二日酔いや悪酔いを防止したり、動脈硬化などの生活習慣病予防にも。

常備　ふりかけ3種

しらすごま

フライパンにごま油大さじ1を熱し、しょうがのみじん切り大さじ1を炒め、しらす100gも加えて炒める。砂糖・しょう油・酒・みりん各大さじ1、酢小さじ1を加え、水分がなくなるまで中火で炒める。小ねぎの小口切り3本分、ごま（白）大さじ1、削り節ひとつかみを加え混ぜる。

明太子ごま

明太子1腹は薄皮を取る。熱したフライパンにバター小さじ1を入れ、明太子を加えて軽く炒め、すぐにふたをして火を止める。明太子がフライパンの中ではねなくなったら、ちりめんじゃこ2[illegible]5g、小ねぎのみじん切り大さじ1/2、ごま（白）小さじ1/2を加えて混ぜ合わせる。

ひじきごま

ひじき（乾燥）50gを水でかためにもどす。フライパンにひじきを入れて炒め、ゆかり・ごま（白）各適量としょう油少々を加えて混ぜ合わせ、最後に削り節適量を入れる。

栗

有効な渋皮部分を生かして

炭水化物を多く含み、効率よくエネルギーになります。疲労回復効果があるビタミンB_1、粘膜や肌を正常に保つビタミンB_2、さつまいもよりも多い食物繊維を含んでいます。高カロリーなので、特に子供やお年寄りに食べてほしい食材です。

食品成分表（日本ぐり　生　可食部100gあたり）

エネルギー	164kcal
水分	58.8g
たんぱく質	2.8g
脂質	0.5g
炭水化物	36.9g
無機質　マグネシウム	**40mg**
マンガン	**3.27mg**
ビタミンC	**33mg**
食物繊維	4.2g

くりに豊富なビタミンCは、加熱しても損失が少ないのが特徴。脂質が少なくミネラルが豊富。渋皮に含まれるタンニンは抗酸化作用が強く、老化防止やガンの予防にも。

常備　渋皮煮

くり1kgは水にひと晩つけ、鬼皮のみをむく。鍋にたっぷりの水、くりを入れ、重曹小さじ1/2を加えて火にかける。煮立ったらアクを取りながら10分煮る。くりを洗い、同じ要領で3～4回煮る。鍋を洗ってくりを入れ、かぶるくらいの水を加える。火にかけて煮立ったら、三温糖500gを2回に分けて入れ、30分ほど煮込む。

和洋中のバリエーションを

くりおこわ3種

基本の和風

米1.5合ともち米0.5合は洗ってざるに上げ、30分おく。くり10個は鬼皮と渋皮をむき、水にさらして水気を切る。炊飯器に米、塩小さじ1/2～1、酒大さじ1と1/2、コンブ6㎝を入れて目盛りまで水を加え、くりをのせて普通に炊く。

洋風アレンジ

基本の和風の調味料を、白ワイン、塩、こしょう、スープの素に変え、好みのきのこを加えて炊く。炊き上がったら、バター、しょう油、刻んだパセリを混ぜる。

中華風アレンジ

基本の和風の材料に、干しエビ、干し貝柱を加え、調味料は塩、酒、ごま油、鶏がらスープの素を加えて炊く。

落花生

ラッカセイ・クルミ

食品成分表（乾　可食部 100g あたり）

エネルギー	562kcal
水分	6.0g
たんぱく質	25.4g
脂質	47.5g
炭水化物	18.8g
無機質　マグネシウム	**170mg**
ビタミン　葉酸	**76μg**
食物繊維	4.0g

不飽和脂肪酸が多く、コレステロールの上昇を抑えます。鉄や銅、葉酸が多く含まれ、貧血防止や記憶力アップも見込めます。

バランスよくとって コレステロール値を 下げる

木の実と勘違いしそうですが、落花生は豆の一種。たっぷりと含まれている脂質にはリノール酸やオレイン酸が多く、これは動脈硬化を予防する不飽和脂肪酸というもの。しかし、とりすぎは肥満や高脂血症につながるので、ご用心を。脳を活性化するレシチンも含まれます。

コツ 生落花生は鮮度が大事

生落花生を水で洗う。落花生1kgに対して、水約2ℓ、塩60g（水の3%）の割合で50分ほどゆでる。圧力鍋を使う場合の加圧時間の目安は20分。生落花生はすぐにゆでて、ゆでたら当日中に食べきるか、冷凍保存に。

香ばしい衣があとを引く

ささみのピーナッツ揚げ

酒・しょう油各大さじ1、砂糖・しょうがのしぼり汁各小さじ1で漬け汁を作る。鶏ささみ2本は筋を取って開き、漬け汁に20分ほど漬ける。ささみに小麦粉適量、溶き卵1個分、細かく砕いたピーナッツ（約100g）の順で衣をつける。低めの温度（160～170℃）に揚げ油適量を熱し、ささみが鍋から上がってくるまでじっくりと揚げる。

胡桃

優れた 完全栄養食材

7割近くを占める脂質には、良質なリノール酸とリノレン酸がたっぷり。生活習慣病予防に有効といわれています。たんぱく質や炭水化物も多く、ビタミンやミネラルもバランスよく含んでいるくるみは、完全栄養食材といえるでしょう。

くるみの食感と香りを

芽キャベツのくるみ和え

くるみ20gは保存袋に入れ、すりこぎなどで細かく砕く。芽キャベツ15個は塩少々を入れた熱湯で2～3分ゆでる。フライパンにバター10gを溶かして芽キャベツを炒め、しょう油少々で調味し、くるみと和える。

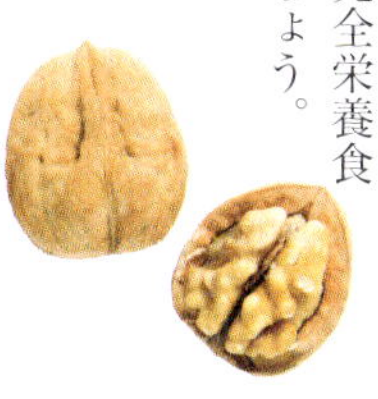

食品成分表
（炒り　可食部 100g あたり）

エネルギー	674kcal
水分	3.1g
たんぱく質	14.6g
脂質	68.8g
炭水化物	11.7g
無機質　カルシウム	**85mg**
鉄	**2.6mg**
ビタミンE（γ-トコフェロール）	**23.6mg**
食物繊維	7.5g

コレステロールを抑制する不飽和脂肪酸、免疫力アップや疲労回復のビタミンB群が含まれます。高カロリーなので食べすぎに注意。

伝統 くるみがんづき

岩手県の郷土料理

材料（作りやすい分量）

- 薄力粉…150g
- 重曹…小さじ1
- 黒砂糖…70g
- 水…100㎖
- 酢…大さじ1
- くるみ・ごま（黒）…各適量

作り方

1. ボウルに黒砂糖と水を入れ、砂糖が溶けたら酢を加える。
2. 薄力粉と重曹を合わせてふるい、1に加えてさっくりと混ぜる。
3. 直径20㎝くらいのざるにペーパータオルを敷き、2を入れてくるみ、ごまをたっぷりと散らす。
4. 蒸し器に入れ、布巾でくるんだふたをのせる。強火～中火で20分加熱する。
5. 生地に竹串を刺し、何もついてこなければ蒸し上がり。

旬のカレンダー　実・葉

ハウス栽培　露地栽培

1 2 3 4 5 6 7 8 9 10 11 12
トマト
冬春トマト
夏秋トマト
ナス
カボチャ
(貯蔵ものを含む)
キュウリ
ズッキーニ
ピーマン
トウガラシ
ニガウリ
トウモロコシ
オクラ
サヤエンドウ
サヤインゲン
エダマメ
キャベツ
冬キャベツ
春キャベツ
夏秋キャベツ
ホウレンソウ
レタス
冬レタス
春レタス
夏秋レタス
冬レタス
ハクサイ
秋冬白菜
春白菜
夏白菜
秋冬白菜
コマツナ
シュンギク
ネギ
秋冬ネギ
春ネギ
夏ネギ
秋冬ネギ
タマネギ
ブロッコリー
寒冷地もの
カリフラワー

葉

Leaves

キャベツ

おなじみ野菜はビタミンCの宝庫

日頃食べる機会が多い野菜なので、栄養素の大切な供給源といえます。

豊富に含まれるビタミンCは熱に弱く、水に流れ出しやすいので、水にさらすなら手短かに。

調理するときは蒸したり、炒めたり。コトコト煮てもおいしいので、煮るなら煮汁まで一緒に食べましょう。

食品成分表
（結球葉　生　可食部100g あたり）

エネルギー	23kcal
水分	92.7g
たんぱく質	1.3g
脂質	0.2g
炭水化物	5.2g
無機質　カルシウム	**43mg**
ビタミン K	**78μg**
C	**41mg**
食物繊維	1.8g

キャベツから発見され、キャベジンとも呼ばれるビタミンUは、胃腸の粘膜修復に必要なたんぱく質を合成し、潰瘍を抑える働きも。ビタミンCとともに疲れた肝臓を助けます。加熱した方が活性酸素を除去する力がよりアップします。

鍋におまかせの簡単蒸し

キャベツのベーコン重ね蒸し

材料（2人分）

キャベツ…1/4個
厚切りベーコン…100g
固形スープの素…1個
水…300㎖
こしょう…少々

作り方

1. キャベツは縦に2等分してくし形に切る。ベーコンは3㎜厚さに切り、キャベツにはさみ重ねる。
2. 鍋に砕いたスープの素、水を入れて火にかけ、1を入れてふたをする。やわらかくなるまで蒸し煮にする。仕上げにこしょうをふる。

コツ

ロールキャベツ

ロールキャベツの煮くずれは、煮込む間にスープの中でキャベツが泳ぎ、はがれてしまうことが原因。まず、キャベツは芯を取り除き、丸ごと鍋でゆでる。タネは大きさの違う2枚以上の葉を使って巻くと、楊枝などを使わなくてもきっちり巻ける。そして、鍋の底にベーコンを敷き、すき間なく並べて動かないようにすることが大切。

芯の甘みを引き出した
食べごたえのあるおかず

キャベツ芯と鶏の炒め物

キャベツ芯1個分は手で折り、ひと口大に切った鶏もも肉1枚分とともに鍋に入れ、少量の水を加える。鍋のふたをし、中火で5～6分蒸し焼きにする。塩適量で調味する。

シンプルでも箸が止まらない

キャベツのおかか和え

キャベツ1/4個は芯を取り、葉はひと口大に、芯は薄切りにする。密閉容器にキャベツと塩小さじ1/3を入れ、手でもみ込んでしばらくおく。水気を軽くしぼり、削り節少々、しょう油小さじ1/2を混ぜる。

春キャベツ（春玉）

秋に種まきをして春に収穫されるもの。巻きはゆるくふっくら。甘みがありやわらかい。

冬キャベツ（寒玉）

夏に種まきをして冬に収穫されるもの。ぎっしりと葉が何枚も重なっている。生食よりも煮込みなどに。

紫キャベツ

鮮やかな紫色はアントシアニンによるもの。酢漬けやサラダに向く。赤キャベツとも呼ばれる。

芽キャベツ

葉の付け根のわき芽が結球したもの。ビタミンCを豊富に含む。

つけ合わせとしても活躍

キャベツのアンチョビ焼き

キャベツ 1/4 個は半分に切る。刻んだアンチョビ 1 枚分、オリーブ油大さじ 2、こしょう少々を合わせて、キャベツにすり込む。200℃のオーブンで 15 分ほど焼く。

コツ

キャベツ炒め

キャベツ炒めは、水分が適度に蒸発し、油がしみ込んで旨みが増すシンプルな調理法。ポイントは、大きな鍋を使うこと。鍋を高温に熱し、一気に調理すること。鍋が小さいと、加熱時間がかかり、水分が鍋に溜まって水っぽくなってしまう。火力が不足しても同じこと。適量のバランスであれば、1～2分で完成。キャベツの表面が、少し透き通り、全体に油が回ったら火を止める。すると歯ざわりよく仕上がる。短時間であるほど、ビタミンCの存在率も高い。

強火で２分、シャキシャキ感が残っている。
（ビタミンC存在率 80％）

弱火で 10 分炒めたもの。しなっとして水分が残る。
（ビタミンC存在率 60％）

常備

こってりおかずをサッパリしめる

即席ザワークラウト

キャベツ 1/4 個は千切りにし、水少々をかけてレンジで 1 分ほど加熱する。水気を切ったキャベツに、こしょう・キャラウェイシード各少々を加え、サラダ油大さじ 1 をかけてなじませる。砂糖大さじ 1、塩小さじ 1/2、酢大さじ 3 を煮立て、キャベツにかけてひと晩なじませる。

ご当地

コシの強さが自慢

吉田うどん

山梨県富士吉田市の郷土料理。かたくてコシのある麺、煮干しやしいたけのだし汁、しょう油とみその合わせ味が主流。ゆでキャベツと、赤とうがらしをベースにした薬味「すりだね」が特徴で、きんぴらごぼうがトッピングされることも。

ホウレンソウ

菠薐草

貧血予防や免疫力アップに

貧血を予防する鉄分が豊富。効率よくとるには、ビタミンCを多く含む食材との食べ合わせが効果的。独特のえぐみをもつアクは、ゆでてから水にさらすことで流出しますが、さらしすぎると旨みも逃げてしまうので、ほどほどに。

食品成分表
（葉　生　可食部 100g あたり）

エネルギー	20kcal
水分	92.4g
たんぱく質	2.2g
脂質	0.4g
炭水化物	3.1g
無機質　鉄	**2.0mg**
ビタミンA（β-カロテン当量）	**4200μg**
葉酸	**210μg**
食物繊維	2.8g

ビタミン、ミネラルが豊富な優等生野菜。赤血球を作るのに必要な葉酸がたっぷり含まれます。ルティンは眼病予防に有効なだけでなく抗酸化物質なのでガン予防にも効果的。ビタミン損失を抑えるためには、ゆで時間は１分以内にとどめること。

材料に粉と牛乳を混ぜる、失敗なしのホワイトクリーム

ほうれん草とサケのクリームシチュー

材料（２人分）
- ほうれん草…1/2 束
- 生ザケ（切り身）…２切れ
- たまねぎ…1/4 個
- とうもろこし（缶詰）…1/3 カップ
- バター…大さじ２
- 小麦粉…大さじ２
- 牛乳…500 ㎖
- 塩…小さじ１
- こしょう…少々

作り方
1. ほうれん草は根元を切って水洗いし、ラップで包んでレンジで約１分加熱し、冷水にとってから水気をしぼる。サケはひと口大のそぎ切りにして酒（分量外）をふりかける。たまねぎは薄切りにする。
2. フライパンを熱してバターを入れ、たまねぎを中火で炒める。しんなりしたら小麦粉をふり入れ、粉っぽさがなくなるまで炒める。牛乳を少しずつ加え、その都度手早く混ぜる。
3. １のほうれん草とサケを加え、弱火にして５分ほど煮る。塩、こしょうで調味し、とうもろこしを加えてひと煮立ちさせる。

コツ

冷凍ものも上手に活用

一年中流通する野菜も、旬の時期に収穫したものとそうでないものとでは栄養成分に差が出ることに加え、鮮度が落ちると栄養成分も落ちる。冷凍野菜は、大量に収穫される旬のものを新鮮なうちに下処理して冷凍するため、青果店に並ぶものに比べ季節変動が少ない。

生で食べるサラダは栄養満点

アンチョビチーズサラダ

材料（２人分）
- ほうれん草（生食用）…1/2 束
- アンチョビ…４枚
- オリーブ油…小さじ１
- 塩…少々
- クランベリー（乾燥）…5g
- 赤ワイン…少々
- 粉チーズ…大さじ２

作り方
1. ほうれん草は葉の部分を摘み、水でよく洗う。
2. アンチョビは２㎝幅に切り、オリーブ油を熱したフライパンで焼き色がつくまで焼く。
3. クランベリーにワインをふり、軽くもみ込んで薄切りにする。
4. ほうれん草に塩をふり、すべての材料を合わせ、粉チーズをかける。

ちぢみほうれん草

冬の寒さにあてて栽培することで低温ストレスを起こし、糖度が高くなっている。

赤茎ほうれん草

アクが少ないので生食に向く。赤い茎の部分にポリフェノールを含む。

サラダほうれん草

生食用に品種改良されたもの。水耕栽培されているものが多い。

山形赤根ほうれん草*

山形県の在来種で今や希少になった東洋種。根の赤い部分にぶどうやメロン並みの糖度を含む。

常備

韓国料理でおなじみ

ほうれん草のナムル

ほうれん草1/2束は塩ゆでし、水にさらして水気を切る。4～5㎝長さに切り、ごま油小さじ1、おろしにんにく少々、すりごま（白）適量、塩小さじ1/3とよく混ぜる。

コツ

ゆでる

ゆでる目的は、アクを抜き、色よく仕上げ、やわらかくすること。しかし、栄養は逃したくない。そのための5つのコツを。

1 たっぷりの沸騰湯で

温度が下がると、ゆで時間が長引き、色を悪くさせる酵素が働く。

2 砂糖をひとつまみ

甘みを引き出すには、じつは塩よりも1%の砂糖が有効。塩よりも砂糖の方がさらに味がよくなる。色をよくしたい場合、塩は5%必要。

3 ゆでるときにはふたはしない

ほうれん草から溶け出した有機酸を揮発させるために、ふたはしないで。

4 短時間でゆでる

ゆで時間が長いと、色、味、歯ごたえ、どれも悪くなる。1～2分が適当。

5 水にさらす

すぐに水にさらすと、アクが除かれ色も鮮やかになるが、水溶性の栄養分も流出するのでさっとさらす程度に。

沸騰湯でゆでたほうれん草は鮮やかな緑色。

水からゆでたほうれん草はやや黄緑。

カキのエキスが溶け出した

カキとほうれん草のクリームソテー

材料（2人分）

ほうれん草…1束
カキ（加熱用）…1パック
ベーコン…50g
生クリーム…50㎖
オリーブ油…適量
塩・こしょう…各少々

作り方

1. ほうれん草は食べやすい幅に、ベーコンは3㎝幅に切る。カキは塩水で洗って水気を切る。
2. フライパンにオリーブ油を熱し、ベーコンを炒め、カキを加え、火が通ったらほうれん草を加える。
3. ほうれん草がしんなりしたら生クリームを入れ、塩、こしょうで調味する。

パラパラになるまで手早く炒める

たっぷりほうれん草の焼き飯

材料（2人分）

ほうれん草…1/2束
卵…2個
ご飯…300g
サラダ油…大さじ3
塩…小さじ1
粗びきこしょう・中華スープの素…各少々

作り方

1. ほうれん草は根元を切って水洗いし、茎も葉も細かいみじん切りにする。
2. 鍋を熱してサラダ油を入れてなじませ、溶きほぐした卵を流して炒める。
3. 卵に7割がた火が通ったらご飯を加えてほぐし、卵と混ぜ合わせる。塩、こしょう、中華スープの素で調味し、ほうれん草を加えて手早く炒め合わせる。

レタス

調理方法を工夫してたっぷり食べよう

サラダ野菜の代表的なものですが、炒飯やスープに入れたり、具材を包むなど、最近ではいろいろな食べ方をされるようになりました。茎の切り口から出る乳状の液は、食欲増進や肝機能を高めてくれるサポニンという物質です。

食品成分表
（結球葉　生　可食部 100g あたり）

エネルギー	12kcal
水分	95.9g
たんぱく質	0.6g
脂質	0.1g
炭水化物	2.8g
無機質　カリウム	**200mg**
ビタミン A（β-カロテン当量）	**240μg**
E（α-トコフェロール）	**0.3mg**
食物繊維	1.1g

成分の 95% が水分で、シャキシャキした食感が魅力。ビタミンやミネラルを適度にバランスよく含み、カロリーが低いのでダイエット向きの食材。油と一緒に調理すると、カロテンやビタミン E の吸収率がアップします。

ザーサイの塩気がスープに溶け込んだ

レタスとザーサイのスープ

材料（2 人分）

レタス…1/3 個
ザーサイ（味つき）…20g
にんにく…1 片
サラダ油…大さじ 1
水…500 ㎖
固形スープの素…1 個
粗びきこしょう…少々

作り方

1. レタスはひと口大にちぎる。にんにくは薄切りに、ザーサイは 2 ㎝長さに切る。
2. 鍋にサラダ油とにんにくを入れて弱火で炒める。薄く色づいたら、水、スープの素、ザーサイを加えて強火にする。煮立ったらレタスを加え、こしょうをふる。

火を加えすぎずに歯ごたえを残した

レタスとマッシュルームの塩炒め

材料（2 人分）

レタス…1/2 個
マッシュルーム…2 個
コンソメスープ…50 ㎖
酒…小さじ 1
A｜塩・こしょう・しょう油…各少々
サラダ油…大さじ 1
片栗粉…適量

作り方

1. レタスは大きめにちぎってボウルに入れ、塩ひとつまみ（分量外）をふってなじませる。マッシュルームは軸を取って縦 6 等分にする。
2. 小鍋にスープと酒を合わせて温める。
3. 鍋にサラダ油を熱し、強火でマッシュルームを軽く炒める。A を加えてしんなりしたら 1 のレタスを加え、底から大きく混ぜ、手早く炒める。全体に油が回ったら 2 を加えて混ぜ合わせ、同量の水で溶いた片栗粉を回し入れてとろみをつける。

サニーレタス＊

リーフレタスの中でもっとも多く流通している。「サニーレタス」はブランド名。

茎レタス

皮をむき、細切りにした茎を食べる。生食でも加熱しても美味。山クラゲの原料にもなる。

サラダ菜

レタスの中では栄養価が高い緑黄色野菜。葉に照りがあるためバターヘッドとも呼ばれる。

サンチュ

包菜や掻きちしゃと呼ばれる。焼き肉の巻き物としておなじみ。

包む具は少し濃いめに味つけ

牛肉と糸こんにゃくのレタス包み

材料（2 人分）

- レタス…1/2 個
- 牛切り落とし肉…100g
- 糸こんにゃく…100g
- たけのこ（ゆでたもの）…50g
- 干ししいたけ…2 ～ 3 枚
- ピーマン…1 個
- 長ねぎ…1/2 本
- サラダ油…大さじ 1
- A
  - 砂糖…大さじ 1
  - しょう油…大さじ 1
  - 酒…大さじ 1/2
  - オイスターソース…大さじ 1/2
  - こしょう…適量
- 小ねぎ…少々

作り方

1. 牛肉は細切りにし、しょう油・砂糖各少々（分量外）をもみ込む。糸こんにゃくは下ゆでする。たけのこは薄切り、干ししいたけは水でもどして薄切り、ピーマンは細切り、長ねぎは斜め切りにする。
2. 鍋にサラダ油半量を熱し、たけのこ、干ししいたけを強火で炒める。ピーマンを加えて炒め、取り出す。
3. 2 の鍋に残りの油を熱し、長ねぎ、牛肉、糸こんにゃくを炒める。8 割がた火が通ったら 2 をもどし入れ、A を加えて強火で炒め合わせる。1 枚ずつはがしたレタスに包み、小口切りにした小ねぎを散らす。

さっと湯通しするのがコツ

レタスとみつばの梅ドレッシング

材料（2 人分）

- レタス…1/2 個
- みつば…1/4 束
- 梅干し…1 個
- A
  - 酢…大さじ 1
  - しょう油…少々
  - ごま油…大さじ 1/2

作り方

1. レタスはひと口大にちぎる。みつばは茎を 3 cm長さに切る。
2. ざるにレタス、みつばの茎を広げ、熱湯を回しかける。すぐに冷水にとり、よく水気を切る。
3. 梅干しはタネを取り、果肉を包丁でたたく。ボウルに果肉と A を混ぜ合わせ、レタス、みつばを入れて和える。

塩もみしたレタスは調味料がしみ込みやすい

レタスの柚子こしょうサラダ

レタス 1 個は大きめのひと口大にちぎり、塩少々でもんで、しんなりするまでおく。ミニトマト 4 ～ 5 個は半分に切る。小さじ 2 の酢に、しょう油・柚子こしょう各少々を合わせ、水気を切ったレタスとミニトマトを和える。

白菜

ハクサイ

旨みや栄養分を丸ごと味わおう

はくさいは水分が多いので、蒸し煮にすると旨みや栄養分を余すところなく食べることができます。豚肉と組み合わせれば、風邪の予防にも効果的。クセがないので、和風・洋風・中華風と、味つけや調理方法が幅広く楽しめます。

食品成分表（可食部 100g あたり）

エネルギー		14kcal
水分		95.2g
たんぱく質		0.8g
脂質		0.1g
炭水化物		3.2g
無機質	**カリウム**	**220mg**
	カルシウム	**43mg**
ビタミン C		**19mg**
食物繊維		1.3g

水分が多くカロリーが少ないのでダイエット向きの野菜。ビタミンCが多いのは緑色の先端部分。次いで中心部とその周辺。カリウムを比較的多く含むので高血圧の予防作用が期待できます。ガン予防効果のあるイソチオシアネートも含まれます。

豚肉の旨みを
はくさいががっちり受け止めた

はくさいと豚の蒸し煮

はくさい 1/4 株は葉を 1 枚ずつはがす。鍋にはくさいと豚ロースしゃぶしゃぶ用肉 200g を、塩小さじ 1/3 を少しずつふりながら重ね入れる。上から酒 50 mℓをふり、ふたをして 10 分ほど煮る。蒸し上がりに小口切りにした小ねぎ適量を散らす。好みのたれ（下記参照）につけていただく。

中華だれ

にんにく 1 片はみじん切りにする。にんにく、しょう油 50 mℓ、酢大さじ 2、ごま油・サラダ油各小さじ 1 を混ぜ合わせる。

ごまだれ

練りごま大さじ 2 強、しょう油・みりん各大さじ 1、酢大さじ 2 弱を合わせ、温かいだし汁大さじ 2 弱を少しずつ加え混ぜる。

みそだれ

白みそ大さじ 2、赤みそ・みりん各大さじ 1、砂糖大さじ 1/2 を合わせ、温かいだし汁大さじ 2 弱を少しずつ加え、みそが溶けるまで混ぜる。

豆乳があっさり、まろやかにまとめた

はくさいと根菜の豆乳シチュー

材料（2 人分）

- はくさい…5 枚
- A れんこん…150g
- A にんじん…1/3 本
- A ごぼう…1/3 本
- さといも…3 個
- しめじ…1/2 パック
- 豆乳…200 mℓ
- 水…100 mℓ
- クリームシチューのルウ…100g
- 塩・こしょう…各適量

作り方

1. はくさいはざく切りにし、A は乱切りにする。さといもは皮をむき、ひと口大に切る。
2. 鍋に A、さといも、水を入れて煮る。野菜がやわらかくなったらほぐしたしめじを入れ、さらに煮込む。
3. ルウを入れて溶かし、弱火で 5 ～ 10 分ほど煮る。
4. 豆乳とはくさいを加え、はくさいがしんなりするまで、煮立たせずに煮込み、塩、こしょうで味を調える。

オレンジ＊

外葉は変わらないが、中心の葉がオレンジ色。かためで甘みがある。

ミニ＊

果重1kgほどの小さな品種。一度に使いきることができ、冷蔵庫にも丸のまま収まる。

乳酸で腸を元気にするキムチ

発酵によってできた乳酸は、腸内で悪玉菌を減らして善玉菌を増やし、整腸作用をもたらします。材料のとうがらしに含まれるカプサイシンの効果で、胃の働きも活発になり、食欲が増強。ビタミンも豊富で、1日100g食べると1日の理想ビタミン摂取量の3分の1をとれるともいわれています。

簡単キムチの作り方

材料（作りやすい分量）

はくさい…1/2株
（さらに4等分する）
だし汁…200㎖
（コンブと煮干し、あるいは削り節でとっておく）

A
- だいこん…100g（千切り）
- にんじん…50g（千切り）
- 塩…小さじ1/2
- 砂糖…小さじ1/4
- 水…大さじ1

白玉粉…大さじ1
韓国とうがらし　25g
はちみつ…大さじ2

B
- おろしにんにく…25g
- おろししょうが…5g
- イカの塩辛…大さじ2
- にら…1/2束
（4㎝長さに切る）

1 はくさいは5%の塩で下漬けする。1～2日おいたら水洗いし、きつくしぼる。

2 Aの材料をすべて混ぜる。水気が出てくるので、しぼっておく。

3 白玉粉を50㎖のだし汁で溶いて加熱し、とろみがついたら火を止める。これを「のり」という。ボウルにとうがらしの半量を入れ、だし汁100㎖、はちみつを加え、さらに「のり」を加える。

4 2に残りのとうがらしを加え、手袋をしてよく和える。

さらに3を加える。

5 Bをミキサーにかけて、ペースト状にしたものと、にらを、4に加え、「ヤンニョム」を作る。

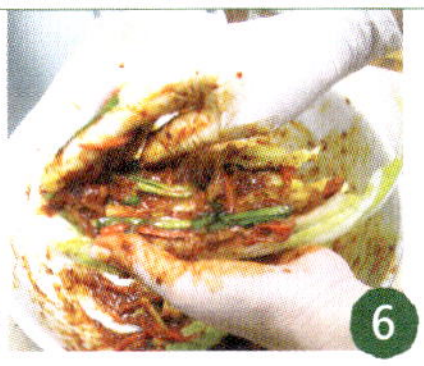

6 5のヤンニョムを1のはくさいにすり込み、容器に詰める。

7 残りのだし汁50㎖をヤンニョムのボウルに注ぎ、よくすすいで6の容器に入れる。表面にラップをし、空気をよく抜いてから重石をして漬ける。3日後くらいから食べられる。

常備 四川風漬け物

白菜漬けをピリリと辛みをきかせて

白菜漬け200gは横3等分、縦1㎝幅に切ってバットに並べる。酢・砂糖各大さじ2、しょう油小さじ1を合わせてはくさいにかけ、糸とうがらし適量、しょうが1/2片の千切りをのせる。小鍋にごま油大さじ1/2、粉末の花椒（ホアジャオ）小さじ1/2を入れて火にかけ、煙が出たらはくさいの上に回しかける。軽く重石をのせ、5時間～3日ほど漬ける。

伝統 岐阜県飛騨地方の郷土料理 にたくもじ

白菜漬けは食べやすい大きさに切り、水につけて塩抜きする。水気を切ってごま油で炒め、輪切りにした赤とうがらし、だし汁、しょう油、みりんを加え、やわらかくなるまで煮る。はくさい以外の漬け物でも。

コツ 切り方と火加減

しっかりと巻いた冬のはくさいは、旨みと甘みがあるのが特徴。大きな軸の部分とやわらかい葉を、一緒においしく煮るには火加減がポイント。

切り方

葉の部分はざく切り。軸の部分は火が通りやすいように大きめのそぎ切りに。

コトコト煮

ふんわりとやわらかい旨みが広がる。

グラグラ煮

やわらかくなるが、筋っぽくもなる。

スープ仕立てにする場合は、はくさいの軸だけを先にスープに入れ、中火で煮始める。スープが沸騰してから葉を加える。その後弱火で20分ほどコトコト煮込む。

小松菜

栄養価も高く使いやすい青菜

一年中出回っていますが、本来は冬の野菜。風邪などの感染症を予防し、皮膚を丈夫に保ってくれます。また、カルシウムをたっぷりと含むので、ビタミンDを含むちりめんじゃこなどの小魚と一緒にとると、骨粗しょう症予防になります。特に女性にはうれしい野菜です。

食品成分表
（葉　生　可食部 100g あたり）

エネルギー		14kcal
水分		94.1g
たんぱく質		1.5g
脂質		0.2g
炭水化物		2.4g
無機質	**カルシウム**	**170mg**
	鉄	**2.8mg**
ビタミンA（β-カロテン当量）		**3100μg**
食物繊維		1.9g

ビタミン、ミネラルを多く含む栄養成分が豊富な野菜。活性酸素に対する免疫力をアップさせるβ-カロテンも豊富で、ガンの抑制にも効果的。アクが少ないので下ゆでせずにそのまま調理すれば、水溶性ビタミンの損失も少なく、効率よく摂取できます。

素材の香りの生きた

こまつなと桜エビのパスタ

材料（2人分）

こまつな…1/2 束
桜エビ…10g
にんにく…2 片
パスタ…160g
オリーブ油
…大さじ 1 強
しょう油・みりん
…各少量

作り方

1. こまつなはさっとゆで、水にとって冷まし、軽くしぼってひと口大に切る。にんにくはみじん切りにする。
2. フライパンにオリーブ油とにんにくを入れ、弱火で香りよく炒め、桜エビを加えて 1 分ほど炒める。
3. 2 にこまつなを加えてさっと炒め、しょう油とみりんで調味する。ゆでたパスタを加え、ひと混ぜする。

磯の風味が味の決め手に

こまつなとワカメのナムル　常備

材料（2 人分）

こまつな…1 株
ワカメ…15g
塩…少々
長ねぎ…10 ㎝
にんにく…1/2 片
赤とうがらし…1/2 本
A ┃砂糖…小さじ 1
A ┃塩…小さじ 1/2
A ┃こしょう…少々
A ┃酒・しょう油・酢…各大さじ 1
A ┃ごま油…小さじ 1

作り方

1. こまつなは塩を加えた熱湯でさっとゆで、冷水にとって水気をしぼり、3 ㎝長さに切る。ワカメは洗って水気をしぼり、ひと口大に切る。
2. ねぎ、にんにくはみじん切りにする。とうがらしはタネを取ってみじん切りにする。
3. 2 と A を混ぜ合わせ、1 と和える。

菜花

ナバナ

食品成分表（洋種なばな　茎葉　生　可食部100gあたり）

エネルギー	35kcal
水分	88.3g
たんぱく質	4.1g
脂質	0.4g
炭水化物	6.0g
無機質　カルシウム	**97mg**
ビタミンA（β-カロテン当量）	**2600μg**
C	**110mg**
食物繊維	3.7g

ミネラル、ビタミンが豊富なアブラナ科の野菜。ビタミンCとEの組み合わせで相乗的に抗酸化作用が高まります。栄養素の損失を少なくするために、そのまま炒める調理方法もおすすめです。

春の特使は栄養価抜群

アブラナのつぼみと茎、さらに若葉を合わせてなばなと呼びます。春の訪れを告げる野菜で、独特のほろ苦さが特徴。栄養素が多いので冬の間に落ちた体の抵抗力を高める作用があります。その風味と栄養分を逃がさないように、手早く調理を。

酢飯に混ぜ込んだ
サケの塩気とほろ苦いなばなが絶妙

なばなと塩ザケのバラ寿司

材料（2人分）

なばな…1束
塩ザケ…1切れ
米…1.5合
酒…少々
卵…1個
A　砂糖・みりん　…各大さじ1/2
A　塩…ひとつまみ
すし酢（市販）…60㎖
ごま（白）…大さじ1

作り方

1. 米は洗って炊飯器で普通に炊く。
2. なばなは塩ゆでし、ざるに上げて冷ます。花の部分は3㎝長さに切り、残りは小口切りにする。
3. サケはこんがりと焼き、皮と骨を除いてほぐし、酒をふりかける。卵はAを加えて炒り卵を作る。
4. ご飯にすし酢を入れて混ぜ、小口切りのなばなとサケ、ごまを加えて混ぜる。
5. 器に盛り、炒り卵と花の部分を飾る。

強火で一気に炒め上げる

なばなのアンチョビ炒め

材料（2人分）

なばな…1束
アンチョビ…12g
にんにく…1片
オリーブ油　…大さじ1
塩・こしょう…各適量

作り方

1. なばなは根元を切り落とし、半分に切ってかためにゆでる。アンチョビは刻み、にんにくは薄切りにする。
2. フライパンにオリーブ油とにんにくを入れ、中火で色づくまで炒める。アンチョビ、なばなを入れ、強火で炒める。油が回ったら塩、こしょうで調味する。

常備

コンブの旨みたっぷり

なばなの塩コンブ漬け

なばな1束は根元を切り落とし、塩を加えた熱湯でかためにゆでて、水気をしぼる。細切り塩コンブ大さじ2を加え混ぜ、軽い重石をのせて2～3時間漬ける。汁気をしぼり、4～5㎝長さに切っていただく。

ミズナ

水菜

ハリハリとした歯ごたえを楽しんで

鍋物に、煮物に、漬け物に、サラダにとオールマイティなみずなは、栄養面でも優秀な野菜です。美肌効果が高いことから、女性に大人気となりました。加熱しすぎると、茎のかたさが目立ってくるので、調理は手早く。

食品成分表
（きょうな　葉　生　100g あたり）

エネルギー	23kcal
水分	91.4g
たんぱく質	2.2g
脂質	0.1g
炭水化物	4.8g
無機質　カルシウム	**210mg**
ビタミン A（β - カロテン当量）	**1300μg**
C	**55mg**
食物繊維	3.0g

鉄やカルシウムが豊富で、これらの吸収率を高めるビタミン C も含まれています。造血作用のある葉酸も含むので貧血や骨粗しょう症の予防にも効果的。ポリフェノールも含み、肌の新陳代謝を高め、きめを整えてくれます。

1 束のみずながあっという間に食べられる

常備　みずなのキムチ

みずな 1 袋は塩小さじ 2 をまぶし、重石をのせて 30 分ほど漬ける。みずなを水で洗って塩抜きをし、水気をしぼって 4 ～ 5 ㎝長さに切る。キムチの素 70 ㎖を加えて和え、ラップをして 6 ～ 7 時間漬ける。

食べごたえのあるサラダは
ごま油をきかせて中華風味に

みずなと厚揚げのサラダ

厚揚げ 1/2 枚は 1 ～ 2 ㎝幅に切り、フライパンで両面に焼き目がつくまで焼く。みずな 1/2 袋は長めのざく切りにして皿に敷き、厚揚げをのせる。しょう油・ごま油・炒りごま（白）・しょうがのみじん切り各適量を合わせ、厚揚げの上にかける。

みずなと梅じゃこの混ぜご飯

梅干しとちりめんじゃこを一緒に炊き込んだ

材料（作りやすい分量）

みずな…1 袋
米…2 合
酒…大さじ 2
塩…小さじ 1
A
コンブの細切り…10 ㎝角分
梅干し…2 個（タネを取り除いておく）
ちりめんじゃこ…30g
塩…小さじ 1
ごま（白）…適量

作り方

1. 米は洗ってざるに上げ、30 分おく。炊飯器に米と酒を入れ、目盛りまで水を加え、A を入れて普通に炊く。
2. 炊き上がるまでの間に、みずなをざく切りにし、塩でもんで水気をしぼる。
3. ご飯は、中の梅干しをつぶしながら混ぜ、2 とごまを混ぜ込む。

春菊

シュンギク

食品成分表
（葉　生　可食部 100g あたり）

エネルギー	22kcal
水分	91.8g
たんぱく質	2.3g
脂質	0.3g
炭水化物	3.9g
無機質　カリウム	**460mg**
カルシウム	**120mg**
ビタミン A（β - カロテン当量）	**4500μg**
食物繊維	3.2g

豊富なβ - カロテンはほうれん草やかぼちゃよりも多く、皮膚や粘膜を保護し、荒れた肌を整えます。体内で生じる活性酸素の働きを弱め、ガンの予防効果も。独特の香り成分は胃腸の働きを活発にして、咳や痰をしずめてくれます。

香りの効果で食欲増進

鍋物の具が定番ですが、香りを生かして、生でサラダに入れたり、さっとゆがいておひたしにしても。カロテンが豊富に含まれているので、油と一緒にとると吸収が高まり、効果的です。ごまやナッツ類を合わせるのもよいでしょう。

コツ

ごま和え

ごまは炒ると香りが引き立ち、加える直前にすり鉢でざっとする。すりごまを使う場合も炒ると香ばしくなる。和えてから水気が出ないよう、下ごしらえした材料は冷ましてから水気をよく切り、食べる直前に和えるのがコツ。

にらに負けない春菊の香りが通好み

春菊とにらとアサリのチヂミ

材料（作りやすい分量）

春菊…1/4 束
みつば…1/2 束
にら…1/3 束
アサリ（水煮缶詰）…1 缶
酒…大さじ 1
A
卵…1 個
上新粉・小麦粉…各大さじ 4
しょう油…小さじ 1
塩…少々
ごま油…大さじ 2
酢・しょう油…各適量

作り方

1. 春菊は葉を摘み、みつば、にらとともに 3 ㎝長さに切る。ボウルに卵を溶きほぐし、残りの A を加えて混ぜ合わせる。アサリの身と汁 50 ㎖、切った野菜を加えて混ぜる。
2. フライパンにごま油大さじ 1 を熱し、1 を入れて薄く広げ、2 分ほど焼く。焼き色がついたら返し、鍋肌からごま油大さじ 1 を回し入れて 2 分ほど焼き、皿に盛る。酢としょう油を合わせ、添える。

春の風味がたっぷり

春菊の草もち

春菊 2 ～ 3 本はゆでて細かく刻む。ボウルに白玉粉 50g、水 50 ㎖弱、春菊を入れて混ぜる。棒状に伸ばし、25 ～ 30 個に分けて丸める。熱湯でもちが浮き上がるまで 2 分ほどゆで、ゆで小豆（缶詰）50g をかける。

ほろ苦さがクセになるペースト

春菊のジェノベーゼパスタ

材料（2 人分）

春菊…1/2 束
カシューナッツ…大さじ 4
A
オリーブ油…90 ㎖
粉チーズ…大さじ 3
こしょう…少々
パスタ…160g
塩…小さじ 1/2

作り方

1. 春菊は葉だけを摘み取る。カシューナッツはフライパンに入れ薄く色づくまでから炒りする。タイミングを見ながらパスタをゆでておく。
2. フードプロセッサーまたはミキサーに 1 の春菊とカシューナッツ、A を入れ、粗めのペースト状になるまで混ぜる。
3. フライパンに 2 を適量、パスタのゆで汁大さじ 2 ～ 3 を入れて弱火で温め、ゆでたパスタを手早く和える。

玉葱《タマネギ》

炒めて加えると抜群の隠し味に

つんとする独特の香りは硫化アリルという成分。疲労回復やストレスを軽減する効果があります。生の方が効果が高いのですが、水にさらすと辛みが少なくなって食べやすくなります。あめ色になるまでじっくりと炒めたものは、旨みが凝縮し、料理の味を深めてくれます。

食品成分表
（りん茎　生　可食部 100g あたり）

エネルギー	37kcal
水分	89.7g
たんぱく質	1.0g
脂質	0.1g
炭水化物	8.8g
無機質　カリウム	**150mg**
ビタミン B_1	**0.03g**
C	**8mg**
食物繊維	1.6g

強い抗酸化力がある硫化アリルを含みます。ガンの発生を予防するだけでなく、血液をサラサラにする効果もあるので、動脈硬化や心筋梗塞、脳梗塞の予防にも。血液中の糖分代謝を促進し、血糖値の上昇を抑える働きも。

万能ソースはどんな料理にも

おろしたまねぎポークステーキ

材料（1 人分）

豚ロースとんかつ用肉…1 枚

A
- おろしたまねぎ…1 個分
- しょう油…大さじ 2
- 酢…大さじ 1
- 砂糖…大さじ 1
- 粒マスタード…大さじ 1

サラダ油…適量
ブロッコリー（小房に分けたもの）…3 ～ 4 個
パセリ…少々

作り方

1. 豚肉は筋を切り、合わせた A に 20 ～ 30 分漬ける。
2. フライパンにサラダ油を熱し、1 を中火で焼く。両面焼き色がついたら漬け汁を加え、弱火で肉の中まで火を通す。
3. 皿に盛り、刻んだパセリを散らし、ゆでたブロッコリーを添える。

※ たまねぎの辛みが強い場合は水にさらしてからおろす。

常備

りんご酢で漬けても◎

たまねぎのピクルス

ペコロス（小たまねぎ）適量は皮をむき、濃いめの塩水にひと晩つける。水気を切り、耐熱びんに入れる。ピクルス液を作る。酢 500 ㎖、水 350 ㎖、砂糖 125g、塩小さじ 1 と 1/2、ピクルス用スパイス（クローブ、ローリエ、オールスパイス、ペッパーなど）適量を火にかけ、煮立ったらペコロスの入ったびんに注ぐ。

短時間で作る あめ色たまねぎ

たまねぎを薄切りにして塩少々をまぶし、ラップなしでレンジで 5 分ほど加熱。こうするとたまねぎから水分が出て、短時間で炒められるようになります。次に弱～中火でバターで 10 分ほど炒めると、あめ色たまねぎの完成。カレーやシチュー、スープなどに入れると、味に深みが加わります。

新たまねぎ

春に早採りしすぐに出荷される。そのため辛みが弱く甘みがある。生食にも。

赤たまねぎ

皮と表層部が赤紫色。普通のたまねぎよりみずみずしく、生食でも食べやすい。

サラダたまねぎ

春先にしか出回らない白玉種。水分が多く、辛みが少ない。その名のとおり生食向き。

小たまねぎ

たまねぎを10倍くらいの密度で栽培し、小型にしたもの。丸のまま煮込み料理に。別名ペコロス。

常備

干したまねぎ

干して水分を少しとばし、旨みをぎゅっと凝縮させる。特に水分が多い新たまねぎにはおすすめの方法。たまねぎは薄切りにし、ざるに広げて15分ほど乾かす。途中で2回上下を返し、表面が乾くようにする。

水っぽくなく辛みが少ない

新たまねぎのさっぱり和え

新たまねぎ1個は干したまねぎ（上記参照）にする。ボウルに酢・しょう油・みりん各大さじ1を合わせ、干したまねぎと削り節ひとつかみを入れて和える。

常備

たまねぎが苦手な人にも

マーマレード

たまねぎ500gは薄切りにし、塩小さじ3でもんでしんなりさせて水で洗う。鍋に酢150㎖と砂糖150gを煮溶かし、煮立ったらたまねぎとキャラウェイシード少々を加え、アクを取りながらほどよいかたさになるまで弱火で煮詰める。たまねぎが金色になったら完成。

スープは煮立たせると
にごるので弱火でコトコト

丸ごとたまねぎスープ

材料（作りやすい分量）

たまねぎ…2個
ローリエ…2枚
コンソメスープ…1ℓ
塩…適量
粒こしょう（黒）…2～3粒

作り方

1. たまねぎは皮をむき、バラバラにならないよう注意しながら、根元の汚れた部分を削る。
2. 1を鍋に入れ、かぶるくらいのスープ、ローリエ、こしょうを入れて火にかける。
3. 煮立ったら弱火にし、スープが減ったら、スープまたは湯を足す。
4. 2時間ほど煮て、たまねぎが透き通ったら塩で調味する。

葱

ネギ

薬効が高く食卓に欠かせない野菜

ねぎには、肉や魚の臭みを消したり、傷みを防ぐなどの薬効があり、重宝な野菜です。白い部分にはビタミンCと硫化アリルが、緑の部分にはカロテンやカルシウムが多く含まれているので、部位に応じた食べ方で、無駄なく使いきりましょう。

ビタミンB_1の吸収を高めるので、ビタミンB_1の多い豚肉との調理はぴったり。

根深ねぎ＊
もっともポピュラーなねぎで、長ねぎ、白ねぎと呼ばれる（本書レシピ内では「長ねぎ」と明記）。軟白させた葉鞘（ようしょう）部分を食べる。

食品成分表（根深ねぎ　葉・軟白　生　可食部100gあたり）

エネルギー		28kcal
水分		91.7g
たんぱく質		0.5g
脂質		0.1g
炭水化物		7.2g
無機質	**カリウム**	**180mg**
	カルシウム	**31mg**
ビタミンC		**11mg**
食物繊維		2.2g

ねぎに含まれる硫化アリルは血液サラサラ効果のほかに、糖尿病や高血圧、動脈硬化の改善など、うれしい効果がいっぱい。血行をよくし、発汗を促して風邪の初期症状を緩和したり、消化吸収を高める効果もあります。

ねぎのトロリとした食感がたまらない

下仁田ねぎのオーブン焼き

材料（2人分）

下仁田ねぎ
（なければ長ねぎ）
…2本
溶けるチーズ…30g
にんにく…1片
オリーブ油…適量
塩…少々

作り方

1. にんにくは薄切り、ねぎは耐熱皿の幅に合わせて切る。
2. フライパンにオリーブ油を熱してにんにくを炒め、香りが立ったらねぎを入れて焼き色をつけ、塩で調味する。
3. 耐熱皿に2を入れてチーズをのせ、オーブントースターで焼き色がつくまで焼く。

ねぎそのものを味わう

ねぎ鍋

鍋にコンブのだし汁、大きめに切った長ねぎを入れ、煮立たせる。火が通ったら、ポン酢と花がつおでいただく。分量はお好みで。

常備

作り置きしておくととても重宝

ねぎ油

小口切りにした長ねぎ1/2本分をボウルに入れ、煙が出るくらいに熱したサラダ油1/2カップをかけて冷ます。冷蔵庫で保存し、そのまま料理にかけたり、炒め油として使う。

下仁田＊

群馬県特産の一本ねぎ。肉質がやわらかく、加熱すると独特の甘みが出る。

小ねぎ（万能ねぎ）

万能ねぎという呼び名でも一般的。青ねぎを若採りしたもの。

わけぎ

ねぎとたまねぎの雑種なので、ねぎとは別種。熊本では「一文字（ひともじ）」とも呼ばれる。

赤ねぎ＊

茨城県の特産。生のままだと辛みが強いが加熱するととても甘くなる。

豚肉とねぎのみそ炒め

みそ味がご飯とよく合う

材料（2人分）

- 豚ロースかたまり肉…150g
- A
  - しょう油…大さじ1
  - 酒…大さじ1/2
  - 塩・こしょう…各少々
- 長ねぎ…1本
- しょうがのみじん切り…大さじ1/2
- にんにくのみじん切り…大さじ1/4
- B
  - みそ…大さじ3/4
  - みりん・酒…各大さじ1/2
  - 鶏がらスープの素…大さじ1/2
  - 砂糖…小さじ1/2
  - ごま油…小さじ1/2
- サラダ油…大さじ1

作り方

1. 豚肉は薄切りにし、Aで下味をつける。ねぎは3㎝長さに切る。
2. フライパンにサラダ油を熱し、中火でしょうが、にんにくを炒め、香りが立ったら豚肉を入れて炒め合わせる。
3. 火が通ったら、ねぎを加えて炒め、Bを加えて調味する。

ねぎ焼き

具は長ねぎだけのシンプル焼き

材料（2人分）

- 長ねぎの青い部分…2本分
- A
  - 薄力粉…200g
  - 卵…1個
  - だし汁…300㎖
  - しょう油…大さじ2
  - 砂糖…大さじ2
  - 塩…少々
- サラダ油…適量
- マヨネーズ・お好み焼きソース…各適量
- 花がつお…適量
- 青のり…適量

作り方

1. ねぎの青い部分は細かい小口切りにする。
2. ボウルにA、1を入れ、混ぜ合わせる。
3. フライパンにサラダ油を熱して2を入れ、弱火で両面を焼く。中まで火が通ったら強火にし、焼き色をつける。
4. 器に盛り、マヨネーズ、お好み焼きソース、花がつお、青のりをかける。

伝統

熊本県の郷土料理

一文字《ひともじ》のぐるぐる

わけぎは根を落とし、熱湯でゆでる。根元から5㎝ほどのところを2回折り、そこを芯にして葉をぐるぐると巻きつける。酢みそをかけていただく。

ねぎま鍋

江戸時代から食べられていた鍋料理。名前のとおり、長ねぎとマグロが入っていますが、地方によって、マグロの代わりにイワシやカツオが使われることも。しょう油、砂糖、酒、だし汁で煮るシンプルな味つけで、甘辛くすき焼きのような味わいです。

韮 ニラ

体力消耗時に食べたいスタミナ野菜

血行を促進して体を温め、胃腸の働きを活性化する作用があるので、風邪の引き始めや体力消耗時にぴったり。にら雑炊やにら玉汁で調子を取り戻しましょう。抗酸化作用のある硫化アリルは熱に弱いので、調理は手早く。

食品成分表
（葉　生　可食部 100g あたり）

エネルギー	21kcal
水分	92.6g
たんぱく質	1.7g
脂質	0.3g
炭水化物	4.0g
無機質　カリウム	**510mg**
カルシウム	**48mg**
ビタミンA（β-カロテン当量）	**3500µg**
食物繊維	2.7g

β-カロテンが豊富。老化防止などの抗酸化力に加え、抵抗力を高める働きがあるので、体力が落ちているときにも有効。特有の香り成分はビタミン B_1 の吸収を高めるので、豚肉やレバーと組み合わせた調理方法がおすすめ。

常備

にらとしょうがでパワーアップ

にらだれ

にら 1/2 束は細かいみじん切りにし、おろししょうが 1/2 片分、しょう油大さじ 2、酢大さじ 1、ごま油大さじ 1/2、砂糖小さじ 1/2、ごま（白）大さじ 1/2 と混ぜ合わせる。冷蔵庫で 1 ～ 2 時間なじませる。

コツ

レバーが食べやすいにらレバ

レバーの臭みが苦手な人が多いにらレバ。食べやすくするには、レバーと野菜を別に炒めること。まず、レバーを先に炒めて取り出し、炒めたフライパンを洗ってから野菜を炒める。そこにレバーを戻して調味料を加える。レバーに塩、こしょう、しょう油、酒、ごま油などで下味をつけると、より食べやすくなる。

おすすめアレンジ

揚げ物にかけて

から揚げなど揚げ物にかけるとおいしさアップ。にらとしょうがのパンチがきいた味で、揚げ物をさっぱりといただける。ほかに肉料理や冷ややっこ、サラダにかけたり、そのままご飯にのせるのもおすすめ。

とろりと溶けたチーズがにらをまろやかに包む

にらチーズの袋詰め

材料（2 人分）

にら…1 束
油揚げ…2 枚
溶けるチーズ…約 30g
塩・こしょう・削り節…各少々
サラダ油…少々

作り方

1. にらは 1 ㎝長さに切る。フライパンにサラダ油を熱し、にらをさっと炒め、塩、こしょう、削り節で調味して取り出す。
2. 1 にチーズを混ぜる。油揚げは半分に切り、開いて袋状にする。にらチーズを中に詰め、オーブントースターで 4 ～ 5 分こんがりと焼く。

クウシンサイ

空心菜

食品成分表
（ようさい　茎葉　可食部 100g あたり）

エネルギー	17kcal
水分	93.0g
たんぱく質	2.2g
脂質	0.1g
炭水化物	3.1g
無機質　カルシウム	**74mg**
ビタミン A（β - カロテン当量）	**4300μg**
C	**19mg**
食物繊維	3.1g

β - カロテンが豊富なので、抗酸化力を発揮し、発ガンの抑制効果も期待できます。油と組み合わせると吸収率がアップするので、シンプルにそのまま油で炒めるのがおすすめ。ビタミン C の損失も少なくなります。

豊富なカロテンで夏バテを防止

葉ものが少なくなる盛夏に出回る貴重な健康野菜です。葉には鉄分が多いので、ビタミンCやたんぱく質を含む食材と一緒にとって、貧血予防に役立てて。加熱するとすぐに色が悪くなるので、できたてをいただきましょう。

アジアン風味の

空心菜とエビのナンプラー炒め

材料（2 人分）

- 空心菜…1/2 束
- エビ（殻つき）…6 尾
- 酒…大さじ 1
- 塩…少々
- にんにく…1 片
- 赤とうがらし…1 本
- サラダ油…大さじ 1 と 1/2
- A
  - ナンプラー…小さじ 1
  - 砂糖…ひとつまみ
  - こしょう…少々

作り方

1. 空心菜は葉はざく切りに、茎は食べやすい長さに折る。エビは背ワタと殻を取り、酒と塩少々をふりかける。
2. にんにくはみじん切りにし、赤とうがらしは半分に折る。
3. フライパンにサラダ油とにんにくを入れて熱し、香りが立ったらとうがらし、エビを加えて炒める。
4. エビの色が変わったら、空心菜の茎、葉の順に入れて手早く炒め、A を加えて混ぜ合わせる。

ゆでた空心菜の水気はしっかりしぼるのがコツ

空心菜のごま和え

空心菜 1 束は塩を加えた熱湯で、ぬめりが出るまでゆでる。冷水にとり、水気をしぼって 3 ㎝長さに切る。すりごま（黒）大さじ 1 と 1/2、砂糖小さじ 1、しょう油大さじ 1/2、だし汁小さじ 2 を混ぜ合わせ、空心菜を和える。

コツ

手で折って短時間で調理

包丁は使わずに手で折って調理すると、調味料がからまりやすい。高温・短時間でさっと炒めるのがポイント。時間が経つと黒く変色するため、食べる直前に調理する。スープに入れる場合は、煮込みすぎるとスープがにごるので注意を。

ブロッコリー

抗ガン作用が高い機能性野菜

話題の成分スルフォラファンが多く、アブラナ科野菜の中でも特に抗ガン作用が強いとされています。ビタミンやミネラルのほか、食物繊維も豊富に含む優良野菜なので、毎日少しずつでも食卓にのせたい食材です。

食品成分表
（花序　生　可食部 100g あたり）

エネルギー	33kcal
水分	89.0g
たんぱく質	4.3g
脂質	0.5g
炭水化物	5.2g
ビタミンA（β-カロテン当量）	**810μg**
葉酸	**210μg**
C	**120mg**
食物繊維	4.4g

β-カロテン、ルティン、スルフォラファンが含まれることから、ガン抑制作用があると注目される食材のひとつ。スプラウトでも同等以上の効果があります。ゆでるときには塩を加えてビタミンCの損失を抑えましょう。茎もつぼみと同様の栄養分が含まれるので、捨てずに上手に利用を。

コツ

少ない湯で蒸しゆで

栄養素が溶け出さないよう、少量の湯でゆでる。大きめの鍋にブロッコリーが 1/5 ほど浸る湯を沸騰させ、塩を小さじ 1 ぐらい入れる。ふたをして中火で約 4 分蒸す。ゆで上がったら、ざるに広げ、うちわであおぐなどして手早く冷ます。

サバは焼いてから加えて

ブロッコリーとサバのクリーム煮

材料（2 人分）

- ブロッコリー…1/3 株
- 塩サバ（半身）…1 枚
- たまねぎ…1/4 個
- サラダ油・バター…各適量
- クミンシード…小さじ 2
- 小麦粉…大さじ 1 と 1/2
- 牛乳…300 ml
- 固形スープの素…1/2 個
- 塩・こしょう…各少々

作り方

1. ブロッコリーは小房に分け、塩を加えた熱湯でゆでる。サバはそぎ切りにし、たまねぎは薄切りにする。
2. フライパンにサラダ油を熱し、サバの両面を焼いて取り出す。
3. 同じフライパンにバターを熱し、クミンシードとたまねぎを炒める。たまねぎがしんなりしたら、小麦粉をふり入れて弱火で炒め、牛乳、スープの素を加え、混ぜながら煮る。
4. 2 のサバ、ブロッコリーを加えてひと煮し、塩、こしょうで調味する。

短時間でできる即席漬け物

ブロッコリーのからし漬け

常備

ブロッコリー 1/2 株は小房に分け、ゆでる。練りがらし小さじ 1、しょう油大さじ 1 と 1/2、みりん小さじ 2 を合わせ、ブロッコリーを 30 分ほど漬ける。漬けすぎると色が悪くなるので注意。

カリフラワー

食品成分表
（花序　生　可食部 100g あたり）

エネルギー	27kcal
水分	90.8g
たんぱく質	3.0g
脂質	0.1g
炭水化物	5.2g
ビタミンC	**81mg**
食物繊維	2.9g

カロテノイドやフラボノイド、含硫化合物など、様々なファイトケミカルが多く含まれています。ガンの発生を抑えたり、ガンの誘因となる細胞の突然変異を抑える働きが。カリフラワーのビタミンCは熱に強いのが特徴。コラーゲン生成を助け、シミを抑える美肌効果もあります。

ビタミンCがたっぷり

色白で美しい花蕾《からい》野菜として、いまや高級野菜となったカリフラワー。ゆでてもビタミンCがたっぷり残るのが特徴。ゆでてマヨネーズで食べることが多いですが、グラタンやスープ、和え物などでもおいしくいただけます。

台にクラッカーを使った簡単レシピ

カリフラワーのキッシュ

材料（2人分）

- カリフラワー…1/2株
- たまねぎ…1/2個
- ベーコン…30g
- A
  - 溶き卵…2個分
  - 牛乳…大さじ4
  - 生クリーム…大さじ3
  - 粉チーズ…大さじ1
  - 塩・こしょう…各少々
- クラッカー（塩味）…5～6枚
- サラダ油…大さじ1
- 塩・こしょう…各少々
- バター…適量

作り方

1. カリフラワーは小房に分け、熱湯で3～4分ゆでる。たまねぎは粗みじん切りに、ベーコンは1㎝幅に切る。
2. フライパンにサラダ油を熱し、たまねぎを中火で炒める。透き通ってきたらベーコンを加えて炒め合わせ、塩、こしょうをふる。
3. 耐熱皿の底にバターを薄く塗り、クラッカーを大きめに割って敷きつめる。たまねぎ、ベーコン、カリフラワーを順に入れ、合わせたAを流し入れる。180℃に温めたオーブンで、卵液が固まるまで40分ほど焼く。（途中で焦げそうならアルミホイルをかぶせるとよい）

カレーとごまの風味がマッチ

スパイシーサラダ

カリフラワー1株を小房に分けてゆでて、水気を切る。じゃがいも1個は食べやすい大きさに切ってゆでて、水気を切って塩・こしょう各適量をふる。パプリカ1/4個は3㎜厚さの薄切りにする。材料にカレー酢ドレッシング（p67参照）大さじ4とちぎったコリアンダー・ごま（黒）各適量を加えて和える。

コツ

レンジで下ゆで

味や栄養分を損なわないレンジでの下ゆでがおすすめ。カリフラワーは小房に分け、耐熱容器に小さじ1の水とともに入れてラップをかけ、レンジで3～4分を目安に加熱。竹串を刺してかたさを確認する。

アスパラガス

疲れを取り除くパワフル野菜

食用にするのは、ほんのりと甘みがある若い芽の茎。生長点があり、栄養素が豊富に含まれています。日光をあびたグリーン種の方がミネラルが豊富ですが、土を盛って光を当てずに栽培した（軟《なん》白《ぱく》栽培）ホワイト種は特有のおいしさがあります。

食品成分表
（若茎　生　可食部 100g あたり）

エネルギー	22kcal
水分	92.6g
たんぱく質	2.6g
脂質	0.2g
炭水化物	3.9g
ビタミン A（β - カロテン当量）	**380μg**
葉酸	**190μg**
C	**15mg**
食物繊維	1.8g

アスパラギン酸が豊富で、疲労物質を分解し、新陳代謝を高めます。また穂先に含まれるルティンには、高血圧や動脈硬化の予防効果が。豊富なビタミンの損失を抑えるには、下ゆでせずに、そのまま調理がおすすめ。

アスパラペペロンチーノ

見た目も楽しいパスタは卵黄とよく混ぜてまろやかに

材料（2 人分）

アスパラガス…5 本
厚切りベーコン…30g
にんにく…1 片
赤とうがらし…1 本
パスタ…130g
オリーブ油…大さじ 1
塩・こしょう…各適量
卵黄…1 個分
しょう油…少々

作り方

1. アスパラガスは斜め切り、ベーコンは拍子木切りにする。にんにくは薄切りに、赤とうがらしはタネを取って輪切りに。パスタをゆでておく。
2. フライパンにオリーブ油、にんにく、赤とうがらしを入れて弱火で炒め、香りが立ったら、アスパラガス、ベーコンを加え、それぞれ焼き色がつくまで炒める。
3. 2 にゆでたパスタを入れ、ゆで汁大さじ 2 ～ 3 を加え、塩、こしょうで調味する。
4. 器に盛り、しょう油をかけた卵黄をのせる。

コツ

強火でゆで、氷水で冷やす

根元のかたい部分を切り落とす。鍋かフライパンに湯を沸騰させて塩少々を入れ、根元の方から入れる。強火で 1 ～ 2 分ゆで、すぐに氷水にとる。手早く冷やすことで、余熱で火が通りすぎるのを防ぎ、色がより鮮やかに。

常備

ホワイトアスパラガスのマリネ

缶詰を使って手軽に

ホワイトアスパラガス（缶詰）1 缶は缶汁を切る。オリーブ油・ワインビネガー各大さじ 2、砂糖小さじ 2、塩・こしょう各少々を混ぜ合わせ、アスパラガスを入れて冷蔵庫で 20 ～ 30 分漬ける。

セロリー

セロリー

食品成分表
（葉柄　生　可食部 100g あたり）

エネルギー	15kcal
水分	94.7g
たんぱく質	1.0g
脂質	0.1g
炭水化物	3.2g
無機質　カリウム	**410mg**
カルシウム	**39mg**
ビタミン C	**7mg**
食物繊維	1.5g

セロリーに含まれるブチルフタリドは、血圧をコントロールするホルモンを調整するファイトケミカル。利尿作用やイライラをしずめる効果も。独特の香りには約 40 種類の成分が含まれ、抗酸化作用でガンを予防したり、神経鎮静作用が。茎には肝機能を向上させる働きもあるようです。

独特の香りと歯ごたえが魅力

強い香りは好き嫌いが分かれるところですが、その香りには、食欲増進と神経の鎮静作用があります。薬には血液サラサラ効果があるピラジンが含まれているので、有効利用しましょう。スパイスとして利用される「セロリーシード」は、野生セロリーの乾燥種子。ピクルスやシチューの隠し味として使われます。

臭みをやわらげる効果

セロリーの独特の香りは、肉やレバーと一緒に調理してその臭みをやわらげる効果があります。葉の部分は、パセリの茎やハーブなどとともに束ねてブーケガルニとして利用しても。

常備

ご飯によく合う常備菜

セロリーの葉の佃煮

セロリーの葉や小枝をみじん切りにし、油でさっと炒める。しょう油、みりん、酒を加えて汁気がなくなるまで炒め、仕上げにすりごまを加える。分量はお好みで。

野菜は焼いて香ばしさをプラス

セロリーとかぼちゃ、しいたけの焼き漬け

セロリー 2 本は葉を落として筋を取り、5 ㎝長さに切る。しいたけ 6 枚は半分に切り、かぼちゃ 1/8 個はタネを取って 5 ㎜幅の薄切りにする。野菜は焼き色がつくまでグリルで焼く。しょう油大さじ 2、酒・だし汁各大さじ 1 を合わせた漬け汁に焼いた野菜を入れ、軽い重石をのせて 2 〜 3 時間漬ける。

煮込んで味を含ませる

セロリーのあっさり煮

セロリー 1 本は筋を取って、5 ㎝長さに切り、太ければ縦半分に切る。鍋にセロリーを入れ、水 300 ㎖、固形スープの素 1 個を入れて火にかける。フツフツとしてきたらふたをし、弱火で 20 〜 30 分煮る。最後に塩・粗びきこしょう各少々で調味する。

クレソン

加熱調理で量を食べよう

ピリリと辛みのきいた緑黄色野菜。ビタミンやミネラルを多く含むので、たっぷりと食べる機会を作りましょう。つけ合わせとしてだけではなく、おひたしや和え物、鍋といったメニューにすることで、抗酸化作用がさらに期待できます。

食品成分表
（茎葉　生　可食部 100g あたり）

エネルギー	15kcal
水分	94.1g
たんぱく質	2.1g
脂質	0.1g
炭水化物	2.5g
無機質　カルシウム	**110mg**
ビタミンA（β-カロテン当量）	**2700μg**
葉酸	**150μg**
食物繊維	2.5g

豊富な鉄分と葉酸が貧血を予防。辛み成分のシニグリンは酵素の働きで抗菌性が強く、消化吸収を促進し食欲増進や胃もたれ解消に、また血液の酸化防止の効果があるとされています。

骨付き鶏の旨みと合うクレソンの辛み

クレソン鍋

材料（2人分）

クレソン…2束
鶏ぶつ切りもも肉…6個
だいこん…10㎝
しょうが…1/2片
だし汁…3カップ
しょう油・みりん…各大さじ2
塩…小さじ1/2

作り方

1. クレソンは2～3等分に切り、だいこんは皮をむいて5㎜厚さのいちょう切りに、しょうがは薄切りにする。
2. 鍋に鶏肉とだいこん、しょうが、だし汁を入れて強火にかける。煮立ったらアクを取り、ふたをして弱火で約20分煮る。
3. しょう油、みりん、塩を入れる。最後にクレソンを入れ、しんなりするまで煮る。

クレソンと肉の関係

肉料理のつけ合わせでよく見るクレソン。これは、肉に不足しがちなビタミンを補い、消化促進や血液酸化防止に効果があるから。また、別名「オランダみずがらし」と呼ばれるように、ピリッとした辛みと香りが、肉を食べた後の口の中をさっぱりさせます。

ロケット

風味豊かでおひたしや鍋の具にも

ごまに似た香りと強烈な辛みが特徴で、ルッコラやロケットサラダとも呼ばれています。ビタミンC、E、カルシウムが多く、美肌や若返り効果が期待できます。

辛み成分はアリルイソチオシアネートで、強い抗ガン作用があるといわれています。

食品成分表（ロケットサラダ　茎葉　生　可食部 100g あたり）

エネルギー	19kcal
水分	92.7g
たんぱく質	1.9g
脂質	0.4g
炭水化物	3.1g
無機質　カルシウム	**170mg**
鉄	**1.6mg**
ビタミンA（β-カロテン当量）	**3600μg**
食物繊維	2.6g

ミネラルやビタミンが豊富。カリウムは血圧の調整機能物質として働きます。ガン予防に効果があるといわれるβ-カロテンも多く、ビタミンC、Eも豊富なので、抗酸化作用の高い野菜として注目。

ロケットの香ばしい香りが主役

ロケットサラダ

材料（2人分）

ロケット…1袋
鶏ささみ…2本
ミニトマト…5個
ズッキーニ…1/2本
パプリカ（黄）…1/2個
にんにく…1片
オリーブ油…大さじ2
好みのドレッシング（p66、67参照）…大さじ4
塩・粗びきこしょう…各少々

作り方

1. ロケットは、食べやすい大きさに切る。ささみは1㎝幅の斜め切りにする。ミニトマトは半分に切り、ズッキーニはいちょう切りに、パプリカはヘタとタネを除いて細切りにする。にんにくはみじん切りにする。
2. フライパンにオリーブ油を熱し、にんにくを炒める。香りが立ったらささみ、ズッキーニ、パプリカ、ミニトマトの順に入れ、ささみに焼き色がついたら、塩、こしょうをふる。
3. ロケットとともに皿に盛り、ドレッシングをかけていただく。

三つ葉

香りが強いうちに食べきろう

上品な香りには、食欲を増進させたり、ストレスを解消させる作用があります。免疫力を高めるカロテンや高血圧予防に有効なカリウムも豊富。

糸みつばは生でサラダに、根みつばは軽くゆでてから、ごま和えやナムルにしても、おいしくいただけます。

食品成分表
（糸みつば　茎　生　可食部 100g あたり）

エネルギー	13kcal
水分	94.6g
たんぱく質	0.9g
脂質	0.1g
炭水化物	2.9g
無機質　カリウム	**500mg**
ビタミンA（β - カロテン当量）	**3200μg**
葉酸	**64μg**
食物繊維	2.3g

カロテンが豊富なのが特徴。香り成分は、胃もたれや胸やけ解消、食欲増進などに効果的です。神経鎮静作用もあるのでイライラや不眠症解消にも力を発揮します。

常備

しっかり味をつけて保存食に

根みつばの根の油炒め

根みつばの根は3～4㎝長さに切る。油でよく炒め、砂糖、酒、しょう油で調味して炒る。分量はお好みで。

丼にするのもおすすめ

みつばの卵とじ

材料（2人分）

- みつば…1束
- 小ねぎ…1/2本
- 卵…2個
- A
  - だし汁…100㎖
  - 砂糖…大さじ1/2
  - しょう油…大さじ1
  - みりん…小さじ2
- 花がつお…適量

作り方

1. みつばは根を落として5㎝長さに切り、ねぎは小口切りにする。
2. 鍋にAを入れて中火で熱し、砂糖が溶けたら1を加える。
3. ひと煮立ちしたら、溶きほぐした卵を全体に流し入れる。すぐにふたをし、弱火で1分煮て火を止める。3分ほどそのまま蒸らし、仕上げに花がつおをのせる。

芹

幅広いメニューで香りと歯ざわりを堪能

豊かな香りとしゃりしゃりとした歯ざわりが特徴のせり。じつは青ねぎと同程度のカロテンを含む、優れた緑黄色野菜なのです。すき焼きや鴨鍋に入れたり、おひたしやごま和え、サラダのアクセントにと、幅広く使いましょう。健胃や食欲増進効果もあります。

食品成分表
（茎葉　生　可食部 100g あたり）

エネルギー	17kcal
水分	93.4g
たんぱく質	2.0g
脂質	0.1g
炭水化物	3.3g
無機質　カリウム	**410mg**
鉄	**1.6g**
ビタミン葉酸	**110μg**
食物繊維	2.5g

豊富な鉄や葉酸が貧血の予防や改善に。葉酸は新しい赤血球が作られるときに力を発揮し、細胞の新生や増殖なども補助します。香りの精油成分には保温効果や発汗作用があり、冷え性にも効果が。

七草がゆにも

1月7日に無病息災を願って食べられる、中国から伝わった習慣。春の七草は、せり、なずな、ごぎょう、はこべら、ほとけのざ、すずな（かぶ）、すずしろ（だいこん）ですが、北海道や宮城県などみつばが入る地方もあります。材料が揃わないときは、ほうれん草やこまつな、春菊を代わりに入れて。

素材の歯ごたえが楽しめる

せりとだいこんと豆腐のさっぱりサラダ

材料（2人分）

- せり…1/2束
- だいこん…7㎝
- にんじん…7㎝
- 木綿豆腐…1/2丁
- 鰹節ドレッシング（p67 参照）…大さじ1と1/2
- 削り節…適量

作り方

1. せりは7㎝長さに切り、さっとゆでる。だいこんは皮をむき、5㎜角の拍子木切りに、にんじんは皮をむき、細い拍子木切りにする。
2. 豆腐はさいころ状に切り、ペーパータオルを敷いた皿に広げ、レンジで1分ほど加熱する。
3. 1、2を合わせ、鰹節ドレッシングで和える。最後に削り節をふりかける。

青梗菜

中華風だけでなく幅広く利用しよう

アクがないため、下ゆで不要の便利な菜っ葉。ビタミンやミネラルが豊富です。中華風の炒め物のイメージが強い野菜ですが、和風の煮物やおひたし、鍋の具材にもぴったり。少量の油とともに調理をすると、色鮮やかに仕上がります。

食品成分表
（葉　生　可食部100gあたり）

エネルギー	9kcal
水分	96.0g
たんぱく質	0.6g
脂質	0.1g
炭水化物	2.0g
無機質　カルシウム	**100mg**
ビタミンA（β-カロテン当量）	**2000μg**
C	**24mg**
食物繊維	1.2g

豊富なβ-カロテンは油との相性がよく、炒めると効率的に吸収できて風邪の予防になります。豊富なカリウムやカルシウムなどのミネラルは胃酸を中和して胸やけを改善。ガンを抑える含硫化合物も含まれます。

オイスターソースのコクが美味

チンゲンサイと厚揚げのごま風味丼

材料（2人分）

- チンゲンサイ…1株
- 厚揚げ…1/2枚
- にんにく…1/2片
- A オイスターソース…大さじ1/2
- A 酒…大さじ1
- A しょう油・砂糖…各少々
- ごま油…小さじ1/2
- ご飯…丼1杯分

作り方

1. チンゲンサイは、食べやすい大きさに、にんにくはみじん切り、厚揚げはひと口大に切る。
2. フライパンにごま油を熱し、にんにくを香りよく炒める。チンゲンサイと厚揚げを加えてひと炒めし、Aを回し入れてふたをし、弱火で2、3分蒸し焼きにする。
3. 丼に盛ったご飯にのせる。

塌菜

やわらかくてアクもない万能野菜

寒い時期にじっくりと育つ、栄養成分の多い葉菜です。カロテンやビタミンB群が豊富なので、風邪予防や皮膚粘膜の強化が期待できます。炒め物のほか、みそ汁や煮物、おひたし、漬け物やスープなど、使い勝手のよい万能野菜です。

食品成分表
（葉　生　可食部100gあたり）

エネルギー	13kcal
水分	94.3g
たんぱく質	1.3g
脂質	0.2g
炭水化物	2.2g
無機質　カリウム	**430mg**
カルシウム	**120mg**
ビタミンA（β-カロテン当量）	**2200μg**
食物繊維	1.9g

ミネラル類とβ-カロテンが豊富な緑黄色野菜。アクが少なく加熱すると甘みが増し、火の通りが早くやわらかいので、幅広く活用できます。

野菜がたっぷりとれる一皿

タアサイの春雨炒め

材料（2人分）

- タアサイ…1/2株
- しいたけ…2枚
- パプリカ（赤）…1/4個
- にんじん…1/2本
- 豆もやし…1袋
- 魚肉ソーセージ…1本
- 春雨…40g
- ごま油…大さじ1
- 塩・こしょう…各少々
- A 長ねぎのみじん切り・しょうがのみじん切り・にんにくのみじん切り・…各大さじ1
- A しょう油・酢…各大さじ1
- A ごま油…大さじ1
- A 砂糖…大さじ1/2
- A 一味唐辛子…小さじ1/2
- A 塩・こしょう…各少々

作り方

1. タアサイは5㎝長さ、しいたけは軸を除いて薄切りに、ソーセージは斜め薄切りにする。
2. パプリカは千切りに、にんじんは短冊切りにして、もやしとともにさっとゆで、塩少々（分量外）をふる。春雨は熱湯でもどして食べやすい長さに切る。
3. フライパンにごま油を熱し、1を炒めて塩、こしょうをふる。
4. 合わせたAに2、3を加えて和える。

ツルムラサキ・モロヘイヤ

蔓紫

食品成分表（茎葉　生　可食部 100g あたり）

エネルギー	13kcal
水分	95.1g
たんぱく質	0.7g
脂質	0.2g
炭水化物	2.6g
無機質　カルシウム	**150mg**
ビタミン A（β - カロテン当量）	**3000μg**
C	**41mg**
食物繊維	2.2g

カルシウムが豊富な緑黄色野菜のひとつで、骨や歯を丈夫にします。豊富なβ - カロテンはガンの予防効果も。吸収されるとビタミンAに変わり、皮膚や粘膜などを健康にしてくれます。

夏場の疲労回復と栄養補給に

肉厚で色が濃い野菜で、骨粗しょう症予防に有効なカルシウムや、美肌を作るビタミンCもたっぷり。アクが強く、独特の香りをもつので、味つけは濃いめが合うようです。きんぴらやナムルもおすすめ。

ネバネバで風邪予防

切ったときに出るネバネバの主成分はムチン。納豆やオクラなどにも含まれており、糖の吸収を遅らせて、血糖値の急激な上昇を防ぐ役目があります。体内の粘膜を守る役目もあり、風邪や花粉症予防にも効果を発揮します。

ネバネバ同士で栄養満点

つるむらさきとコーンの納豆

つるむらさき 1/2 束は塩を入れた熱湯でゆでて水にとり、粗熱がとれたら水気をしぼり、細かく刻む。ボウルに納豆 1 パック、しょう油大さじ 1/2、練りがらし小さじ 1、塩少々をよく混ぜ合わせ、つるむらさき、とうもろこし（缶詰）大さじ 2 を加え、さらに混ぜ合わせる。

モロヘイヤ

食品成分表
（茎葉　生　可食部 100g あたり）

エネルギー	38kcal
水分	86.1g
たんぱく質	4.8g
脂質	0.5g
炭水化物	6.3g
無機質　カルシウム	**260mg**
ビタミン A（β - カロテン当量）	**10000μg**
E（α - トコフェロール）	**6.5mg**
食物繊維	5.9g

ネバネバ成分のムチンやマンナンが豊富で、糖の吸収を穏やかにして血糖値上昇を抑制、糖尿病予防に有効です。コレステロール排出を促して動脈硬化の予防にも。

栄養満点野菜で夏バテ知らず

カロテンやカルシウムの含有量が多いうえ、食物繊維も豊富な健康野菜。強い粘り成分があるおかげで、食欲が落ちやすい暑い時期に、のどごしよく食べることができます。なじみのない方も、ぜひお試しを。

スープに旨みと栄養たっぷり

モロヘイヤスープ

材料（2 人分）

モロヘイヤ…50g
たまねぎ…1/2 個
にんにく…1/2 片
ラム肉…100g
サラダ油・バター…各適量
A ｛水…400 ml
　　固形スープの素…1 個
塩・こしょう…各少々

作り方

1. モロヘイヤは粘りが出るまで細かく刻む。たまねぎは薄切りに、にんにくはみじん切りにする。ラム肉はひと口大に切る。
2. 鍋にサラダ油とバターを同量入れて熱し、たまねぎを炒める。キツネ色になったらラム肉を加え、表面の色が変わるまで炒める。
3. A を加えて煮立て、中火で 15 分ほど煮込み、モロヘイヤを加えてひと煮する。
4. バターでキツネ色になるまで炒めたにんにくを加え、塩、こしょうで調味する。

モヤシ

もやし

家庭料理にはなくてはならない野菜

豆や野菜の種子が発芽した若い芽を総称して「もやし」と呼びます。ひょろひょろとして栄養素がなさそうに見えますが、ビタミンCやミネラルが含まれており、旨み成分のアスパラギン酸も。意外にもスタミナがつく野菜なのです。

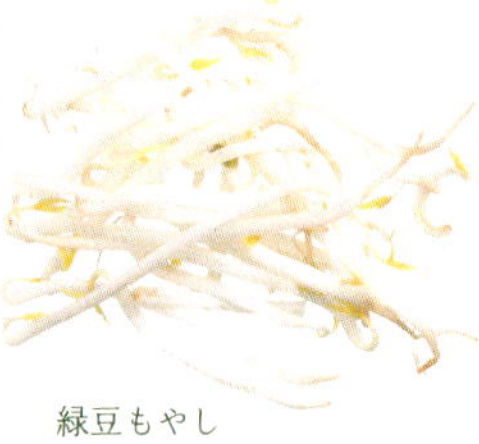

緑豆もやし
グリーンマッペとも呼ばれる緑豆を発芽させて作るもやし。軸が太めで甘みがある。

食品成分表
(緑豆もやし　生　可食部 100g あたり)

エネルギー	14kcal
水分	95.4g
たんぱく質	1.7g
脂質	0.1g
炭水化物	2.6g
ビタミン B_2	**0.05mg**
C	**8mg**
食物繊維	1.3g

発芽する際に消化酵素アミラーゼを生成。胃腸を守り、消化吸収を助けます。食物繊維やポリフェノールも含まれるので、コレステロールの酸化を防ぎ、動脈硬化や心筋梗塞の予防にも効果的。

コツ　軽くゆでて冷蔵保存

基本的に早いうちに食べきること。できれば２日以内ぐらいに食べきりたい。塩を加えた熱湯でさっとゆで、密封容器で冷蔵庫に入れれば３～４日保存可能。

珍しい組み合わせの具を
ふんわり卵でやさしく包む

もやしとウナギのオムレツ

材料（2人分）

もやし…1/2 袋
ウナギの蒲焼き…1/2 枚
きゅうり…1/2 本
にんにく…１片
A　塩…少々
　鶏がらスープの素・粗びきこしょう…各少々
B　溶き卵…1 個分
　酒…小さじ 1
　塩…少々
サラダ油…大さじ 1
粗びきこしょう…適量

作り方

1. もやしはひげ根を取る。ウナギは 2㎝幅に切り、きゅうりは斜め細切りに、にんにくは薄切りにする。
2. フライパンにサラダ油大さじ 1/2 を熱してにんにくを炒め、香りが出たらウナギ、もやし、きゅうりの順に加えてさっと炒める。A を加えて調味し、器に盛る。
3. フライパンに油大さじ 1/2 を熱し、合わせた B を流し入れ、軽く混ぜながら焼く。
4. 2 の上に 3 をのせ、こしょうをふる。

沖縄の郷土料理のひとつ

もやしと豆腐のチャンプルー

材料（2人分）

もやし…1/4 袋
木綿豆腐…1/2 丁
豚ばら肉…50g
ごま油…大さじ 1
塩・こしょう…各少々
酒…大さじ 1/2
しょう油…小さじ 1/2
小ねぎ・花がつお…各適量

作り方

1. もやしはひげ根を取る。豆腐はひと口大にくずし、レンジで加熱して水気を切る。豚肉は食べやすい大きさに切る。
2. フライパンにごま油を熱し、豚肉を炒める。肉の色が変わったら塩、こしょうをし、もやしを加えて炒める。
3. 豆腐を入れて炒め、酒、しょう油で調味する。皿に盛り、小口切りにしたねぎ、花がつおを散らす。

豆もやし

大豆から発芽したもやし。豆をつけたまま収穫する。歯ごたえを生かし、ナムルや炒め物に。

ブラックマッペ

けつるあずきから発芽したもやし。生産コストが安いため豆もやしに代わり、もやしの主流となった。

アルファルファ

「ムラサキウマゴヤシ」という牧草のもやし。欧米では「食料の父」と呼ばれるほど栄養価が高い。

ご当地

もやしと餃子のコラボ

浜松餃子

餃子にゆでたもやしが箸休めとして添えられているのが何よりも特徴。フライパンに丸く並べて餃子を焼き、皿に盛りつけると真ん中があくので、ゆでもやしをサービスでのせたのが始まり。餃子の消費量が多い浜松で、この形が広まったという。

コツ

ゆで方

もやしの4～5倍の湯に1%の塩を入れ、1～2分でゆでる。ゆで時間が短い方がビタミンCの損失は少ない。

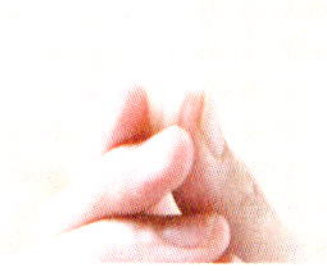

1～2分。ちょうどよいゆで加減。

湯通しだけではまだ生っぽい。

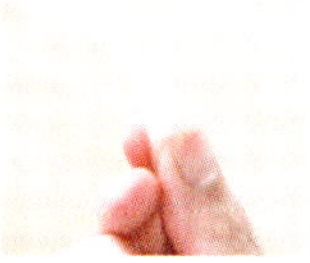

2分以上ゆでると、くたくたになり歯ごたえがなくなる。

もやしは、豆が発芽した直後のもので、生理活性が活発なため鮮度低下が早い。水につけたまま保存すると、水溶性のビタミンB_1、B_2、Cが流失してしまう。根の先の茶色い部分は、おもてなし料理のときには取り除くときれいだが、毎日のおかずには、そのままでOK。

シンプルな鍋には好みで豆腐を加えても

もやしのピリ辛鍋

鍋にだし汁、豆板醤、みそ、もやしを入れる。もやしに火が通ったら、すりごま（白）、刻みのりをかける。分量はお好みで。

常備

よく冷やすと味がなじむ

もやしのとうがらしマリネ

材料（2人分）

もやし…1/2袋
ハム…4枚
おろしにんにく…小さじ1/4
赤とうがらしの輪切り…ひとつまみ
オリーブ油…大さじ2
A 砂糖…小さじ1
A 酢…大さじ3
A 塩・こしょう…各少々

作り方

1. ハムはもやしと大きさを揃えて細切りにする。
2. 熱したフライパンにオリーブ油、にんにく、とうがらしを入れ、香りが立つまで炒める。
3. ハムを加えて炒め、もやしを入れて軽く炒めたら火を止める。
4. Aを加えてよく混ぜ、粗熱がとれたら冷蔵庫で冷やす。

市販品を使った簡単レシピ

もやしと春雨のエスニックサラダ

もやしはゆでる。春雨は熱湯に2分ほどつけてもどし、水気を切って食べやすい長さに切る。もやしと春雨の上に麻婆豆腐の素（とろみ粉が別になったもの）をかける。分量はお好みで。

ドレッシング22種

いつものサラダが違ったおいしさに。
その日の献立に合わせて、いろいろな味に
挑戦したくなるレシピを紹介。

クリーム系

シーザードレ

材料＆作り方
マヨネーズ…大さじ２と1/2
アンチョビ…２枚
粉チーズ…大さじ２
オリーブ油・酢・プレーンヨーグルト
…各大さじ１
おろしにんにく…1/2片分
こしょう…少々

アンチョビはみじん切りにし、材料をすべて混ぜ合わせる。

豆乳マヨネーズ

材料＆作り方
マヨネーズ…大さじ４
豆乳…大さじ２
白ワインビネガー…小さじ１
はちみつ…小さじ1/3
塩・こしょう…各少々

材料をすべて混ぜ合わせる。

みそ玉マヨネーズ

材料＆作り方
マヨネーズ…大さじ５
みそ…大さじ１
砂糖…小さじ２
卵黄…１個分

みそ、砂糖、卵黄はよく混ぜ、マヨネーズを加えてさらによく混ぜる。

さっぱりチーズドレ

材料＆作り方
クリームチーズ
…大さじ２
プレーンヨーグルト…大さじ３
サラダ油・酢…各大さじ１
レモン汁…大さじ１
塩・こしょう…各少々

材料をすべて混ぜ合わせる。

わさびマヨネーズ

材料＆作り方
マヨネーズ…大さじ５
わさび漬け…大さじ２

材料をよく混ぜ合わせる。

アンチョビマヨネーズ

材料＆作り方
マヨネーズ…50g
アンチョビ…２枚
たまねぎ…少々
ケイパー…８粒
牛乳…大さじ１

アンチョビ、たまねぎ、ケイパーはみじん切りにし、材料をすべて混ぜ合わせる。

きゅうりマヨネーズ

材料＆作り方
マヨネーズ…大さじ５
きゅうり…１本
たまねぎ…1/4個

きゅうりとたまねぎはすりおろして軽く汁気を切り、材料をすべて混ぜ合わせる。

オイル系

にんじんドレ

材料＆作り方
にんじん…1/2本
酢…大さじ１
塩…ひとつまみ
サラダ油…大さじ２

にんじんはすりおろし、材料をすべて混ぜ合わせる。

りんごドレ

材料＆作り方
A 皮をむいたりんご…1/2個
A たまねぎ…1/2個
A しょうが…１片
レモン汁…１個分
薄口しょう油…小さじ１
塩・こしょう…各適量
オリーブ油…大さじ１

Aはすりおろして軽く水気を切り、材料をすべて混ぜ合わせる。

オニオンドレ

材料＆作り方
たまねぎ…1/3個
酢…小さじ１
塩・こしょう…各少々
オリーブ油…小さじ２

たまねぎはすりおろし、材料をすべて混ぜ合わせる。

エスニック系

カレー酢ドレ

材料＆作り方

カレー粉…小さじ1
酢…大さじ4
しょう油…小さじ1
こしょう…少々
サラダ油…大さじ1

材料をすべて混ぜ合わせる。

クリーミーレモンソース

材料＆作り方

レモン汁…大さじ1
生クリーム…40㎖
塩・こしょう…各少々
オリーブ油…60㎖

材料をすべて混ぜ合わせる。

中華風ドレ

材料＆作り方

酢…大さじ2
しょう油…大さじ1
砂糖…小さじ1
ごま（白）…大さじ1
サラダ油…大さじ2
ラー油…適量

材料をすべて混ぜ合わせる。

梅酢ドレ

材料＆作り方

梅干し…2個
酢…大さじ2
しょう油…小さじ1
削り節…5g
サラダ油…大さじ3
ごま油…小さじ1

梅干しはタネを取って細かく刻み、材料をすべて混ぜ合わせる。

みそごまドレ

材料＆作り方

みそ…大さじ1
すりごま（白）…小さじ2
酢…大さじ2
みりん…小さじ2
サラダ油…大さじ4

材料をすべて混ぜ合わせる。

青じそドレ

材料＆作り方

青じそ…20枚
酢…大さじ2
しょう油…少々
塩…小さじ1/2
サラダ油…大さじ3
ごま油…小さじ1

青じそはみじん切りにし、材料をすべて混ぜ合わせる。

和風系

ツナタルタル

材料＆作り方

マヨネーズ…50g
ツナ（缶詰）…30g
生クリーム・牛乳…各小さじ2
ケイパー…小さじ1
たまねぎ…10g
塩・こしょう（白）…各少々

ケイパーとたまねぎはみじん切りにし、材料をすべて混ぜ合わせる。

鰹節ドレ

材料＆作り方

削り節…1/2カップ
ごま（白）…大さじ2
しょう油…大さじ3
砂糖…大さじ1
サラダ油…大さじ4

材料をすべて混ぜ合わせる。

だいこんおろしドレ

材料＆作り方

だいこん…1/6本
酢…大さじ1
しょう油…大さじ1/2
塩・こしょう…各少々
サラダ油…大さじ2

だいこんはすりおろし、汁気をよく切り、材料をすべて混ぜ合わせる。

基本のフレンチ

材料＆作り方

酢…50～60㎖
マスタード粉…小さじ1強
たまねぎ…30g
おろしにんにく…少々
塩…小さじ1
こしょう（白）…少々
サラダ油…200㎖

たまねぎはすりおろし、サラダ油以外の材料を混ぜ、油を少しずつ加え混ぜる。

はちみつマスタード

材料＆作り方

はちみつ・粒マスタード…各大さじ1
レモン汁…大さじ1
オリーブ油…大さじ3

材料をすべて混ぜ合わせる。

アンチョビハーブ

材料＆作り方

アンチョビ…2枚
イタリアンパセリ、バジルなど好みのハーブ…大さじ2
酢…大さじ3
塩・こしょう…各少々
オリーブ油…大さじ3

アンチョビとハーブはみじん切りにし、材料をすべて混ぜ合わせる。

旬のカレンダー　根・果物

ハウス栽培
露地栽培
1 2 3 4 5 6 7 8 9 10 11 12
ダイコン
春ダイコン
夏ダイコン
秋冬ダイコン
カブ
サツマイモ
ジャガイモ
秋植え
春植え
ヤマノイモ
サトイモ
ニンジン
冬ニンジン
春夏ニンジン
秋ニンジン
タケノコ
レンコン
ゴボウ
ウコン
ヤーコン
リンゴ
貯蔵もの含む
イチゴ
ブドウ
温州ミカン
サクランボ
モモ
メロン
スイカ
ウメ
カキ
ナシ

根

Roots

ダイコン

大根

葉から根まで丸ごと楽しもう

だいこんは部位によって風味が違います。辛みが強い根の先端部分はおろしで薬味に。中央部分は煮物向き。首の部分は甘みが強いのでサラダに向いています。カロテンや食物繊維が豊富な葉は、炒め物やすき焼きの具材、ふりかけなどでおいしくいただきましょう。

青首大根
もっとも一般的な品種。緑色の首が特徴。どんな調理法にも合う。

食品成分表（根　皮つき　生　可食部 100g あたり）

エネルギー		18kcal
水分		94.6g
たんぱく質		0.5g
脂質		0.1g
炭水化物		4.1g
無機質	**カルシウム**	**24mg**
	マグネシウム	**10mg**
ビタミンC		**12mg**
食物繊維		1.4g

だいこんに含まれるアミラーゼ（ジアスターゼ）は、でんぷんを分解して胃の消化を高める働きが。辛み成分のアリル化合物は、胃液の分泌を促して胃を元気に。辛み成分には血栓防止や解毒作用、魚焦げの発ガン性物質分解作用などがあり、焼き魚にだいこんおろしは、納得の組み合わせです。

ひと晩おくとより味がなじむ

だいこんと豚肉の煮物

材料（2人分）

- だいこん…1/2 本
- 豚ばらかたまり肉…400～500g
- サラダ油…大さじ 1
- 水…300 mℓ
- A 酒・みりん・しょう油…各大さじ 1
- 砂糖…小さじ 1

作り方

1. だいこんは縦半分にして乱切りにする。豚肉は 3 ㎝厚さに切る。
2. 鍋にサラダ油を熱し、豚肉を入れて両面を焼きつける。出てきた油を除き、だいこんを加えて炒め合わせる。
3. 水を加えてひと煮立ちさせ、アクを取ってAを入れる。落としぶたをして中火で 40～50 分煮込む。途中で砂糖を加え、煮汁がほぼなくなるまで煮る。

コツ

煮物に味をしみ込ませる

煮汁につけたまま冷まして含め煮にすると、やわらかい材料や薄味でもしっかり味がしみ込む。また、やわらかい材料は混ぜると煮くずれるため、お玉で煮汁を回しかける方法も効果的。しっかりした素材なら、大きく混ぜたり、鍋ごと揺すったり、全体に煮汁が行き渡るように。

火の通し方で変わる
だいこんの食感を楽しみたい

だいこん鍋

材料（2人分）

- だいこん…1/2 本
- 春菊…1/2 束
- しいたけ…3 枚
- 豆腐…1/2 丁
- 豚ロースしゃぶしゃぶ用肉…150g
- コンブ…10 ㎝
- だし汁…適量
- 酒…大さじ 2

作り方

1. だいこんはピーラーで細長いひも状にする。春菊は 10 ㎝長さに切り、しいたけは薄切り、豆腐は食べやすい大きさに切る。
2. 鍋にコンブ、だし汁を入れて火にかけ、酒を加えて煮立たせる。
3. 2 に豚肉、1 を入れ、火が通ったら好みのたれにつけていただく。

聖《しょう》護《ご》院《いん》大根＊

京野菜のひとつで、かぶのように丸い。価格は高いが、煮ると絶品。

三浦大根＊

昭和初期に誕生した白首種。煮くずれしにくく味がしみやすい。

辛味大根

小さめで辛みの強いだいこんを総じて「辛味だいこん」と呼ぶ。おろして薬味に。

おでん大根＊

首から先まで均一な太さなので、同じ大きさの輪切りが多くとれる。

基本の白みそは
赤みそベースにしても美味

ふろふきだいこんの基本

だいこん8㎝は4㎝厚さの輪切りにし、厚めに皮をむいて面取りをする。鍋にたっぷりの水、米大さじ 1/2、だいこんを入れ、落としぶたをし、やわらかくなるまでゆでる。鍋に白みそ35g、砂糖・酒各大さじ 1/2 を入れ、中火で練り上げる。火を止めてすりごま（白）大さじ1を加え混ぜ、だいこんにかける。

だしで煮ただいこんは
みそによって味を変化

ふろふきだいこん 合わせみそ3種

肉みそ

豚ひき肉 30g は油なしで炒め、みそ大さじ2、酒・みりん・砂糖各大さじ 1/2、おろししょうが少々を加えて炒め合わせる。最後にすりごま適量を加える。

中華みそ

豚ひき肉 25g は油なしで炒め、豆板醤小さじ 1/2、みそ大さじ1、甜面醤・酒各大さじ 1/2、みりん大さじ1と 1/2、水 50 ㎖、おろししょうが少々を入れて煮る。最後に水溶き片栗粉少々を加えてとろみをつける。

ごまキムチみそ

すりごま（白）・みそ・みりん各大さじ 1/2、キムチの素・砂糖各小さじ 1/2、水 70 ㎖を鍋に入れて火にかけ、煮詰まったら水溶き片栗粉を加えてとろみをつける。

常備　よく干せば長期保存可

切り干しだいこんの基本

だいこんを洗ってから切り、干す。切り方はお好みで。ざるや干し網にだいこんが重ならないように並べ、日当たりがよくて風通しがいい所に置く。数時間干しただけの半干しでも旨みは十分凝縮する。完全に乾かせば保存性が高くなる。夜は室内に入れる。

両面焼いて香ばしさを加えた

だいこんステーキ

材料（2人分）

- だいこん…1/4本
- 小麦粉…小さじ1
- A しょう油・みりん…各大さじ2
- A 酒…大さじ1
- A 砂糖…大さじ1
- サラダ油…適量
- 青じそ…適量
- 長ねぎ…適量

作り方

1. だいこんは3㎝厚さに切り、面取りをする。
2. 鍋に小麦粉、だいこん、かぶるくらいの水を入れて火にかけ、だいこんがやわらかくなるまで煮る。
3. 熱したフライパンにサラダ油をひき、だいこんを入れて焼く。両面に焼き色がついたら、A を加えて汁気がなくなるまで焼く。
4. 皿に盛り、青じそを添え、白髪ねぎにしたねぎをのせる。

一本丸ごとだいこんを食べよう

だいこんまるまる一本使いきるのは、じつは難しい。皮や葉はつい捨ててしまいがちですが、そこには栄養がたっぷりあります。皮には毛細血管を強くするビタミンP、葉にはカロテン、その他のビタミンやミネラルなどが豊富。上手に料理して、無駄なく使いきりましょう。

火を通しても皮の歯ごたえ十分

だいこんの皮のチンジャオロース

豚ロース薄切り肉100gは3cm幅に切り、だいこん8cm分の皮、にんじん5cm、ピーマン1個は千切りにする。だいこんの皮、にんじん、ピーマンの順にサラダ油適量で炒め、取り出す。次に豚肉を炒め、しょう油・酒各大さじ1、みりん・砂糖各大さじ1/2、おろしにんにく・片栗粉各小さじ1/4を合わせ、豚肉に加えて弱火で炒める。野菜を戻し入れ、全体を混ぜる。

常備

ストックおかずにぴったりの炒め物

だいこん葉とこんにゃくのごま炒め

だいこんの葉は細かく刻み、小ねぎ1/2本はみじん切りにする。こんにゃく1/2枚は下ゆでして細かく刻む。こんにゃくはごま油適量で2～3分炒め、だいこんの葉、ねぎ、ちりめんじゃこ適量を加え、しんなりするまで炒める。練りごま（白)・みりん・酢各大さじ1、豆板醤小さじ1、にんにくのみじん切り1片分を混ぜて加え、炒め合わせる。

ご飯を炒めないヘルシーな混ぜご飯

だいこん葉のガーリックライス

だいこんの葉100gは塩を加えた熱湯でゆでて冷水にとり、固くしぼって小口切りにする。 にんにく1片はみじん切りにする。フライパンにサラダ油適量とにんにくを入れて弱火で炒める。ご飯茶碗2杯分に、バター大さじ1と塩・こしょう各少々、だいこんの葉、にんにくを加えて混ぜ、削り節適量をかける。

常備

白くて上品な見た目

だいこんの皮と葉の洋風きんぴら

だいこんの皮100gは5cm長さの細切りに、だいこんの葉適量は小口切りにする。フライパンにバター大さじ1/2を熱し、だいこんの皮と葉を入れて炒め、バターがなじんだら、塩・しょう油各少々で調味する。

みそとベーコンが合う

だいこん葉のベーコンみそ炒め

だいこんの葉150gは細かく刻み、ベーコン3枚は1cm幅に切る。フライパンにサラダ油適量を熱し、ベーコンを炒める。ベーコンの脂が出てきたら、だいこんの葉を加えて炒める。だいこんの葉がしんなりしたら、みそ・みりん各大さじ1、塩・こしょう各少々を加えて炒め、仕上げにごま（白）をふる。

漬け物7種

常備

下漬けする場合、だいこんの重量に対して2％の塩で漬ける。

スモークサーモンの酢漬け

だいこん300gはいちょう切りにし、下漬けする。スモークサーモン50gはそぎ切りに、きゅうり1本は縦に割って薄切りにする。容器にだいこん、きゅうり、スモークサーモン、レモンの薄切り3枚を重ね、浸るぐらいの酢を加える。

なます

だいこん15㎝、にんじん5㎝は皮をむいて千切りにし、塩をふって軽くもみ、10分ほどしたら水気をしぼる。酢大さじ4、砂糖大さじ2、みりん小さじ2、塩少々を合わせて煮立てる。粗熱がとれたらだいこんとにんじんを漬け、好みで赤とうがらしを入れる。

りんご漬け

りんごは皮と芯を除いてすりおろし、塩少々を加える。下漬けしただいこんをりんごに漬ける。分量はお好みで。

柚子こしょう風味

だいこんは千切りにし、塩で軽くもんで水気を切る。ホタテ（缶詰）をほぐして加え、柚子こしょう、白ワインビネガー、黒こしょうで調味する。分量はお好みで。

大阪漬け

だいこんは拍子木切りに、だいこんの葉は3～4㎝長さに切る。しょうがとゆずの皮は千切りにする。すべてを容器に入れ、塩をふって重石をし、ひと晩漬ける。分量はお好みで。

さきいかの漬け物

だいこん300g、にんじん50g、コンブ7㎝、しょうが少々は千切りにする。さきいか20gは酒少々をかけておく。すべて合わせて容器に入れ、塩少々をふって重石をし、ひと晩漬ける。

はりはり漬け

だいこんは半月切りにしてざるに並べ、1～2日干す。干しただいこんを水で洗い、熱湯をかけてしぼり、容器に入れる。酢：しょう油：砂糖：みりん＝3：1：1：1の割合に赤とうがらしの輪切りを加えて煮立て、漬け汁を作る。容器に漬け汁を注ぎ、ひと晩漬ける。分量はお好みで。

おろし和え3種

牛肉

牛もも薄切り肉は塩をふって炒め、だいこんおろしと二杯酢で和え、小口切りにした小ねぎ、しょうがの千切りをのせる。

大和いも

大和いもは皮をむいて酢水につけ、3㎝長さの細切りにし、だいこんおろし、二杯酢と和え、刻みのりをかける。

エビ＋アボカド

エビは酒蒸しにして3等分に、アボカドは半分に切り1㎝角にしてレモン汁をかけ、だいこんおろしと甘酢で和える。

カブ

蕪

炒め物でも存在感を発揮

漬け物や煮物で食べることが多いかぶですが、焼くと香ばしくなり、ほくほくとした食感が絶妙です。消化酵素を含むので、肉と食べ合わせれば胸やけの心配もありません。ビタミン、ミネラルの多い葉も一緒に添えて食べましょう。

食品成分表
（根　皮つき　生　可食部 100g あたり）

エネルギー		20kcal
水分		93.9g
たんぱく質		0.7g
脂質		0.1g
炭水化物		4.6g
無機質	**カリウム**	**280mg**
	カルシウム	**24mg**
ビタミン C		**19mg**
食物繊維		1.5g

葉にはβ - カロテンやビタミン C、B_1、B_2、カルシウムなどが豊富。白い根の部分には消化酵素のアミラーゼ（ジアスターゼ）を含み、便秘や下痢、胸やけなどに効果が。辛み成分には血栓防止や解毒作用があり、葉にも根にも含まれます。

聖護院かぶ＊
代表的な京野菜。4～5kgにもなる大型種で千枚漬けの材料になる。

葉の苦みがいい
かぶの葉とさつま揚げの炒め

材料（2 人分）
- かぶの葉…10 個分
- さつま揚げ…3 枚
- ごま油…適量
- ごま（白）…適量
- A
  - しょう油…小さじ 2
  - 酒…小さじ 1
  - 砂糖・だしの素…各小さじ 1
  - 削り節…ひとつかみ

作り方
1. かぶの葉は 5 ㎝長さに切る。さつま揚げは 1.5 ㎝幅に切る。
2. フライパンにごま油を熱し、1 とごまを入れて炒める。
3. A を加え、汁気がなくなるまで炒め合わせる。

お弁当にぴったり　常備
かぶのゆかり漬け

かぶ 4 個は皮をむいて縦半分に切り、薄い半月切りにし、ゆかり大さじ 2 をふる。軽い重石をのせ、しんなりするまで 20～30 分漬ける。

肉の旨みがしみ込んだ
かぶと牛肉のステーキ

材料（2 人分）
- 牛ももステーキ用肉…200g
- かぶ…4 個
- 塩・こしょう…各少々
- バター…大さじ 1
- しょう油…大さじ 1
- サラダ油…適量
- サラダ菜…適量

作り方
1. 牛肉はひと口大に切り、塩、こしょうをふる。
2. かぶは皮をむいて 6 等分に切り、耐熱容器に水少々（分量外）とともに入れ、やわらかくなるまでレンジにかける。かぶの葉もレンジにかけ、小口切りにする。
3. フライパンにサラダ油を熱し、牛肉をさっと炒め、バターとしょう油大さじ 1/2 で味をつけ、肉を取り出す。
4. 3 のフライパンにかぶを加え、残りのしょう油を回し入れて味をからめ、肉とともにサラダ菜を敷いた器に盛ってかぶの葉を散らす。

小かぶ（金町系）

もっとも多く流通している品種。関東を中心に周年栽培される。

万木《ゆるぎ》かぶ＊

滋賀県の在来種の赤かぶ。肉質はやわらかく、中身は白い。漬け物に。

天王寺かぶ＊

なにわの伝統野菜。肉質はきめ細かく、煮物にも漬け物にも向く。

長崎赤かぶ＊

長崎の伝統野菜。肉質はやわらかく独特の風味をもつ。漬け物やなますとして食される。

とろみ肉あんがからむ

かぶの鶏そぼろ煮

材料（2人分）

かぶ…4個
鶏ひき肉…150g
A
- 酒・みそ・みりん…各大さじ1
- しょう油・砂糖…各小さじ1
- 水…100㎖

サラダ油…大さじ2
片栗粉…大さじ1
小ねぎ…適量
ごま（白）…少々

作り方

1. かぶは皮をむき6等分に切る。
2. 鍋にサラダ油を熱し、かぶを炒め焼きしていったん取り出す。
3. 2の鍋にひき肉を入れて炒め、合わせたAを加えて混ぜる。
4. 3にかぶを戻して混ぜ、ふたをして中火でかぶに火が通るまで蒸し煮にする。途中焦げつきそうなら水を加える。
5. 片栗粉を倍量の水で溶き、回し入れてとろみをつける。器に盛り、小口切りにしたねぎとごまをかける。

常備

煮ても焼いても美味

甘みが増す干しかぶ

かぶは横に3等分に切り、ざるなどの上に置き、一昼夜風干しする。もっとカラカラに乾燥させてスープに入れてもよい。干したかぶを焼くとぎゅっと甘みが凝縮してとってもおいしい。

常備

レモンのさわやか風味

かぶのレモン漬け

かぶ4個は薄切りに、葉はざく切りにして塩小さじ1をふり、ひと晩漬ける。レモン1/2個は薄い半月切りにする。鍋に酢50㎖、砂糖大さじ1と1/2を入れて火にかけ、砂糖を溶かす。容器にかぶ、レモン、甘酢を入れて重石をのせ、2～3時間漬ける。

千枚漬け

京都の伝統的な漬け物。聖護院かぶが使われます。かぶを薄い輪切りにし、少しずつ塩をふりながら容器に並べ、ところどころにコンブと赤とうがらしを入れながら何層にも重ねます。重石をして2、3日後から食べられます。日持ちはあまりしませんが、上品な味。

サツマイモ

甘藷

体をきれいにしてくれる優れた美容野菜

主成分のでんぷんは加熱によって一部が糖分に変わるので甘みが増しますが、カロリーは低め。ビタミンCのほかにB_1、B_6、食物繊維を含むので、美肌効果も期待でき、優れた美容野菜といえるでしょう。汁物やスープに加えると、ほんのりと甘くなります。

紅アズマ＊
関東地方の定番品種。甘みが強く、繊維が少ない。

食品成分表
（塊根　生　可食部100gあたり）

エネルギー	132kcal
水分	66.1g
たんぱく質	1.2g
脂質	0.2g
炭水化物	31.5g
ビタミンE（α-トコフェロール）	**1.6mg**
C	**29mg**
食物繊維	2.3g

ビタミンCが豊富。皮にはアントシアニン、肉質部分にもポリフェノールが含まれ、抗酸化作用で活性酸素の発生を抑え、発ガン抑制効果もあります。

ごろごろいもが豪快な

さつまいもハンバーグ

材料（2人分）

- さつまいも…1本
- 合びき肉…200g
- たまねぎ…1個
- 塩・こしょう…各適量
- サラダ油…適量
- だいこん・キャベツ…各適量

作り方

1. さつまいもは皮つきのままふかし、さいころ状に切る。たまねぎはみじん切りにする。
2. ひき肉は粘りが出るまでよく練り、たまねぎとさつまいもを加えて練り合わせる。塩、こしょうで調味する。
3. フライパンにサラダ油を熱し、小判形に成形した2を入れて両面焼き色をつける。
4. 耐熱皿に3を入れ、180℃に温めたオーブンで、中まで火を通す。
5. 皿に盛り、だいこんおろしと焼いたキャベツなどを添える。

揚げずにカロリーダウン

ノンフライ大学いも

パープルスイートロード＊
従来のものより甘みが強く、格段に味がよい紫いも。

材料（2人分）

- 紫いも…1本
- サラダ油…大さじ2
- 砂糖…大さじ1強
- 水…大さじ1
- しょう油…少々
- ごま（金）…適量

作り方

1. 紫いもは皮ごと乱切りにして水にさらし、水気をふき取る。
2. フライパンにサラダ油を熱してさつまいもを入れ、弱めの中火でふたをして焼く。
3. 2に火が通ったら余分な油を除き、砂糖と水を入れてからめ、しょう油を回し入れて混ぜる。火を止めてごまをふる。

甘辛いたれがさつまいもとよく合う

牛肉とさつまいもの甘辛炒め

材料（2人分）

- さつまいも…1本
- 牛薄切り肉…100g
- A
  - しょう油・酒…各少々
  - 片栗粉…少々
  - しょうがのみじん切り…少々
- B
  - 砂糖・しょう油・酒…各小さじ2
- サラダ油…大さじ2
- 小ねぎ…適量

作り方

1. さつまいもは7～8㎜厚さの半月切りにし、水にさらしてアク抜きをする。牛肉はひと口大に切り、Aをまぶす。
2. フライパンにサラダ油を熱してさつまいもを入れ、中まで火が通るまで弱火で炒める。
3. さつまいもをわきに寄せ、フライパンの中央で牛肉を強火で炒める。
4. 牛肉の色が変わったら全体を混ぜ、合わせたBを加えてからめる。仕上げに小口切りにしたねぎを散らす。

鳴《なる》門《と》金時＊

西日本の代表的な品種。良質な砂地でしか栽培できない。上品な甘さをもつ。

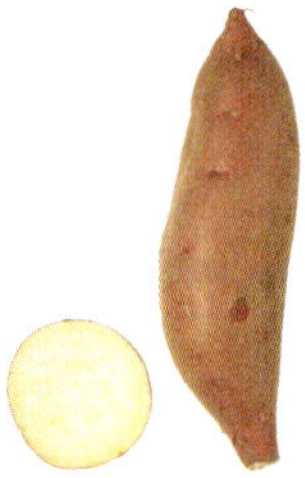

五《ご》郎《ろう》島《じま》金時＊

加賀の国（石川県）の五郎島で古くから栽培されてきた品種。糖度が高い。

種子島紫芋＊

従来の紫いもよりも糖度が高く、料理やお菓子の素材だけでなく、焼き芋やふかしただけでも美味。

安《あん》納《のう》いも＊

鹿児島県種子島地区の特産。高糖度かつ水分が多いため、焼くととてもクリーミー。

薄切りにしてソースとからみやすく

さつまいものカルボナーラ

材料（2人分）

さつまいも…1/2本
パスタ…約160g
厚切りベーコン…2枚
A
- 生クリーム…100㎖
- 卵…1個
- 卵黄…1個分
- 粉チーズ…適量
- 塩…少々

粗びきこしょう…少々
オリーブ油…大さじ1

作り方

1. さつまいもは薄い輪切りにして水にさらし、水気をふき取る。ベーコンは1㎝幅に切る。
2. フライパンにオリーブ油を熱し、ベーコンをこんがりするまで炒める。さつまいもを加えて弱火にし、やわらかくなるまで炒める。
3. 火を止めて粗熱をとり、合わせたAとよく混ぜる。
4. パスタをゆでて、3に加えて和える。仕上げに粉チーズ（分量外）とこしょうをふる。

牛乳とさつまいもの
やさしい味で体も温まる

さつまいものハーブスープ

材料（2人分）

さつまいも…1本
たまねぎ…1/4個
ベーコン…2枚
バター…10g
A
- 水…250㎖
- 固形スープの素…1/2個

B
- 牛乳…150㎖
- 生クリーム…30㎖

塩・こしょう…各少々
ハーブミックス（乾燥）…小さじ1/2
パセリ…少々

作り方

1. さつまいもは皮ごと2㎝角に切り、水にさらして水気を切る。たまねぎとベーコンは1㎝幅に切る。
2. 鍋にバターを入れて火にかけ、ベーコンを炒める。脂が出てきたらさつまいも、たまねぎ、Aを加え、煮立ったら中火にし、さつまいもがやわらかくなるまで煮る。
3. Bを加え、沸騰直前で火を止めてハーブミックスを加え、塩、こしょうで調味する。仕上げに刻んだパセリを散らす。

常備 マッシュして冷凍保存

冷凍する場合は、ゆでてマッシュポテトにしてから冷凍庫へ。使うときは自然解凍させる。まず、さつまいもは皮を厚めにむいて1㎝厚さに切り、水にさらして1～2分アク抜きをする。次にさつまいもがやわらかくなるまでゆで、粗熱をとる。冷めたら保存袋に入れ、袋の上からすりこぎなどでマッシュ状につぶして冷凍庫で凍らせる。

レンジでお手軽おやつ

冷凍さつまいもの茶巾

冷凍さつまいも（上記）約250gは自然解凍させる。さつまいもに、バター大さじ1と1/2、牛乳大さじ3、砂糖大さじ4、塩少々を加え、レンジで1分～1分15秒加熱する。6等分し、ラップまたはかたくしぼった布巾で茶巾にする。

ジャガイモ

馬鈴薯

もっとも身近な野菜はビタミンCたっぷり

主成分はでんぷんなので、エネルギー源になります。比較的低カロリーなので、主食として食べるとダイエット効果がありますが、油で揚げると高カロリーになるので、要注意。芽や緑色になった部分には、有毒成分ソラニンが含まれているので、ていねいに取り除きましょう。

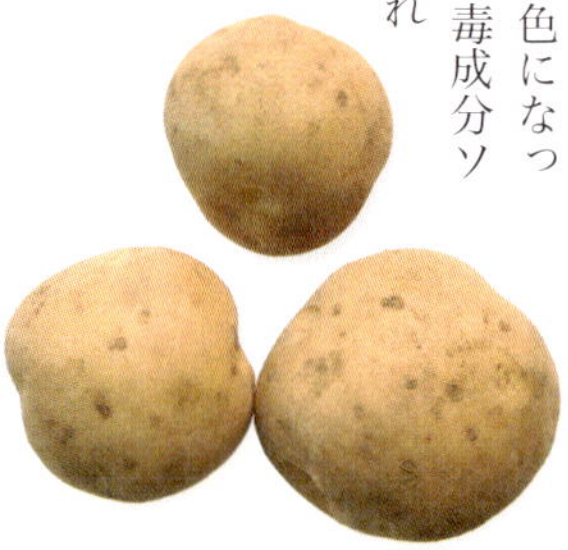

男爵＊
国内の流通量がもっとも多い。粉質でホクホクしている。

食品成分表
（塊茎　生　可食部 100g あたり）

エネルギー	76kcal
水分	79.8g
たんぱく質	1.6g
脂質	0.1g
炭水化物	17.6g
無機質　カリウム	**410mg**
ビタミン B_1	**0.09mg**
C	**35mg**
食物繊維	1.3g

豊富なビタミンCはでんぷんに包まれているので、加熱しても壊れにくい優れもの。炎症を抑え粘膜を丈夫にするため、消化器系潰瘍を改善。下痢や消化不良、アレルギーにも力を発揮します。カリウムは余計な塩分を排出し、腎臓病や膀胱炎、疲労回復にも効果が。

ジャーマンポテトのような

じゃがいものソーセージ炒め

じゃがいも２個は５㎝長さの拍子木切りにし、熱湯でかためにゆでる。フライパンにサラダ油適量を熱し、細かく刻んだソーセージ5本分を入れて炒める。カレー粉小さじ1、じゃがいもを加え炒め、塩・こしょう各少々で調味し、刻んだパセリを散らす。

シャキシャキ感が大事

じゃがいものにんにくしょう油漬け 常備

じゃがいも２個は千切りにして水にさらし、歯ごたえが残る程度にさっとゆでる。しょう油大さじ3、酢・砂糖各大さじ2、にんにくの薄切り１片分を合わせ、じゃがいもを１時間ほど漬ける。

ご当地

ボリューム満点な

ポテト焼きそば

栃木県足利市に見られる焼きそばで、ひと口大の蒸したじゃがいもが入っているソース焼きそば。昔この地域では、蒸したじゃがいもを長ねぎとソース味で炒めた子供のおやつがあり、それに麺が加わったもの。

香りよくバターで焼いてもおいしい

いももち

材料（２人分）

じゃがいも…３個

A
- 片栗粉…200g
- 水…100㎖
- 塩…ひとつまみ

サラダ油…少々

B
- しょう油…適量
- 砂糖…適量

作り方

1. じゃがいもは皮をむいてひと口大に切り、やわらかくなるまで水からゆでる。熱いうちにつぶし、Aを加えて手で練る。まとまってきたら太い棒状にまとめ、ラップに包んで冷蔵庫で１時間休ませる。
2. １を１㎝厚さに切って成形し、サラダ油をひいたフライパンで両面をこんがりと焼く。
3. Bを火にかけて溶かし、2にからめる。

メークイン＊
粘質系の代表種。西日本の方が消費が多い。煮くずれしにくいので、煮物に最適。

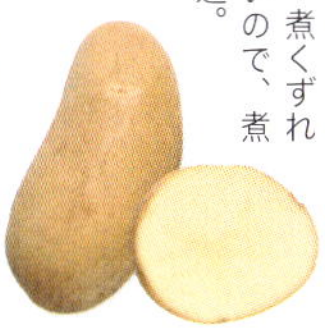

インカのめざめ＊
近年話題の人気種。肉色は濃黄色で深い甘みがある。くりやナッツのような風味が特徴。

北海こがね＊
クセがなく煮くずれしにくいので様々な調理に向く。九州地方で人気が高い。

キタムラサキ＊
皮も果肉も紫色でやや粘質。ゆでると色が抜けるので、フライにするとよい。

卵と混ぜて食べる鮮やかなスペイン料理

フラメンカエッグ

材料（2人分）

じゃがいも…3個
トマト…1個
塩豚（p158参照）…100g
卵…1個
グリーンピース（冷凍）…大さじ3
基本のトマトソース（p10参照）…140㎖
パプリカ（粉末）…小さじ1
塩…少々
揚げ油…適量

作り方

1. じゃがいもは皮つきのまま6等分のくし形に切り、170℃の揚げ油で5、6分揚げ、塩をふる。トマトはざく切りにする。塩豚は細切りにする。
2. 耐熱皿にトマトソースを敷き、グリーンピース、塩豚、トマト、じゃがいもを入れ、上からパプリカをふる。
3. 2の真ん中に卵を割り入れ、180℃のオーブンで20分ほど焼く。

マッシュポテトがクリーミー

シェファーズパイ

材料（2人分）

じゃがいも…4個
A バター…大さじ2
A 牛乳・生クリーム…各大さじ1
牛ひき肉…400g
たまねぎ…1個
にんにく…1片
デミグラスソース（市販）…大さじ5
塩・こしょう…各少々
サラダ油・バター…各適量

作り方

1. じゃがいもは皮つきのままゆで、熱いうちに皮をむいてつぶす。Aを加えてなめらかにし、塩、こしょうで味を調える。
2. たまねぎ、にんにくはみじん切りにする。フライパンにサラダ油を熱してにんにくを炒め、色づいてきたらたまねぎを加えて炒め合わせる。
3. ひき肉を加え、火が通ったら塩、こしょうをし、デミグラスソースを加える。
4. 耐熱皿に3を敷き、上に1をのせてバターを散らし、180℃のオーブンで表面に焼き色がつくまで25分ほど焼く。

マヨネーズとわさびがマッチ

わさび風味のポテトサラダ

市販のポテトサラダに練りわさびを混ぜるだけで、定番が違ったお惣菜に変身。好みでしょう油をかけると、より和風テイストに。自家製ポテトサラダでは、わさびの香りがとばないよう、サラダの粗熱をとってから加える。ピリッとまろやかなわさび＋マヨネーズ味は、ぜひお試しを！

少ない材料で文句なしの味

アンチョビポテト

材料（2人分）

じゃがいも…3個
パセリ…少々
アンチョビ…4枚
マヨネーズ…大さじ2
オリーブ油…大さじ1
塩・こしょう…各少々

作り方

1. じゃがいもは皮つきのまま丸ごとゆでて皮をむき、1㎝厚さの輪切りにする。
2. アンチョビは粗みじん切りにする。
3. マヨネーズ、オリーブ油、2のアンチョビを合わせて1にからめる。
4. 熱したフライパンで3を焼き色がつくまで焼き、塩、こしょうで調味する。仕上げに粗く刻んだパセリを散らす。

肉じゃが発祥は艦上食

海軍の父と呼ばれた東郷平八郎が、艦上食として考案した料理。最初は海外で食べた栄養価の高いビーフシチューを提案しましたが、日本では材料が足りなかったため、じゃがいもと肉をしょう油で煮込む肉じゃがが生まれたといわれています。

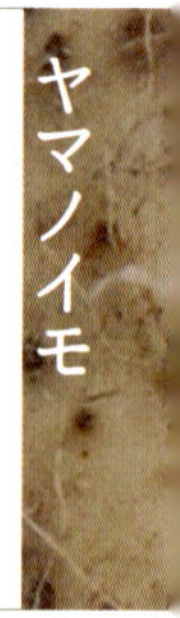

ヤマノイモ

山芋

消化酵素を含むのでぜひ生食で

長い棒状の長いも、ごろんと固まったつくねいも、扁平ないちょういも、天然の自然薯《じねんじょ》などがあります。粘りの強いものはすりおろしてとろろや山かけにし、比較的水分が多いものは短冊切りや千切りにして、さくさくとした食感を楽しみましょう。

食品成分表（長いも　塊根　生　可食部 100g あたり）

エネルギー	65kcal
水分	82.6g
たんぱく質	2.2g
脂質	0.3g
炭水化物	13.9g
無機質　カリウム	**430mg**
ビタミン B_1	**0.10mg**
C	**6mg**
食物繊維	1.0g

消化酵素アミラーゼ（ジアスターゼ）を含み、胃腸の調子を整え、胃のもたれや胸やけを緩和してくれます。加熱すると効果が失われるので、生食で。粘り成分ムチンはたんぱく質の消化吸収を助け、疲労回復や虚弱体質の改善に。血糖値の上昇を抑える働きもあるので糖尿病の予防にもなります。

長いもと塩辛しそ炒め

塩辛の塩気が長いものおいしさを引き出す

材料（2人分）

長いも…10㎝
青じそ…5枚
イカの塩辛…30g
バター…大さじ1
小ねぎ…少々
一味唐辛子…少々

作り方

1. 長いもは皮をむき、半分の長さに切って1㎝角の棒状に切り、水にさらす。青じそは細切りにする。
2. フライパンにバターを温め、水気を取った長いもを入れて炒める。焼き色がついたらイカの塩辛を加えて炒める。火を止めたら青じそを加える。皿に盛り、小口切りにしたねぎ、一味唐辛子をかける。

コツ　とろろ

やまのいもはイモ類なのに生で食べられる。これはアミラーゼなどのでんぷん分解酵素が含まれていて、たいへん消化がよいから。熱を加えると、酵素の働きは低下してしまうので注意。

皮むき

皮は、ピーラーなどで、使う部分だけをむく。

すりおろす

すり鉢ですりおろしたもの。きめも細かく、粘りも十分。

おろし金ですりおろしたもの。きめは少し粗めで、粘りも少ない。

保存袋に入れて、すりこぎなどでたたく。ブツブツとした歯ごたえが残るが、簡単で食感がおもしろい。

とろろ4種

めかぶ納豆とろろ

やまのいも 200g はすりおろし、納豆・めかぶ各1パック、小ねぎのみじん切り3本分、納豆についているたれ1袋と混ぜ合わせる。

梅とろろ

やまのいも 200g は袋に入れ、すりこぎなどでたたいてつぶす。粗く刻んだ梅肉大さじ1と1/2と、千切りにした青じそ5枚分、わさび少々を加えて混ぜ合わせる。

マグロオクラとろろ

マグロ（刺身用）200g は2㎝角に切り、しょう油少々をまぶす。オクラ4本はさっとゆでで、小口切りにする。やまのいも 50g をたたいてつぶし、だししょう油大さじ1～2を加えてすり混ぜる。マグロを器に盛り、オクラを散らしてやまのいもをかける。好みでわさびを添える。

明太とろろパスタ

やまのいも 200g はすりおろし、明太子1腹は薄皮を取ってほぐす。やまのいもにしょう油・みりん各大さじ 1/2 を加えて混ぜ合わせる。パスタ 160g は塩を加えた湯でゆで、やまのいも、明太子をのせ、小口切りにした小ねぎを適量散らす。

里芋
サトイモ

食品成分表
（球茎　生　可食部 100g あたり）

エネルギー	58kcal
水分	84.1g
たんぱく質	1.5g
脂質	0.1g
炭水化物	13.1g
無機質　カリウム	**640mg**
ビタミン B_1	**0.07mg**
C	**6mg**
食物繊維	2.3g

豊富なカリウムは余分な塩分を排出するので、むくみの解消や高血圧の予防に。また注目は、ガラクタン、マンナンなどの独特のぬめり成分。ガラクタンは脳細胞を活性化させ老化を防ぐ効果が。また、ガンの増殖を抑える働きがあることもわかってきました。

ぬめり成分が免疫力を高める

地方各地の郷土料理にはさといもを使ったものが多く、煮っころがしや含め煮、田楽、汁物、コロッケなど、様々な食べ方をされています。強いぬめりのため、むきにくい皮は、レンジにかけるか、さっとゆでると、つるりと楽にはずれます。

伝統

熊本県の郷土料理 だご汁

だんご汁とも呼ばれ、寒い季節によく食べられる家庭の味。まず、さといも、ごぼう、干ししいたけ、にんじんなどをだし汁で煮込み、しょう油を加える。次に、強力粉ともち粉を水で練った団子を、手でちぎり入れ、ひと煮立ちさせていただく。

さといもをさといもで和える
2つのいもの食感が楽しい

さといものとも和え

材料（2人分）

- さといも…5個
- オクラ…2本
- 練りごま（白）…大さじ2
- A
  - みりん…大さじ1と1/2
  - しょう油…大さじ1/2
  - 塩…少々

作り方

1. さといもは皮をむいて熱湯でゆでる。
2. 1の2個をマッシャーなどでつぶす。練りごまを加えてよく混ぜ、Aを加えてさらに混ぜる。
3. 残りの1と、ゆでて1cm幅に切ったオクラを2で和える。

ねっとりホクホクの
不思議とクセになる一品

さといもとベーコンのサラダ

材料（2人分）

- さといも…7～8個
- ベーコン…2枚
- ゆで卵…1個
- サラダ油…適量
- A
  - ごま油・酢・しょう油…各大さじ1
  - 粗びきこしょう…少々

作り方

1. さといもは皮をむいて熱湯でゆで、熱いうちに粗くつぶし、合わせたAで和える。ベーコンは2cm幅に、ゆで卵はくし形に切る。
2. フライパンにサラダ油を熱し、ベーコンを焼き色がつくまで焼く。
3. さといもに2のベーコンを加えて器に盛り、ゆで卵をのせる。

ニンジン

人参

甘みと色みとたっぷりのカロテン

独特の匂いが減り、甘みが増し、カロテンの含有量も増えたので、現在のにんじんはかなり食べやすくなりました。ジュースの原料としてもすっかり定着。炒め物や汁物、煮物に加えれば、栄養面だけでなく彩りもよくなります。

食品成分表（根　皮つき　生　可食部 100g あたり）

エネルギー	37kcal
水分	89.5g
たんぱく質	0.6g
脂質	0.1g
炭水化物	9.1g
無機質　カリウム	**280mg**
カルシウム	**28mg**
ビタミン A（β - カロテン当量）	**9100μg**
食物繊維	2.7g

豊富なβ - カロテンはトップクラスです。油と一緒に摂取すると吸収率がアップ。特に皮に豊富なので、捨てずに活用したいところ。抗ガン作用のほか、活性酸素を除去して生活習慣病予防にも。

レンジを活用した手間のいらないグラッセ

にんじんのシロップ和え

にんじん１本は薄い乱切りにし、やわらかくなるまでレンジで加熱する。バター 30g とメープルシロップまたははちみつ小さじ１をレンジで加熱して溶かす。にんじんとシロップをからめ、みじん切りにしたパセリを散らす。

いつものパンケーキに野菜ジュースを入れて

にんじんパンケーキ

材料（２人分）

にんじん…1/2 本
野菜ジュース…90 mℓ
ホットケーキミックス…200g
卵…１個
プレーンヨーグルト…大さじ 3
サラダ油…適量

作り方

1. にんじんはすりおろす。
2. ボウルに１と野菜ジュース、卵、ヨーグルトを入れて混ぜ、ホットケーキミックスを加えてさっくりと混ぜ合わせる。
3. フライパンにサラダ油をひき、２の生地１枚分を流し入れて１～２分焼く。表面に穴があいてきたら裏返し、30 秒～１分焼く。

葉の栄養も無駄なく

にんじん葉のふりかけ　常備

にんじんの葉３本分はさっとゆでて冷水にとり、水気を切ってみじん切りにする。フライパンにごま油大さじ１を熱し、小口切りにした赤とうがらし 1/2 本分、にんじんの葉を入れてさっと炒める。ちりめんじゃこ 10g を加え、みりん・しょう油各小さじ１弱で調味する。

ミニにんじん

10㎝ほどの小型種。甘みがありやわらかいので生で食べやすい。

金時*

東洋種の京にんじん。おせち料理に用いられる。特徴的な赤い色はリコペンによるもの。

島にんじん

沖縄の在来種で、ごぼうのように細長い。甘みが強く独特のさわやかな香りをもつ。

紫にんじん

表皮は紫、中心はオレンジ色。紫の色素はアントシアニンによるもの。

炊飯器におまかせの簡単ピラフ

にんじんの炊き込みご飯

材料（作りやすい量）

にんじん…2本
米…2合
鶏もも肉…100g
固形スープの素…1/2個
バター…大さじ1
塩…小さじ1
粗びきこしょう・パセリ…各少々

作り方

1. にんじんは皮つきのまますりおろして汁気をしぼり、しぼり汁は取り置く。鶏肉は小さめに切る。
2. 炊飯器に洗った米、にんじんのしぼり汁を入れ、目盛りまで水を加える。にんじん、砕いたスープの素、バター、塩を入れ、ひと混ぜして普通に炊く。
3. 炊き上がったらさっくり混ぜ合わせ、こしょうと刻んだパセリを散らす。

常備

にんじんの甘みを生かした

にんじんジャム

にんじん小2本は皮をむいて薄切りにし、りんご1/2個は皮つきのまま薄切りにする。鍋ににんじん、りんご、ひたひたの水を入れ、にんじんがやわらかくなるまで煮る。煮汁ごとミキサーにかける。鍋に戻して砂糖100g、レモン汁1/2個分を加えて火にかけ、弱火で煮詰める。仕上げにブランデー適量を入れる。密封容器に入れて冷蔵庫で3カ月保存可。

コツ

シチューの冷凍保存

入っているじゃがいも、にんじん、かぼちゃなどの野菜は、冷凍して解凍すると、食感、味が落ちてしまう。冷凍する場合は、できるだけ具はつぶしてルウだけの状態にすると、おいしく食べられる。1～2カ月を目安に食べきること。

酸味がまろやかになれば食べ頃

にんじんとセロリーのピクルスサラダ

常備

にんじん3本は粗い目のスライサーにかけ、セロリー1本は千切りに、たまねぎ1個は薄切りにする。にんじん、セロリー、たまねぎに塩小さじ1をふって2時間ほどおき、水気をしぼって熱湯消毒したびんに詰める。鍋にオレンジジュース・白ワインビネガー各150㎖、水80㎖、砂糖・ピクルススパイス各小さじ1を入れ、煮立て、野菜が浸る量をびんに注ぐ。びんを密封し、1週間漬ける。

タケノコ

筍

香りと歯ざわりの季節の味

たけのこは鮮度が命。掘りたては生でも食べられますが、時間が経つにつれ、どんどんえぐみが強くなります。ゆでてアク抜きをしたものは、食物繊維の宝庫。季節の風味と歯ごたえを楽しみつつ、体の中からきれいになりましょう。

食品成分表
（若茎　生　可食部 100g あたり）

エネルギー		26kcal
水分		90.8g
たんぱく質		3.6g
脂質		0.2g
炭水化物		4.3g
無機質	**カリウム**	**520mg**
	マンガン	**0.68mg**
ビタミンC		**10mg**
食物繊維		2.8g

豊富なカリウムは高血圧の抑制に効果的で、生活習慣病を予防。マンガンにも活性酸素を消す作用があり、また女性ホルモンの分泌を盛んにする作用も。アミノ酸の一種チロシンには、新陳代謝を活発にし、ホルモンバランスを整え、脳を活性化する働きが。

伝統

山形県の郷土料理

たけのこ汁

春に食べられる汁物。米の研ぎ汁を入れてゆで、アク抜きをしたたけのこを使う。たけのこ、しいたけ、厚揚げ、豚ロース薄切り肉を、だし汁でやわらかくなるまで煮る。最後に酒粕とみそを溶き入れ、弱火で煮立たせる。

アジアン風の仕上げ

たけのこと春野菜の炒め

材料（2人分）

たけのこ（ゆでたもの）…1/2本
パプリカ（赤・黄）…各1/2個
厚揚げ…1/2枚
A
オイスターソース…大さじ3
ナンプラー…小さじ2
砂糖…大さじ1
おろしにんにく…小さじ1
水溶き片栗粉…適量
サラダ油…適量

作り方

1. たけのことパプリカは細切りに、厚揚げは1.5㎝幅に切る。
2. フライパンにサラダ油を熱し、1を入れて炒める。火が通ったらAを加えて炒め合わせ、水溶き片栗粉を回し入れて混ぜる。

コツ

ゆで方

たけのこのえぐみは、シュウ酸とホモゲンチジン酸といわれ、先端ほど多く含まれているそう。ゆでるときには、昔からぬかととうがらしが必需品。ぬかに含まれるカルシウムがシュウ酸を吸着して表面を包むため、酸化防止の作用があり、白くゆで上がる。一方とうがらしの働きには抗菌作用など諸説あって、確かなことは不明。

1 先端は斜めに切り落とし、皮の縦方向に切り目を入れる。

2 たけのこが浸る量の水に10%のぬか、とうがらしを入れる。

3 たけのこは、浮かび上がらないように落としぶたをし、吹きこぼれないような火加減で、根元に竹串がすっと通るようになるまで1時間ほどゆでる。そのまま鍋に入れておき、冷めてから皮をむいて水にとる。

部位を使い分ける料理

部位によって適した料理が違います。穂先部分の姫皮は、やわらかい部分だけを千切りにし、おひたしなどに。真ん中部分はアクが強いので、煮物などに使います。下の部分はアクが弱く、たけのこご飯などにおすすめです。

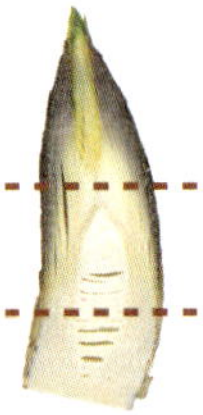

蓮根

レンコン

食品成分表
（根茎　生　可食部 100g あたり）

エネルギー	66kcal
水分	81.5g
たんぱく質	1.9g
脂質	0.1g
炭水化物	15.5g
無機質　カリウム	**440mg**
マンガン	**0.78mg**
ビタミンC	**48mg**
食物繊維	2.0g

切ると糸を引く粘り成分ムチンは、たんぱく質や脂肪の消化吸収を助け、疲労回復や虚弱体質の改善などの、滋養強壮効果があります。消炎・止血効果のあるタンニンを含み、潰瘍を予防したり、鼻血や貧血にも有効であるほか、血圧を下げる作用も。

ビタミンCの供給源

でんぷんが多く含まれており、エネルギー源になる野菜です。食物繊維や各種ビタミン、ミネラルも含まれ、体調を整えてくれる効果も。のどにいい野菜といわれ、すりおろしを飲む習慣もあります。

れんこんバーグ

れんこんを入れたたねにさらに輪切りをのせて焼く

材料（2人分）

れんこん…約4cm
豚ひき肉…150g
A
片栗粉…大さじ1
しょう油・みりん…各大さじ1
塩…少々
サラダ油…少々
ベビーリーフ…適量

作り方

1. れんこんは1cm厚さの輪切りを4枚とり、残りは皮をむいて粗みじん切りにする。
2. ボウルにひき肉を入れ、Aを加えて粘りが出るまで練る。粗みじん切りのれんこんを入れて混ぜ、4等分して形を整え、1のれんこんをのせる。
3. フライパンにサラダ油を熱し、2を入れて両面焼き色がつくまで焼く。火が通ったら皿に盛り、ベビーリーフを添える。

れんこんもち

すりおろして焼くともっちりとした食感に

材料（作りやすい分量）

れんこん…200g
干しエビ…5g
長ねぎ…15g
小ねぎ…2本
A
酒…大さじ1/2
塩…小さじ1/2
こしょう…少々
干しエビのもどし汁…大さじ1/2
片栗粉…大さじ1と1/2
ごま油…大さじ1
酢じょう油…適量

作り方

1. れんこんは皮をむいて粗めにすりおろし、軽く水気を切る。干しエビはぬるま湯でもどしてみじん切りにする。もどし汁は分量をとっておく。長ねぎはみじん切りに、小ねぎは小口切りにする。
2. ボウルにA、1を入れて混ぜ、片栗粉を加えて混ぜ合わせる。5等分にして丸く成形する。
3. フライパンにごま油を熱して2を入れ、ふたをして弱火で両面を焼き、火を通す。酢じょう油をつけていただく。

コツ　酢水の理由

れんこんはシャキッとした食感と、色の白さが身上。市販のれんこんで不自然に白いものは、漂白している場合もあるので、必ずしも白い方が上物とは限らない。調理時には、変色を防ぐことが必要。れんこんは空気に触れると、アクの成分であるポリフェノールが酸化して褐色に。水につけるだけでも酸化防止とアク抜きになるが、酢水につけると、よりポリフェノールの溶出が進む。

酢水につけたものは、白さが保たれる。

空気にさらしたままだと、黒ずんでくる。

牛蒡《ゴボウ》

切り方によって食感が変わる

ごぼうは切り方によって食感が大きく変わります。ささがきのように薄切りにするとしっとりと、マッチ棒のように切るとしゃきっと仕上がります。歯ごたえを楽しみたければ、すりこぎなどで叩いて割る、たたきごぼうもおすすめ。

食品成分表
（根　生　可食部 100g あたり）

エネルギー		65kcal
水分		81.7g
たんぱく質		1.8g
脂質		0.1g
炭水化物		15.4g
無機質	**カリウム**	**320mg**
	カルシウム	**46mg**
	マグネシウム	**54mg**
食物繊維		5.7g

食物繊維が豊富なので、腸内環境を整え、整腸、発ガン性物質の排除にも効果的。カルシウム、マグネシウムともに抗ストレスミネラルとして精神を安定させます。皮の下にはポリフェノールがたっぷり。抗酸化作用を発揮します。

豚肉の旨みをごぼうがキャッチ

ごぼうと豚肉の柳川風

材料（2 人分）

ごぼう…1 本
豚ばら肉…100g
卵…2 個
A
- だし汁…1 カップ
- みりん…大さじ 2
- しょう油…大さじ 1 と 1/2
- 砂糖…小さじ 1

小ねぎ…3 本

作り方

1. ごぼうは皮をこそげて 5 ㎝長さのささがきにし、水にさらす。豚肉は 3 ㎝長さに切る。
2. フライパンに豚肉を入れて炒め、A を加えて強火にかける。煮立ったら水気を切ったごぼうを加えて 2～3 分煮る。
3. 溶きほぐした卵を入れ、半熟状になったら火を止める。ふたをして 1～2 分蒸らし、器に盛って小口切りにしたねぎを散らす。

さっぱり箸休めに　常備

ごぼうのごま酢漬け

ごぼう（細いもの）2 本は皮をこそげて 5 ㎝長さに切り、水に 15 分ほどさらす。熱湯でさっとゆでて水気を切り、太い部分は割る。炒りごま（白）大さじ 3 をすり鉢で粗めにすり、砂糖小さじ 2、薄口しょう油大さじ 2、酢大さじ 1 と 1/2 を加え混ぜてごま酢を作る。ごぼうをごま酢で和えて冷蔵庫で 1 日漬ける。冷蔵庫で保存し、1 週間以内に食べきる。

コツ

皮むきとアク抜き

ごぼうはアクの強い食材で、切ったままでは黒く変色。酢水につけると、酸化酵素の働きが抑えられ、白く仕上がる。ただ、ごぼうの旨みは皮に近いところに豊富で、色を気にして皮を厚くむいたり、水にさらしすぎたりすると、せっかくの風味や旨みも損ないがち。食感もかたくなってしまうので注意を。しょう油で仕上げるきんぴらなどは、白さよりも風味が大切。酢水にさらすか否かは料理に合わせて。

切ったままにしたもの。

切って酢水にさらしたもの。

蒟蒻

コンニャク

食品成分表（生いもこんにゃく 可食部 100g あたり）

エネルギー		7kcal
水分		96.2g
たんぱく質		0.1g
脂質		0.1g
炭水化物		3.3g
無機質	**カリウム**	**44mg**
	カルシウム	**68mg**
	鉄	**0.6mg**
食物繊維		3.0g

低カロリーでいろいろな食材と合うのでダイエット向き。マンナンは水溶性食物繊維で、腸内の有害物質を吸収、排出します。整腸作用に加えて、コレステロールや血糖値の上昇を抑える効果が期待できます。

腸内すっきりの強い味方

こんにゃくいもを精製して作った粉を水に溶き、石灰を入れて固めたものが、市販のこんにゃく。群馬県下仁田市がこんにゃくいもの一大産地です。ダイエット効果ばかりが注目されますが、刺身こんにゃくのつるりとしたのどごしも格別です。

コツ たたいて下ごしらえ

こんにゃくに塩をふってまな板にのせ、すりこぎなどでまんべんなくたたく。水分が出たら水で軽く洗ってふく。強くたたきすぎると切れることもあるので、力の加減を。

うどん＋糸こんにゃくでヘルシーにかさ増し効果

糸こんサラダ

材料（2人分）

- 糸こんにゃく…1袋
- 細うどん（ゆで）…1/2袋
- だいこんおろし…5㎝分
- らっきょう…4個
- 梅干し…2個
- 紅しょうが…適量
- みょうが…2個
- 青じそ…5枚
- A 練りごま…大さじ2
- A 麺つゆ（市販）…100㎖
- A 酢…大さじ1
- A ごま油…大さじ1

作り方

1. 糸こんにゃくはゆでて水気を切り、から炒りする。うどんは軽くゆでて冷水にとり、水気を切る。
2. らっきょうは千切りにし、梅干しは細かく刻み、紅しょうが、1と混ぜ合わせる。
3. 2を器に盛り、合わせたAをかけ、だいこんおろし、千切りにしたみょうがと青じそをのせる。

豚肉でこんにゃくを包んで食べごたえあり

こんにゃくカツレツ

材料（1人分）

- こんにゃく…1/2枚
- 豚もも薄切り肉…100g
- しょう油…大さじ1
- みりん…大さじ2/3
- 小麦粉・溶き卵・パン粉…各適量
- サラダ油…適量
- サラダ菜…適量
- レモン…適量

作り方

1. こんにゃくは熱湯で2分ゆでて水気を切り、縦2等分にして厚さを半分に切る。
2. 1をしょう油、みりんを合わせた中に30分ほど漬ける。水気をふいて豚肉で巻き、小麦粉、溶き卵、パン粉の順につける。
3. フライパンに1㎝ほどのサラダ油を温め、2をこんがり揚げ焼きする。器に盛り、レモンとサラダ菜を添える。

常備

家庭おかずの定番

こんにゃくの五目煮

材料（2人分）

- こんにゃく…1/2枚
- ひじき（乾燥）…20g
- 油揚げ…1/2枚
- にんじん…1/2本
- 大豆（水煮）…100g
- A だし汁…300㎖
- A しょう油…大さじ3
- A 砂糖…大さじ2
- サラダ油…適量

作り方

1. ひじきは水でもどしておく。こんにゃくは熱湯でゆで、短冊切りにする。油揚げとにんじんは千切りにし、大豆は汁気を切る。
2. フライパンにサラダ油を熱し、こんにゃく、ひじき、にんじんを入れて炒める。
3. Aを加え、煮立ったら油揚げと大豆を入れ、煮汁がなくなるまで煮詰める。

鬱金

肝機能を高める天然サプリメント

肝機能を高める健康食品として注目のウコン。ターメリックの名もあります。生のウコンはすりおろすか刻んだものを、お茶や料理に加えて。焼酎に漬け込んだり、乾燥粉末にしたりすると、保存性が高まります。

パワーをつけたい朝食に

ウコンのチーズトースト

食パン１枚に溶けるチーズを適量のせ、ターメリック（粉末）小さじ１をふり、オーブントースターで焼き色がつくまで焼く。

ウコンに含まれる黄色の色素成分クルクミンは、カレーの色やマスタードの黄色で、英語でいうターメリック。クルクミン自体にガンや動脈硬化を防ぐ抗酸化作用がありますが、体内で様々な消化酵素の作用によって、さらに抗酸化力のある物質テトラヒドロクルクミンに変化します。テトラヒドロクルクミンは活性酸素を除去し、大腸ガンや腎臓ガン、皮膚ガンなどを予防。悪玉コレステロールの酸化を抑えて血管への付着を防ぎ、心筋梗塞や脳梗塞の予防にも。さらに胆汁の分泌を促進し、強い解毒作用で肝機能を強化、肝炎や肝臓障害にも有効といわれます。

ヤーコン

注目の健康野菜

腸内の善玉菌を増殖させるフラクトオリゴ糖を、もっとも多く含む食材です。天然の甘みがあるので、調理の際には素材の甘みを生かしたいもの。アクがありますが有効なポリフェノールなので、水にさらすのはほどほどに。

シャクシャク感が決め手

ヤーコンのきんぴら

常備

ヤーコン１本は千切りにして水にさらし、水気を切る。にんじん1/2本、ピーマン１個は千切りにする。フライパンにサラダ油少々を熱し、にんじんを炒める。しんなりしたらヤーコンとピーマンを入れて炒め、しょう油・みりん各少々で調味し、ごま（白）をふる。

ヤーコンに豊富なフラクトオリゴ糖は、コレステロールや中性脂肪などの血中脂質を適正に保ち、腸内細菌を調整しながら、便秘解消効果を発揮するため、健康野菜といわれています。ほかにもフラクトオリゴ糖は虫歯になりにくい、血糖値や血圧を調整する、などの効果もあり、近年注目されています。またポリフェノールも多く含み、様々な病気の原因となる活性酸素を除去する抗酸化作用をもつため、糖尿病や動脈硬化などの予防効果が期待されています。さらにヤーコンは低カロリーなのでダイエットにも向きます。

山菜《サンサイ》

食品成分表
（うど　茎　生　可食部 100g あたり）

エネルギー	18kcal
水分	94.4g
たんぱく質	0.8g
脂質	0.1g
炭水化物	4.3g
無機質　カリウム	**220mg**
ビタミン葉酸	**19μg**
食物繊維	1.4g

主成分は炭水化物と水分。カリウムを多く含むので余分なナトリム分を体外に排出し、血圧の上昇を抑えます。ジテルペン、フラボノイド、クロロゲン酸などの有効成分を含み、これらは老化やガンの予防効果などの抗酸化作用を発揮します。

季節の訪れを食で体感

うど、ふき、たらのめなど、多くの山菜は、早春から初夏にかけて一斉に出回ります。若い芽の部分に蓄えられたほろ苦さや芳しい香りを楽しみ、新しい季節の訪れを食で堪能しましょう。出回る時期が限られているので、食べ逃しのないように。

うど

だれでも食べやすい

ぜんまいの白和え

こんにゃく 1/4 枚は下ゆでして短冊切りにし、木綿豆腐 1/2 丁はレンジで加熱し、水気を切る。豆腐をすり鉢に入れてすり、砂糖大さじ 1、だし汁・塩各少々を加えて調味する。ぜんまい（水煮）100g の汁気を切って食べやすい長さに切り、こんにゃくとともに豆腐に加えて和え、仕上げに木の芽を飾る。

独特の香りをシンプルに

うどのピクルス

常備

うど 1 本は 4㎝長さに切って厚めに皮をむき、短冊切りにして酢水にさらす。酢 140 ㎖、砂糖大さじ 1 と 1/2、しょう油大さじ 1/2、だしの素小さじ 1/2、水 50 ㎖をひと煮立ちさせ、小口切りにした赤とうがらし 1 本分を加えて粗熱をとる。水気を切ったうどを入れ、2～3 時間漬ける。木の芽とともに盛りつける。

どんな山菜でもおいしくできる

山菜パスタ

材料（2 人分）

ぜんまい（水煮）・
　たけのこ（ゆでたもの）・
　こごみ…各 50g
キャベツ…2～3 枚
ペンネ…200g
にんにく…1 片
赤とうがらし…1 本
昆布茶…小さじ 1
だししょう油…小さじ 2
塩・こしょう…各適量
オリーブ油…適量
刻みのり…適量

作り方

1. 山菜は食べやすい大きさに、キャベツは 4㎝角に切る。
2. ペンネをゆで、ゆで上がる 1 分ほど前にキャベツを加える。
3. フライパンにオリーブ油とつぶしたにんにくを入れて火にかける。キツネ色になったら小口切りにした赤とうがらしを加えて香りを立たせ、山菜を入れて軽く混ぜる。
4. 3 に 2 を入れ、昆布茶、塩、こしょう、だししょう油で調味し、仕上げに刻みのりを散らす。

※ 山菜は生の場合はアク抜き、下ゆでをし、水煮の場合はそのまま調理する。

常備

春を届ける常備菜

ふきのとうみそ

フライパンにみそ・砂糖各大さじ1を入れて炒め、あめ色になったら弱火にする。粗みじん切りにしたふきのとう4～5個を加え、炒める。仕上げに削り節少々を入れて混ぜ合わせる。

ふきの香りがご飯に移る

ふきと鶏肉の炊き込みご飯

材料（作りやすい分量）

ふき…2本
鶏もも肉…100g
油揚げ…1枚
米…2合
コンブ…4㎝
A 酒…小さじ2
A 薄口しょう油…小さじ1と1/2
A 塩…少々
ごま（白）…適量

作り方

1. ふきは板ずりし、かためにゆでて冷水にとり、皮をむいて3㎝長さに切る。米は洗ってざるに上げ、30分おく。
2. 鶏肉は食べやすい大きさに切る。油揚げは熱湯をかけて油を抜き、細切りにする。
3. 炊飯器に米とAを入れ、目盛りまで水を加える。ふき、2、コンブをのせて普通に炊く。
4. 炊き上がったらコンブを取り出し、さっくり混ぜ合わせ、ごまをふる。

ごま油がポイント

山菜のナムル風

わらび（水煮）50gは3～4㎝長さに切り、皮をむいたうど・たけのこ（ゆでたもの）各50gは3～4㎝長さの千切りにし、塩少々でもんで水気を切る。にんじん5㎝は千切りに、きゅうり1/2本は縦半分に切って斜め薄切りにする。しょう油小さじ2、ごま油大さじ1/2、一味唐辛子少々と野菜を和え、仕上げにごまをふる。

洋風スープでいただく

うどのコンソメスープ

うど1/2本は4㎝長さに切って厚めに皮をむき、短冊切りにして酢水にさらす。たまねぎ1/4個、しいたけ2枚は薄切りにする。鍋に水400㎖、コンソメスープの素（顆粒）小さじ2を入れて火にかけ、スープの素が溶けたら野菜を加え、たまねぎが半透明になるまで煮る。塩・こしょう各少々で調味する。

常備

アク抜きはしっかり

ふきの葉炒め

ふきの葉はゆでて水にさらし、何度か水を替えてアク抜きをする。葉を細かく刻んでごま油で炒め、ちりめんじゃこ、削り節、ごま（白）を加え、みりん、しょう油で炒りつけて佃煮風にする。分量はお好みで。

コツ

カラリとした天ぷらを揚げるコツ

衣は、薄力粉と炭酸水を1：2の割合で合わせて軽く混ぜる。そこに山菜をくぐらせて180℃の油で揚げる。衣が薄くついた失敗なしのサクサクの天ぷらの完成。

山菜調理表

	天ぷら	煮物	汁物	炒め物	和え物おひたし	生食	その他	アク抜き、下処理
赤みず 		○	○		◎	○	みずとろろ	アク抜き不要。先端と葉の先の細い部分を取り除く。
うど	◎	○	○	○	○	○	皮のきんぴら	皮をむいて切り、酢水につける。
うるい 			○		◎			アク抜き不要。若芽は付け根のはかまを取り除く。
かたくり 				◎	◎		酢の物	アク抜き不要。
行者にんにく 	○			◎		○	ぬた	アク抜き不要。赤い薄皮をとり、葉をよく洗う。
こごみ 	○	○		◎	○			きれいに水洗いしてさっとゆでる。
こしあぶら 	◎				○			はかまを取り除く。揚げ物にする場合以外は、軽く塩ゆでする。
ぜんまい（乾燥） 		○	○	◎			おこわ	綿毛を取り除いてゆがきひと晩おく。乾燥は水洗い後、水にひと晩つけてもどす。
たらのめ 	◎		○					根元のかたい部分を切り、はかまを取る。洗わない方がよい。
つくし 		○		◎	○		佃煮	はかまを取り、きれいに洗い、ひと晩水につける。
のびる 	○				◎	○	酢みそ和え	アク抜き不要。薄皮を洗いながらはぐ。
ふき 	○	◎		○	◎		きゃらぶき	板ずりして、軽くゆでたあと、冷水にとって皮をむく。
ふきのとう 	◎		○	○			ふきみそ	基本的にはアク抜き不要。苦みを減らしたいときは、塩を入れた熱湯でゆでる。
よもぎ 	○			○			草もち 炊き込みご飯	やわらかい葉を選ぶ。塩を入れた熱湯で軽くゆで、水にさらす。
わらび 				○	◎		たたき	重曹をふり、熱湯をたっぷりかけてそのままひと晩おく。先の胞子は摘んでおこう。

茸

数時間干すだけで旨みがぐんとアップ

食物繊維やミネラルが多く、低カロリーなきのこ類。旨み成分が豊富なので、薄い味つけでも、風味豊かな料理に仕上がります。天日に当てて干すことによって、ビタミンDが生成され、香りも強くなります。しいたけやまいたけなどで、ぜひお試しください。

しいたけ

食品成分表
（生しいたけ　生　可食部100gあたり）

エネルギー	18kcal
水分	91.0g
たんぱく質	3.0g
脂質	0.4g
炭水化物	4.9g
無機質　カリウム	**280mg**
ビタミン B_2	**0.19mg**
食物繊維	3.5g

きのこ類は超低カロリーで、ビタミン類やミネラル、食物繊維が豊富です。きのこ特有成分、β-グルカンなどの多糖類は免疫力を高めてガンの増殖抑制に効果が。しいたけ特有のエリタデニンは活性酸素の働きを抑制するほか、コレステロールの上昇を抑えるので、肉料理と好相性。

常備

そのまま食べても
パスタやトーストにのせても

きのこマリネ

材料（作りやすい分量）

しいたけ・しめじ・まいたけ…各1パック
マッシュルーム…2パック
A
白ワインビネガー…100㎖
塩…小さじ1/2
にんにく…1片
水…200㎖
粒マスタード…小さじ1
ローリエ…2枚
赤とうがらし…2本
オリーブ油…100㎖

作り方

1. きのこ類はいしづきや軸を取り、しいたけは四つ切り、しめじ、まいたけは小房に分け、マッシュルームは縦半分に切る。にんにくは薄切りにする。
2. 鍋にAを煮立てて1を入れ、きのこが浮かないように落としぶたをして4〜5分煮る。
3. 熱湯消毒したびんに2を汁ごと8分目まで入れ、ローリエと赤とうがらしをのせ、オリーブ油をびんの口2〜3㎝下まで注ぐ。ふたをして1〜2時間漬ける。冷蔵庫で1カ月保存可。

きのこだし

おいしく仕上げるにはていねいなアク取りがコツ

材料（作りやすい分量）

しいたけ・まいたけ・ジャンボなめこ・ひらたけ…各1パック
塩…適量
しょう油・みりん…各適量

作り方

1. きのこ類はいしづきや軸を取り、食べやすい大きさに裂く。
2. 鍋にきのこを入れ、薄い塩水をひたひたになるぐらい入れる。
3. 弱火でじっくり煮出してアクを取り、しょう油とみりんで調味する。

秋の香りを
存分に味わえる

きのこご飯

きのこだしを濃いめに味つけし、炊きたてのご飯に混ぜる。濃いめに味をつけたきのこだしは、冷蔵庫で数日保存可能。天然もののきのこを使うと旨みが濃い。分量はお好みで。

お茶うけにおすすめ

しいたけのほうじ茶煮

しいたけは四つ切りにする。鍋に酒・塩各少々、ほうじ茶を入れて煮立てる。そこに、しいたけを入れて5分煮立て、そのまま冷ます。分量はお好みで。

香草果物

Herbs&Fruits

ワサビ 山葵

形のよい沢わさびは生食用

渓流沿いで作られる「沢わさび」は「水わさび」とも呼ばれ、主に生食用にされます。一方、日陰の畑地で栽培される「畑わさび」は、値段は低めですが、やや小ぶり。そのため、主に加工用として出荷されています。「陸わさび」という別称もあります。

食品成分表
(根茎　生　可食部 100g あたり)

エネルギー		88kcal
水分		74.2g
たんぱく質		5.6g
脂質		0.2g
炭水化物		18.4g
無機質	**カリウム**	**500mg**
	カルシウム	**100mg**
ビタミン C		**75mg**
食物繊維		4.4g

辛み成分のアリルイソチオシアネートには、強力な抗菌作用が。微量に含まれるグルコシノレートから生成される、6-メチルスルフィニルヘキシルからし油は、胃ガンの増殖を抑えたり、血液をサラサラにする作用があることがわかってきました。

無駄なく丸ごと一本使い！ わさびの楽しみ方4種

香りわさび

薄い小口切りにしたわさびをふた付きの器に入れ、熱湯を注ぐ。冷めた液をお吸い物などの香りづけに一滴落とすと、わさびの香り立つ一品に。
(分量の目安)
コップ半分の湯に対してわさび３㎝分くらい。

翡翠わさび

薄い小口切りにしたわさびを器に入れ、煮立たせた薄蜜（水３：砂糖１）を注ぐ。わさびが鮮やか翡翠色になり、料理の彩りにぴったり。薄蜜の方も、だし汁などに加えて風味づけに。

針わさび

わさびの桂むきを千切りにして、冷水にさっとさらす。油っぽい煮物や焼き物に添えると、さわやかな辛みのアクセントに。わさびの桂むきはすべりやすいので、手に塩を少しつけて行うとよい。

香り和え

おろすのに向かない先の部分を薄い小口切りにし、落とした茎の部分もみじん切りにする。細切りのコンブと一緒にしょう油に浸し、数時間冷蔵庫でおく。刺身などに和えるだけで、粋な箸休めに。

わさびのおろし方

1 茎を落とす。

2 鉛筆を削るように、芯を残しながら上をそぐ。

3 黒いイボイボをそぎ取る。

4 目の細かいおろし金を使い、丸く円を描くようにおろす。上下におろすと繊維質が残る。

コツ 風味を損なわないために

おろして少し時間が経ったものは、包丁のミネでたたくと香りが立ってくる。

すぐに使わない場合は、わさびを平たくして、空気に触れないよう、器などを伏せておく。

生姜
ショウガ

食品成分表
（根茎　生　可食部 100g あたり）

エネルギー		30kcal
水分		91.4g
たんぱく質		0.9g
脂質		0.3g
炭水化物		6.6g
無機質	**カリウム**	**270mg**
	カルシウム	**12mg**
	マグネシウム	**27mg**
食物繊維		2.1g

しょうがに含まれる辛み成分は、強力なたんぱく質分解酵素で肉をやわらかくします。その結果、消化されやすくなり、消化不良や胃もたれを防ぎます。活性酸素を除去して、ガンを防ぐ抗酸化作用も。

効能がたっぷりなので薬味以外にも利用して

一年を通して出回る「根しょうが」は、秋に収穫して貯蔵してあるもの。辛みが強く、薬効も高い。初夏に出回る「新しょうが」はみずみずしく、香りもマイルドです。血行促進や抗菌作用といった、しょうがの効能が広く知られるようになり、使い方も広がってきました。

しょうがの香りが生きた

手作りジンジャーエール

しょうが 3 片は皮を取り除いて薄切りにする。保存びんにしょうが、はちみつ 40g を入れ、半日以上おいてシロップを作る。グラスに氷、シロップ半量、炭酸水適量を注いで混ぜる。

骨付き肉で手軽に体の中から温まる一品

鶏肉としょうがのサムゲタン

材料（作りやすい分量）

骨付き鶏もも肉…1 本
もち米…1/6 カップ
長ねぎ…1/2 本
おろししょうが…大さじ 1
にんにく…1/2 片
クコの実・松の実…各大さじ 1/2
なつめ…2 個
水…700 ㎖
塩…小さじ 1

作り方

1. もち米は洗って水に 1 時間ほど浸す。ねぎは斜め薄切りにする。
2. 鍋にすべての材料を入れて火にかけ、煮立ったら弱火にして 1 時間ほど煮込む。
3. 鶏肉を取り出し、骨を除いて肉をほぐす。肉を戻し、好みで塩、こしょう（分量外）をふる。

ご飯のお供はもちろん
お湯を注いで飲んでも
常備

しょうがの佃煮

しょうが 200g は皮を取り除いて薄切りにする。鍋にしょうが、しょう油大さじ 2、酒・みりん・はちみつ各大さじ 1 を入れ、弱火で煮汁がなくなるまで煮る。
※しょうがを下ゆでしておくと辛みが弱まる。

大蒜

細かくすることで効能がアップ

抗酸化作用がある香り成分アリシンは、細かく刻んだり、すりおろしたりすることで細胞が壊れて、成分がより強くなります。油で炒めると辛みがやわらぎ、甘みが立ってきて、旨みが増加。炒め物全体に香りが移るので、味にアクセントがつきます。

食品成分表
（りん茎　生　可食部 100g あたり）

エネルギー	134kcal
水分	65.1g
たんぱく質	6.0g
脂質	1.3g
炭水化物	26.3g
無機質　カリウム	**530mg**
ビタミン B_1	**0.07mg**
B_6	**1.50mg**
食物繊維	5.7g

匂いのもと、アリシンはビタミン B_1 と結合して吸収がよくなるアリチアミンに変化し疲労回復や滋養強壮効果を発揮します。豚肉との組み合わせは抜群。血圧やコレステロールの上昇を抑える効果も。

常備

しょう油のつけ足し OK

しょう油漬け

にんにくは皮をむき、しょう油に漬け込む。香りが移ったしょう油は調味料として、にんにくは刻んで薬味として使うことができる。分量はお好みで。冷蔵庫で長期間保存も可能。

コツ

時間とともにまろやかに

にんにくの強烈な匂いは、高濃度の溶液に漬けると、匂いの酵素の働きが抑えられ、３カ月ほど経つとまろやかな味に。１年も経つと辛みも匂いも薄れ、まろやかな旨みに変化。冷蔵庫なら数年保存でき、漬け汁自体に風味が移って、とても便利な万能調味料。

山椒

香り豊かな初夏の風味

煮物や田楽のあしらいに使われる、風味豊かな木の芽です。そのまま添えるときは、手のひらにのせ、軽くたたいて香りを立たせてから使います。多めに手に入ったときは、木の芽みそや葉の佃煮にするとよいでしょう。

特有の香りとともにピリッとした辛みが食欲を増進させるといわれます。葉や果皮に含まれる辛み成分のサンショオール、香り成分のゲラニオールやシトロネラールなどには、健胃、駆虫、保温効果があるので、食中毒の予防などにも効果があるようです。

さんしょうの香りで本格的な味に

マーボー豆腐

材料（２人分）

豚ひき肉…200g
絹ごし豆腐…１丁
長ねぎ…10 cm
A　にんにく…１片
A　しょうが…１片
A　豆板醤…小さじ１
B　鶏がらスープの素…小さじ 1/2
B　しょう油…大さじ２
B　水 50 ml
片栗粉…大さじ２
さんしょう（粉末）…小さじ 1/2
サラダ油…大さじ２

作り方

1. 絹ごし豆腐は２cm角に切る。ねぎ、にんにく、しょうがはみじん切りにする。
2. フライパンにサラダ油を熱し、Ａを入れて中火で炒める。ひき肉を加え、ほぐし炒める。Ｂを加えて煮立ったら、同量の水で溶いた片栗粉を回し入れ、とろみをつける。
3. 豆腐、ねぎを加えてひと混ぜし、さんしょうをふる。

紫蘇

飾りではなく栄養野菜として認識を

カロテン、ビタミンB_1、B_2、カルシウムを豊富に含み、優れた緑黄色野菜です。抗菌作用も高いので、刺身に添えたり、お弁当に入れても。赤じそには、アレルギー症状を抑えるポリフェノールの一種が含まれていることがわかっています。

食品成分表
（しそ　葉　生　可食部 100g あたり）

エネルギー	37kcal
水分	86.7g
たんぱく質	3.9g
脂質	0.1g
炭水化物	7.5g
無機質　カルシウム	**230mg**
ビタミン A（β - カロテン当量）	**11000μg**
葉酸	**110μg**
食物繊維	7.3g

豊富なβ - カロテンは免疫力を高め、肉や魚に巻いて油で揚げれば吸収率がアップ。香り成分、ペリルアルデヒドには殺菌作用があり、しそ油はα - リノレン酸を含みます。

しそでくるみながら食べる

中華風 青じそおこわ

材料（作りやすい分量）

- 米・もち米…各 1 合
- 豚ばら肉…200g
- A
  - 酒・しょう油…各 50 ㎖
  - 砂糖…20g
  - しょうが…少々
- 干ししいたけ…3 枚
- にんじん…1/2 本
- れんこん…50g
- たけのこ（ゆでたもの）…1/4 本
- B
  - だし汁…70 ㎖
  - しいたけのもどし汁…30 ㎖
  - しょう油…大さじ 1
  - 酒・みりん…各大さじ 1/2
- コンブ…5㎝
- 青じそ…10 枚

作り方

1. 米ともち米は洗い、もち米は 3 時間ほど浸水させ、水気を切る。
2. 干ししいたけはもどし、もどし汁は分量をとっておく。
3. 豚肉はひと口大に切り、煮立てた A の中に入れ、弱火で 1 時間ほど煮込む。
4. 野菜はいちょう切りにし、B でさっと煮る。
5. 炊飯器に 1 を入れてコンブをのせ、3 の煮汁と 4 の煮汁に水を加えて計 380 ㎖にし、3 の肉と 4 の野菜を入れて普通に炊く。
6. 炊き上がったらよく混ぜる。仕上げに青じそを散らす。

茗荷

夏の食卓の必需野菜

さわやかな香りはα - ピネンという成分で、血液の循環を高めるため、昔から神経痛に効くといわれてきました。薬味としてだけでなく、刺身のつまや酢の物、汁の実と、使い勝手がよいのが強み。夏の食卓の箸休めに常備したい野菜です。

食品成分表
（花穂　生　可食部 100g あたり）

エネルギー	12kcal
水分	95.6g
たんぱく質	0.9g
脂質	0.1g
炭水化物	2.6g
無機質　カリウム	**210mg**
カルシウム	**25mg**
ビタミン B_1	**0.05mg**
食物繊維	2.1g

香り成分のα - ピネンは、眠気を覚ます、発汗を促す、血液の循環をよくする、消化を促進する、など様々な作用があります。辛み成分には抗菌作用があるので、口内炎や風邪の予防にも。

食欲がなくてもツルリ
みょうがは好みでたっぷりと

みょうが たっぷりそうめん

材料（2 人分）

- みょうが…3～4 個
- そうめん…2 束
- 麺つゆ（市販）…適量

作り方

1. みょうがは細い千切りにし、水にさらす。
2. そうめんを熱湯でゆでる。
3. ゆで上がったそうめんを氷水にさらし、みょうがを盛る。麺つゆをつけていただく。

パセリ

使い勝手がよく洋食以外にも

各種ビタミン、ミネラルが多く、食物繊維も豊富です。余ったときは刻んで冷凍しておき、オムレツやスープなどに。ちりめんじゃこやごまと一緒に炒ってふりかけにしたり、油分を加えてペーストにしたりと、様々な食べ方でたっぷり活用しましょう。

食品成分表
（葉　生　可食部 100g あたり）

エネルギー	44kcal
水分	84.7g
たんぱく質	3.7g
脂質	0.7g
炭水化物	8.2g
無機質　鉄	**7.5mg**
ビタミン A（β - カロテン当量）	**7400μg**
C	**120mg**
食物繊維	6.8g

β - カロテンやビタミン C がとても豊富。また、若い女性に不足しがちな亜鉛と鉄分もたっぷりなのでどんどん食べたい食材のひとつ。香りのもとの精油成分、ピネン・アピオールは疲労回復や食欲増進に効果があり、発汗や保湿作用もあり、冷え性にも有効です。

肉をさわやかに引き立てる

鶏団子のパセリスープ

材料（2 人分）
- 鶏ひき肉…150g
- パセリ…2 本
- セロリー…1/2 本
- 片栗粉…少々
- A
  - 水…2 カップ
  - 酒…大さじ 1
  - 鶏がらスープの素…小さじ 2
- 塩・こしょう…各適量

作り方
1. パセリとセロリーはみじん切りにする。
2. ひき肉に片栗粉、塩少々、パセリ少々を残した 1 を加え、よく混ぜ合わせ、団子状にする。
3. 鍋に A を合わせて火にかけ、煮立ったら 2 を入れる。団子が浮き上がったら、塩、こしょうで調味する。仕上げに残りのパセリを散らす。

バジル

芳しい香りにリラックス効果が

深く吸い込むと癒し効果を感じる、芳しいバジルの香り。精油成分には集中力を高めたり、胃腸の働きをよくする効果もあります。葉を漬け込んで香りを移したオリーブ油を、サラダやスープ、煮込みにたらせば、食欲も高まり、楽しい食卓になるでしょう。

食品成分表
（葉　生　可食部 100g あたり）

エネルギー	24kcal
水分	91.5g
たんぱく質	2.0g
脂質	0.6g
炭水化物	4.0g
無機質　カルシウム	**240mg**
鉄	**1.5mg**
ビタミン A（β - カロテン当量）	**6300μg**
食物繊維	4.0g

豊富なβ - カロテンは、ガンや動脈硬化などを引き起こす活性酸素を除去する抗酸化作用があります。香り成分には気持ちをリラックスさせる鎮静作用や食欲増進効果、胃腸の働きの活性化、殺菌・抗菌作用、防虫効果などが。微量のサポニンには咳止め効果も。

常にオリーブ油で表面を覆って保存

常備　ジェノベーゼソース

材料（作りやすい量）
- バジルの葉…40g
- 粉チーズ…30g
- ピーナッツペースト…40g
- にんにく…1 片
- 塩…小さじ 1/3
- オリーブ油…100 ㎖

作り方
1. フードプロセッサーまたはミキサーにすべての材料を入れ、ペースト状になるまで混ぜる。
2. 保存用のびんに入れ、オリーブ油少々（分量外）を上に加え、冷蔵庫で保存する。

香草《コウソウ》類

ヨーロッパでは、ハーブは古来薬草として利用されてきました。シソ科やセリ科の植物が多く、香り成分や精油成分などが胃液の分泌、消化系の働きを促して、食欲増進やお腹の調子を整えたり、胃痛をやわらげたりします。風邪の予防や症状緩和に有効なものもあります。また、強壮剤のような働きをするものや、心を落ち着かせリフレッシュ効果があるハーブも。種類によっては抗菌成分を含み、食中毒の予防効果が期待できます。

保存を工夫して いつでも フレッシュな香りを

食の西洋化が進むとともに、スーパーで扱うハーブの種類もぐっと増えました。魚料理に合うのは、殺菌力の強いタイムやスパイシーなディル。肉の臭み消しには、セージやローズマリーがぴったり。さわやかな香りのミント類は、お茶にしたり、お菓子に添えたり。料理に使う場合はオイルやビネガーに漬けるか、乾燥させるかして、常備しておきましょう。

オレガノ

クリーミー&さわやか風味 じゃがいものチャイブスープ

材料（2人分）

じゃがいも…2個
白身魚…50g
コンソメスープ…300㎖
牛乳…200㎖
生クリーム…大さじ2
バター…大さじ1
塩・こしょう…各適量
チャイブ…少々

作り方

1. じゃがいもは水からゆでる。ゆで上がったら、マッシャーでつぶす。白身魚は食べやすい大きさに切る。
2. つぶしたじゃがいも、スープ、牛乳をミキサーにかける。
3. 鍋に2を入れ、生クリーム、バター、白身魚を加えて加熱し、煮立ったらすぐに火を止める。塩、こしょうで調味する。
4. 器に注ぎ、細かく刻んだチャイブをふりかける。

マリネしたイワシはやわらかくジューシーに イワシのハーブマリネ焼き

材料（2人分）

イワシ…2尾
塩…少々
A しょうがのしぼり汁…小さじ1
A レモン汁・オリーブ油…各大さじ2
A 塩…小さじ1/2
A オレガノ…少々
A タイム…1枝
オリーブ油…大さじ1と1/2

作り方

1. イワシは頭とワタを除いて半分に切り、塩をふる。
2. 合わせたAにイワシを入れ、20〜30分漬ける。
3. フライパンにオリーブ油を熱し、漬けたイワシを両面焼き色がつくまで焼く。仕上げにタイムを添える。

調理法と効能

	相性のよい調理法	効能・作用
コリアンダー	魚のスープ、カレー、羊料理、生春巻き	食欲増進 整腸
スペアミント	ベトナム料理、羊料理、ミントティー	鎮痛 精神安定
オレガノ	トマト料理（ピザ、パスタ）、肉・魚のロースト	殺菌 神経強壮
ローズマリー	肉・魚・根菜のロースト、ハーブオイル	若返り 抗酸化作用
セージ	豚・羊料理、手作りソーセージ、ハンバーグ	殺菌 強壮
ディル	魚料理、酢漬け・マリネ、ポテトサラダ	食欲増進 消化促進
チャイブ	サラダ、オムレツ、スープ、マリネ	殺菌 消化促進
タイム	肉・魚の加熱料理、ハーブティー	殺菌 防腐

リンゴ 林檎

デザートとしてだけでなくサラダや肉料理にも

「一日一個のりんごは医者を遠ざける」といわれるくらい、優れた成分を含むりんご。デザートとして生食することが多いのですが、肉や魚、チーズとの相性もよいので、調理にも積極的に取り入れていきたい食材です。

食品成分表
（生　可食部 100g あたり）

エネルギー	54kcal
水分	84.9g
たんぱく質	0.2g
脂質	0.1g
炭水化物	14.6g
無機質　カリウム	**110mg**
ビタミン B_1	**0.02mg**
C	**4mg**
食物繊維	1.5g

豊富に含まれた水溶性食物繊維のペクチンは腸内調整作用を発揮し、便秘にも下痢にも効果が。便秘の場合は皮ごと丸かじり、下痢の場合はすりおろして。りんごのポリフェノールはカテキンやアントシアニン。水や熱にも強く、抗酸化パワーで活性酸素を除去して血液をサラサラにしてくれます。

ふじ＊
もっとも生産量の多い品種。大きめで甘みが強く、しっかりとした歯ごたえ。

アイスを添えれば最高！

簡単焼きりんご

材料（2人分）

りんご…1個
グラニュー糖…40g
シナモン（粉末）…適量
メープルシロップ
　またははちみつ…大さじ2
バター…大さじ1と1/2

作り方

1. りんごは縦半分に切り、芯を除いて薄切りにする。
2. 耐熱皿にりんごを並べ、グラニュー糖、シナモン、メープルシロップ、薄めに切ったバターをまんべんなくふる。
3. オーブントースターで10～15分焼き、冷ます。途中焦げるようなら、アルミホイルをかぶせる。仕上げにシナモンをふる。

デザート感覚の一皿

冷製りんごのスープ

材料（2人分）

りんご…2個
バター…大さじ1
砂糖…大さじ1と1/2
りんごジュース…100 mℓ
A 塩・こしょう・シナモン（粉末）…各少々
A レモン汁…少々
A 牛乳…100 mℓ
A 生クリーム…50 mℓ

作り方

1. りんごは上1.5㎝を切り落とし、中をくり抜く。切り落としはふたとしてとっておき、くり抜いた中身は芯を取ってすりおろす。
2. 鍋にバターを溶かし、1のすりおろし、砂糖、りんごジュースを入れ、なめらかになるまで煮る。
3. 2にAを加えてさっと煮、冷めたらりんごに入れ、1のふたを添える。

チーズはハード系やブルーチーズがおすすめ

りんごのサラダ

材料（2人分）

青りんご…1/4個
レタス…1/2個
くるみ…5g
塩…少々
クランベリー（乾燥）…5g
赤ワイン…少々
好みのチーズ…適量
好みのドレッシング
　（p66、67参照）…適量

作り方

1. 青りんごは芯を取り、2～3㎜厚さの薄切りにし、塩水にさらす。
2. レタスは食べやすい大きさにちぎる。くるみは粗く砕く。クランベリーはワインをふって軽くもみ、薄切りにする。
3. チーズは粗くおろし、その他の材料をすべて混ぜ合わせ、好みのドレッシングをかける。

ジョナゴールド＊

ゴールデンデリシャスと紅玉を掛け合わせた品種。ほどよい酸味が特徴で調理用にしても甘すぎない。

紅玉＊

酸味が強く煮くずれしにくいのでジャムやアップルパイに最適。アメリカ原産の歴史ある品種。

王林＊

果汁が多く特有の芳香をもつ。食感はなしに近い。ゴールデンデリシャスと印度の交配種。

シナノスイート＊

平成5年に誕生した新しい品種。酸味がとても少なく、上品な甘さが引き立つ。

千秋《せんしゅう》＊

果汁の多さと歯ごたえが特徴。甘みと酸味のバランスがよい。やや小ぶり。

りんごが豚肉をやわらかくする

豚肉とだいこんのりんご煮

材料（2人分）

豚ヒレかたまり肉…150g
だいこん…5㎝
りんご…1/2個
たまねぎ…1/2個
サラダ油…小さじ1
A 固形スープの素…1個
A 水…400㎖

作り方

1. 豚肉はひと口大に切る。だいこんは乱切りに、りんご、たまねぎはくし形に切る。
2. フライパンにサラダ油を熱して豚肉を入れ、色づくまで焼く。
3. 鍋にAを入れて煮立たせ、だいこん、りんご、たまねぎ、2を加え、弱火で2時間ほど煮る。

パーティーにぴったりの前菜

りんごのカナッペ

りんご2個は芯を取り、皮つきのまま縦に薄く切る。クリームチーズ（カマンベールチーズでもよい）を塗り、レーズンを散らす。分量はお好みで。

ジャムが上品なお菓子に変身

りんごジャムの寒天寄せ

材料（作りやすい分量）

りんごジャム…150g
寒天…適量
水…300㎖
砂糖…200g
グラニュー糖…適量

作り方

1. 水300㎖に対する分量の寒天を袋の表示どおりに水でふやかし、弱火にかけて砂糖を加える。
2. 砂糖が溶けたらりんごジャムを入れ、手早く混ぜて火を止める。
3. 型に流し入れ、粗熱がとれたら冷蔵庫で冷やし固める。
4. 切り分けて皿に盛り、グラニュー糖をふる。

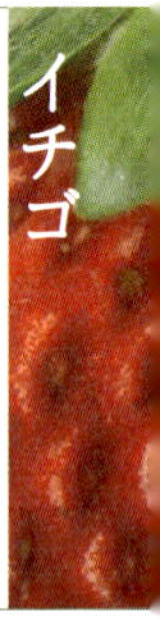

苺

おいしいいちごを見極めよう

おいしいいちごは、つやがあり、つぶつぶがくっきりとしています。全体が真っ赤に色づき、ヘタがしおれていないものを選びましょう。もし甘くなかったら、いったん冷凍し、牛乳とはちみつを加えてミキサーにかければ、おいしいスムージーになります。

とちおとめ*
現在もっとも生産量の多い品種。粒が大きく甘みが強い。

食品成分表
（生　可食部 100g あたり）

エネルギー	34kcal
水分	90.0g
たんぱく質	0.9g
脂質	0.1g
炭水化物	8.5g
無機質　カリウム	**170mg**
ビタミン　葉酸	**90μg**
C	**62mg**
食物繊維	1.4g

美肌効果のビタミンCは水溶性で熱にも弱いので、そのまま食べるいちごはぴったり。ヘタを取らずに水洗いすれば水っぽくなりません。赤い色素アントシアニンは、抗酸化成分で、老化やガンや動脈硬化の予防に効果があるポリフェノールの一種。

常備

夏はかき氷に
練乳と合わせて

いちごシロップ

いちご 500g は洗ってヘタを取り、水気をふき取る。熱湯消毒をしたびんに、氷砂糖（計 500g）といちごを交互に入れる。冷蔵庫に入れて 1 週間ほどおき、氷砂糖が溶けたら飲み頃。水や炭酸水で割って飲む。

常備

ソーダで割って食前酒に

いちご酒

材料（作りやすい分量）

いちご…2 パック
レモン…1 個
氷砂糖…いちごの重量の 4 割
（好みで調節）
ホワイトリカー（35 度）…1.2 ℓ

作り方

1. いちごは洗ってヘタを取り、水気をふく。レモンは皮をむき、4～5 つの輪切りにする。
2. 清潔な広口びんに、いちご、レモン、氷砂糖を交互に入れ、ホワイトリカーを注いで冷暗所で保存する。
3. いちごは漬けるとすぐに白っぽくなるので、1 カ月ほど経ったら取り出す。3 カ月後くらいが飲み頃。

さわやかな風味が食欲をそそる

いちごのリゾット

材料（2 人分）

いちご…10 個	白ワイン…150 mℓ
米…1 合	コンソメスープ…600 ～ 700 mℓ
たまねぎ…1/4 個	生クリーム…大さじ 1
エビ（殻つき）…6 尾	塩・こしょう…各少々
オリーブ油…大さじ 2	粉チーズ…適量
バター…20g	パセリ…適量

作り方

1. いちご 6 個、たまねぎは細かいみじん切りにする。残りのいちご 4 個は飾り用にざく切りにする。
2. たまねぎはオリーブ油で透き通るまで炒める。バター 10g、エビを加えてさっと炒め、白ワイン 50 mℓを注ぐ。ひと煮立ちしたらエビを取り出し、殻をむいておく。
3. 2 に米を洗わずに入れ、米の周りが透明になるまで炒める。温かいスープ 1 カップと残りの白ワインを加え、軽く沸騰する火加減で、ときどき混ぜながら煮る。水分が減ったらスープを足し、米が浸る量を保つ。
4. 米の芯が少し残るくらいのかたさになったら、1 のみじん切りにしたいちごを入れて混ぜ、1 分ほど煮て火を止める。エビを戻し、生クリームを加えて混ぜ、塩、こしょうで調味する。仕上げに、バター 10g、粉チーズを加え混ぜ、1 の飾り用いちご、刻んだパセリを散らす。

あまおう＊

とよのかに代わる品種として福岡で作られた。名称は「赤い」「丸い」「大きい」「うまい」の頭文字から。

アイベリー＊

通常のいちごの2倍ほどにもなる大きさで、甘く香りが強い。「いちごの王様」と呼ばれる。

初恋の香り＊

熟しても赤くならない希少な品種。意外にも糖度は高い。贈答用として人気が高い。

さちのか＊

とよのかとアイベリーを交配させた品種。糖度が高く食感もよい。ビタミンCを特に多く含む。

さがほのか＊

佐賀県の特産品。整った円錐形が特徴。近年、生産量は右肩上がり。

家庭で手作り安心のジャム

本来ジャムは、たくさん採れた収穫物を長期保存するために、防腐効果のある砂糖を加えて煮詰めて作りました。その効果を出すためには、全体量の半分（5割）以上の砂糖が必要となります。

家庭では、好みで砂糖の量を控えめにし、保存料などの添加物を一切加えないでジャムを作ることが多いでしょう。市販のものほど日持ちはしませんが、素材の風味がたっぷりの安心のジャムは、すぐに食べきってしまうはず。

ジャムに向いている果物は、いちご、りんご、あんず、ブルーベリー、いちじくなど。煮詰めてしまうので、形が悪いものや、旬が終わりかけのものでも大丈夫。砂糖は上白糖かグラニュー糖を。三温糖はジャムに色がつきますが、気にならなければ使っても問題はありません。素材に酸味がなければ、仕上げにレモン汁を加え、好みで風味づけの洋酒（ブランデーなど）をたらします。

ジャム作りは意外と簡単。レンジでも手軽に作れます。

1 いちごは洗ってヘタを取り、フォークで粗くつぶす。

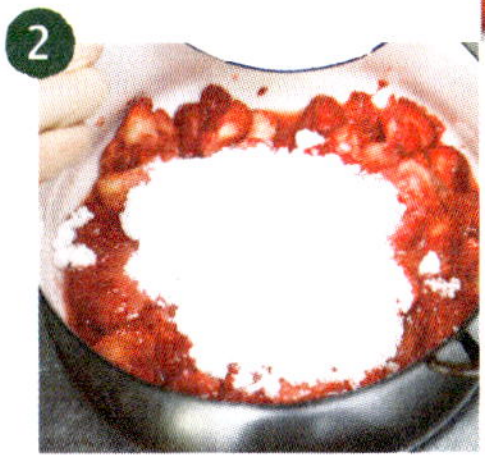

2 鍋にいちごといちごの４割程度の砂糖をまぶし入れる（好みで量は調節）。

3 しばらくおくと、水分が出てくる。

4 鍋を火にかけ、煮立ったら弱火にし、アクをていねいに取りながら約20分煮る。

5 冷水に入れたコップにジャムを落とし、煮詰め具合を確認。水面で散ると煮詰め不足。コップの底まで沈めば煮詰め具合はOK。最後にレモン汁大さじ1、ブランデー少々（あれば）を加え、火を止める。

葡萄

ブドウ

エネルギーになりやすいブドウ糖がたっぷり

ぶどうの主成分は、果糖やブドウ糖などの糖分。吸収が早くエネルギーが生成されやすいので、疲れが取れ、集中力もアップします。また、紫色の皮には抗酸化作用の高いアントシアニンがたっぷり含まれているので、皮ごと食べれば効果的。

巨峰＊
大粒で上品な香り。「ぶどうの王様」とも呼ばれる。

食品成分表
（生　可食部 100g あたり）

エネルギー		59kcal
水分		83.5g
たんぱく質		0.4g
脂質		0.1g
炭水化物		15.7g
無機質	**カリウム**	**130mg**
	鉄	**0.1mg**
ビタミン B_1		**0.04mg**
食物繊維		0.5g

乾燥させるとミネラル分がぐっと凝縮、干しぶどうの鉄分は貧血防止に効果的です。色素成分のアントシアニン、フラボノイド、渋み成分のレスベラトロールなど、動脈硬化予防などに有効なポリフェノールもいろいろ含んでいます。

甘酸っぱいぶどうが手羽先をあっさりに

ぶどうと手羽先のワイン煮

材料（1人分）

ぶどう…10粒
手羽先…4本
マッシュルーム…4個
バター…大さじ 3/4
白ワイン・
　コンソメスープ
　…各 70 mℓ
小麦粉…大さじ 1
塩…小さじ 1/4
粗びきこしょう…少々
パセリ…少々

作り方

1. ぶどうは皮をむき、タネを取る。手羽先は塩、こしょう（分量外）をふる。マッシュルームは薄切りにする。
2. 鍋にバター大さじ 1/2 を熱して手羽先の両面を焼き、白ワインを加えてふたをし、弱火で 5 分ほど蒸し煮にする。手羽先を返し、スープとマッシュルーム、ぶどうを加えて 30 分ほど煮る。
3. 具を取り出して皿に盛り、残った煮汁にバター大さじ 1/4、小麦粉を加え、とろみがついたら塩、こしょうで調味する。
4. 仕上げに刻んだパセリを散らす。

※　ぶどうは皮つきのままでよい。

ぜひアイスにかけて

ラムレーズン

レーズンは熱湯につけてふやかし、表面の油も取る。水気をふき、浸るぐらいのラム酒に漬ける。分量はお好みで。

ラム香る大人の味

レーズンバター

無塩バター 100g を室温にもどし、ラムレーズン（左記参照）適量を混ぜ込む。ラップでくるんで形を整え、冷蔵庫で冷やし固める。おつまみとしてだけでなく、お菓子作りにも。

おもてなしにぴったりの

ぶどうのシーフードサラダ

ぶどう 15 粒は半分に切って皮をむき、タネを取る。きゅうり 1/2 本は乱切りにする。エビ 6 尾はゆでて殻をむき、背中から半分に切る。ホタテ 2 個は薄切りにする。切った材料を合わせて器に盛り、たまねぎのみじん切り大さじ 1 と好みのドレッシング（p66、67 参照）大さじ 3 をかける。

柑橘

カンキツ

食品成分表
（温州みかん じょうのう 普通　生
可食部 100g あたり）

エネルギー	46kcal
水分	86.9g
たんぱく質	0.7g
脂質	0.1g
炭水化物	12.0g
無機質　カリウム	**150mg**
ビタミンA（β-カロテン当量）	**1000μg**
C	**32mg**
食物繊維	1.0g

豊富なビタミンCは新陳代謝を活発にして、美肌効果や免疫力を高め、風邪の予防にも。筋にも中性脂肪を分解する成分が。みかんには特にβ-クリプトキサンチンが豊富で、発ガン性物質から細胞を保護する働きがあります。

薄皮部分に効能あり

様々な品種がありますが、どれも有効成分がたっぷり。注目は、白い薄皮部分に含まれるビタミンP。血管を強化し、動脈硬化を予防します。免疫力を高めるビタミンCや、疲労回復効果のあるクエン酸も多く含んでいます。

温州みかん＊
冬の風物詩的な柑橘類。中国の温州とは関係はなく、日本生まれの品種。

手作りポン酢

常備

ゆずの量は好みで加減を

材料（作りやすい分量）

ゆずのしぼり汁…大さじ4
しょう油…大さじ6
酢…大さじ2
酒・みりん…各大さじ1
コンブ…7㎝

作り方

材料すべてをびんに入れる。2週間ほどおくと一層おいしくなる。

みかん飯

一度食べると
甘酸っぱさがクセになる

米2合は研ぎ、みかんジュースと水をそれぞれ200㎖、塩小さじ1/2を加え、炊飯器で普通に炊く。

伝統

山口県の郷土料理

萩のだいだい菓子

材料（作りやすい分量）

夏みかんの皮…5個分
砂糖…ゆでた夏みかんの重量の8割
グラニュー糖…適量

作り方

1. 夏みかんは皮の表面をピーラーで薄くむき、表面の油分を取って、1㎝幅に切る。
2. たっぷりの湯に、切った皮を入れ、落としぶたをして強火でゆでる。煮立ったらさし水を2〜3回繰り返し、手で切れるぐらいまでゆでて水にとって冷ます。
3. 粗熱がとれたら水を替え、ひと晩さらす。
4. 3の水を切り、砂糖を3回に分けて入れて、弱火で煮詰める。皮が透き通ったらざるに上げ、冷めたらグラニュー糖をまぶして乾かす。

レモン

ビタミンCを豊富に含むので、風邪予防や美肌作りに。クエン酸の疲労回復効果にも注目。

夏みかん

春先のものは酸味が強く、ジャムやお菓子などの加工品に向く。「夏橙（なつだいだい）」が正式名称。

デコポン*

品種名は「不知火」。糖度が高く酸味とのバランスもよい人気種。

ゆず

果汁や刻んだ皮を料理の風味づけに利用する。初夏には青ゆずも出回る。

コツ 皮の使い方

みかんの皮は、洗ってから天日干しでしっかり乾かす。これをネットに入れて風呂に入れ、みかん湯に。体が温まり、疲れが取れる。みかんティーは、乾かした皮を煎じ、湯を注いで飲む。のどの痛みをやわらげる効果も。

お湯に溶かして飲む

ゆず茶

ゆず5個は洗って水気をふき取り、薄切りにする。熱湯消毒をしたびんに、はちみつ（計300g）とゆずを交互に入れる。2週間ほどおいたら飲み頃に。冷蔵庫で保存を。

皮を使うレモンはノーワックスのものを選んで

レモンケーキ

材料（8×21×6㎝のパウンド型1個分）

レモン…2個
無塩バター…150g
砂糖…120g
卵…3個
A 薄力粉…170g
A ベーキングパウダー…小さじ2
粉砂糖…大さじ3
水…小さじ2

作り方

1. レモンはよく洗い皮はすりおろし、汁はしぼる。
2. 室温にもどしたバターをよく練り、砂糖を加えて白っぽいクリーム状にする。溶きほぐした卵を少しずつ加えて混ぜ合わせ、合わせてふるったAを入れる。
3. 2にレモンの皮と、2/3の量のレモン汁を入れて手早く混ぜる。
4. クッキングシートを敷いた型に3を流し入れ、190℃のオーブンで10分焼いて一度取り出し、表面に縦に1本切り目を入れ、170℃に下げたオーブンで約20分焼く。
5. 竹串を刺して生の生地がつかなければオーブンから出す。冷めたら、残りのレモン汁を塗る。粉砂糖と水をよく練って表面に塗り、固まるまで少しおく。

サクランボ・モモ

桜桃

快眠促進効果に注目が

「赤いルビー」と呼ばれる高級果物。量は多くありませんが、各種ビタミン、ミネラル、果糖が含まれています。また微量ながら、睡眠を調節するホルモンのメラトニンを含み、その快眠促進効果が注目されています。

食品成分表
（国産　生　可食部 100g あたり）

エネルギー	60kcal
水分	83.1g
たんぱく質	1.0g
脂質	0.2g
炭水化物	15.2g
無機質　カリウム	**210mg**
ビタミン A（β - カロテン当量）	**98μg**
葉酸	**38μg**
食物繊維	1.2g

抗酸化作用をもつ D - グルカレイトというファイトケミカルが含まれます。強力な解毒作用で発ガン物質を取り除き、自然治癒力を高める効果があります。

おしゃれな一皿は休日のブランチにどうぞ

さくらんぼのフレンチトースト

材料（2 人分）

（フレンチトースト）
- フランスパン（2㎝厚さ）…４枚
- A 卵…１個
- A 牛乳…100 ㎖
- A 砂糖…大さじ２
- バター…適量

（チェリーソース）
- さくらんぼ（缶詰）…40g
- 缶汁 + 水…80 ㎖
- 砂糖…20g
- コーンスターチ…適量

作り方

1. さくらんぼにタネがあれば除く。A を合わせ、フランスパンを２～３分浸す。
2. フライパンにバターを熱し、フランスパンを両面キツネ色になるまで焼く。
3. 鍋に缶汁と水、砂糖を合わせて火にかけ、砂糖が溶けたらさくらんぼを入れて約 10 分煮る。同量の水で溶いたコーンスターチでとろみをつけ、2 にかける。

桃

食品成分表（生　可食部 100g あたり）

エネルギー	40kcal
水分	88.7g
たんぱく質	0.6g
脂質	0.1g
炭水化物	10.2g
無機質　カリウム	**180mg**
ナイアシン	**0.6mg**
ビタミン E（α - トコフェロール）	**0.7mg**
食物繊維	1.3g

水溶性食物繊維のペクチンが豊富なので便秘や下痢を抑え、腸内細菌のバランスを整えます。それによって、美容効果や、コレステロールの上昇の抑制、動脈硬化、高血圧予防の効果も。

食べ頃は一瞬 香りと手ざわりでチェック

したたる果汁と、とろける甘みが特徴のもも。甘い香りが漂い、やわらかければ食べ頃です。未熟でかたいものは、風通しのよいところで追熟させましょう。冷やしすぎると味が落ちるので、食べる直前に冷蔵庫へ。

カレーや煮込み料理に

常備

ももチャツネ

材料（作りやすい分量）

- もも…１個
- にんにく…３片
- 赤とうがらし…４本
- サラダ油…小さじ１
- クローブ・シナモン（粉末）…各小さじ１
- ナツメグ（粉末）…小さじ 1/2
- 塩…適量

作り方

1. ももは皮をむいてタネを取り、適当な大きさに切る。にんにくはみじん切りに、赤とうがらしはタネを取って折る。
2. フライパンにサラダ油、にんにく、赤とうがらしを入れ、香りが立つまで炒める。
3. ももとスパイス類を加え、ももをつぶすように炒め、塩で調味する。

メロン

カリウムが多く むくみや夏バテに

ジューシーな甘い果肉が魅力の果物ですが、カリウムが多いので、余分な塩分を排出し、高血圧の予防効果があります。特に赤肉メロンはカロテンを多く含むので、皮膚を健やかに保ち、免疫力アップが望めます。

熟したメロンで作りたい

メロンのシャーベット

メロンの果肉小玉1個分（500g）に、生クリーム大さじ2と砂糖大さじ1（メロンの甘さによって調整）を混ぜ、ミキサーにかける。なめらかになったら、容器に入れて冷凍庫で凍らせる。5〜6時間後、いったん固まったら、もう一度ミキサーにかけ、再び冷凍する。

食品成分表（露地メロン　生　可食部 100g あたり）

エネルギー	42kcal
水分	87.9g
たんぱく質	1.0g
脂質	0.1g
炭水化物	10.4g
無機質　カリウム	**350mg**
ビタミン B_1	**0.05mg**
C	**25mg**
食物繊維	0.5g

メロンに豊富な糖分は果糖、ショ糖、ブドウ糖など。これらは体内ですばやくエネルギーに変わるので、疲労回復に最適。近年メロンの改良種に含まれる成分オキシカインが、活性酸素を抑える抗酸化物質として注目されています。

西瓜

有効成分がある 皮を食べよう

暑い時期にのどを潤してくれるすいか。甘いのは、果肉の真ん中とつるのそば、そしてタネの周りといわれています。皮には動脈硬化を予防するシトルリンが含まれているので、表皮を薄くむいてから漬け物にして、有効成分をおいしくいただきましょう。

味つけは塩コンブのみ

塩コンブ和え

すいかの皮の白い部分 100g を細切りにする。みょうが1本を薄切りにして水にさらし、すいかの皮と塩コンブ 10g と和える。

常備

食品成分表

（生　可食部 100g あたり）

エネルギー	37kcal
水分	89.6g
たんぱく質	0.6g
脂質	0.1g
炭水化物	9.5g
無機質　カリウム	**120mg**
ビタミン A（β - カロテン当量）	**830μg**
食物繊維	0.3g

すいかはほとんどが水分です。赤肉種は意外と β - カロテンが多いのが特徴。利尿作用などがあるシトルリンという成分を含み、カリウムにも利尿作用があるので相乗効果があり、むくみにも効果的です。赤い色素はリコペン。

常備

皮に甘酢がよくしみた

すいか皮の酢漬け

すいかの皮 50g は白い部分を薄切りに、キャベツ 50g はひと口大に、にんじん 20g は短冊切りにする。しょうが 1/2 片は千切り、赤とうがらし 1 本は輪切りにする。鍋に酢・水各 60 ㎖、酒大さじ 1、砂糖大さじ 1、塩小さじ 1 を合わせて煮立て、すいかと野菜を入れて漬け、冷ましておく。

梅

ウメ

食品成分表
（生　可食部 100g あたり）

エネルギー	28kcal
水分	90.4g
たんぱく質	0.7g
脂質	0.5g
炭水化物	7.9g
無機質　カリウム	**240mg**
ビタミン A（β - カロテン当量）	**240μg**
食物繊維	2.5g

酸っぱさのもとのクエン酸は脂質や炭水化物の代謝を高め、疲労回復効果が。鉄の吸収も促します。梅干しのお湯割りはクエン酸が二日酔いを防止。有機酸には唾液分泌を高める効果があり、唾液に含まれるパロチンが老化防止にも。

調味料代わりにもなる重宝な梅干し

主成分のクエン酸には多くの効能があります。調理に梅干しを使うことで、料理の保存性がアップしたり、魚の臭みを消したり、煮くずれを防いだり。調味料代わりに少量取り入れるだけで、減塩の料理もおいしく食べられます。

バターのコクと梅干しの酸味が絶妙に合う

じゃが梅バター

材料（2人分）

じゃがいも…1〜2個
梅干し…2個
しょう油…大さじ1
バター…10g
サラダ菜…2〜3枚

作り方

1. じゃがいもは皮ごと洗い、ぬれたままラップをし、やわらかくなるまでレンジで6〜7分加熱する。
2. 梅干しはタネを取ってペースト状になるまで刻み、しょう油と混ぜ合わせる。
3. じゃがいもは熱いうちに食べやすい厚さに切り、バターで焼き色がつくまで焼く。
4. 2と3を混ぜて器に盛り、サラダ菜を添える。

二日酔いの朝に効く

梅干し茶

梅干し1個、おろししょうが適量、しょう油大さじ1を用意する。これに熱い番茶を注ぎ、かき混ぜて飲む。胃腸の不快感、疲労感などがあるときにおすすめ。

暑い季節に食べたい混ぜご飯

梅干しご飯

材料（作りやすい分量）

梅干し…4個
米…2合
A 水…2カップ
A 酒…大さじ1
きゅうり…1本
塩…少々
青じそ…10枚
ごま（白）…少々

作り方

1. 米は洗ってざるに上げ、30分おく。梅干しはタネを取る。炊飯器に米、梅干しとAを入れて普通に炊く。
2. きゅうりは小口切りにして塩をふり、しばらくおいたら水分を切る。青じそは千切りにする。
3. 炊き上がったら梅干しをほぐして混ぜ込む。粗熱がとれたら2を加え混ぜ、仕上げにごまをふる。

焦がし梅干しが香ばしい

梅干し焼き汁

長ねぎ1/4本は3㎝長さに切り、梅干し2個とともに焦げ目がつくまで直火で焼いて、器に入れる。だし汁400㎖、酒大さじ1と1/2、みりん大さじ1/2、しょう油・塩各小さじ1/2を合わせて温め、器に注ぐ。

お酒のつまみに、ご飯のおかずに

豆腐ステーキの梅肉納豆がけ

材料（2人分）

木綿豆腐…1丁
梅干し…1個
長ねぎ…6㎝
納豆…1パック
片栗粉…適量
サラダ油…大さじ1
A 酒…大さじ1
A しょう油…大さじ1/2

作り方

1. 豆腐はレンジで加熱して水気を切り、4等分にする。ねぎは小口切りにする。
2. 梅干しはタネを取って細かく刻んで小鍋に入れ、Aを加えてひと煮立ちさせ、冷めたら納豆と和える。
3. フライパンにサラダ油を熱し、1の豆腐に片栗粉をまぶして入れ、全体に焼き色がつくまで焼く。
4. 器に3を盛り、2をかけてねぎをのせる。

梅酒の梅を上手に使って

豚肉の梅酒バターソテー

材料（2人分）

豚ロースしょうが焼き用肉…200g
塩・こしょう…各少々
梅酒の梅…2個
サラダ油…小さじ2
A 梅酒…大さじ2
A 薄口しょう油…小さじ2
バター…10g
だいこんのつま…1パック
青じそ…2枚

作り方

1. 梅酒の梅はタネを取り、粗みじん切りにする。豚肉に塩、こしょうで下味をつけておく。
2. フライパンにサラダ油を熱して豚肉を炒め、色が変わったら梅酒の梅を加えて炒め合わせる。
3. Aを加えて汁気がなくなるまで炒め、バターを入れてからめる。器に盛り、だいこんのつまを添え、青じその千切りを散らす。

手早くできて心強い

梅干しの簡単スープ

長ねぎ3㎝は粗みじん切りにし、梅干し2個、とろろコンブ適量、しょう油少々とともに器に入れる。上から熱湯適量を注ぐ。

贅沢に梅を入れた大人のデザート

梅酒ゼリー

材料（2人分）

梅酒の梅…2個
粉寒天…2g
水…120㎖
はちみつ…大さじ2
梅酒…120㎖
レモン汁…小さじ1

作り方

1. 梅酒の梅はタネを取り、粗みじん切りにする。
2. 鍋に粉寒天、水を入れて混ぜ、中火にかけて1分ほど煮立てる。はちみつを加えて混ぜ溶かし、梅酒、レモン汁を加えて混ぜ合わせる。
3. 2に1を加え、鍋底を冷水で冷やしながら粗熱をとる。容器に流し入れ、冷蔵庫で冷やし固める。

簡単少量の梅干し作り

大きな容器や重石など使わず、1kgの少量で、梅干し作りに挑戦してみるレシピです。
容器は、梅の3倍ほどの容量が必要。市販の梅酒用のびんが便利です。
用意する梅は「黄熟した梅」を使うこと。重石をしないで漬けるので、梅酢の上がりは遅くなりますが、黄熟したものを使うことと、1日に何度か揺すってやることで、梅酢を上げてゆきます。

準備するもの

黄熟した梅…1kg
粗塩（梅の18%）…180g
焼酎（35度）…1/4カップ
広口のびん（梅酒の容器）
　または大きめの保存袋

1
びんは熱湯消毒し、乾かしておく（新品の保存袋は消毒不要）。梅は水洗いし、なり口についているヘタを竹串などで取って、水気を清潔な布巾でふき取る。

2
びんも袋も作業は同様に。梅と焼酎をびんに入れて、揺すって梅全体を湿らせる。

3
塩をすべて容器に入れ、容器を振って全体に塩をからめる。

4
梅酢が上がってくるまで、1日に4～5回はびんを揺すってやる。梅酢が上がってきたら、びんを傾けて梅酢を全体にからめてやる。

5
梅雨が明けた頃に、土用干しをする。殺菌効果と同時に余分な水分をとばし、保存性が高まる。4日くらい晴天が続きそうな日を選び、ざるに並べて干す。

- 1日目は、夕方取り込んだ梅を容器に戻して、ひと晩梅酢に漬けておく。
- 2日目以降は、夜露に当てたまま干し、4日目に取り込む。
- つまんで干し加減を見る。果肉が皮から簡単に離れる感覚があれば干し上がり。干しすぎるとカラカラになってしまうので、要注意。
- 梅干しは、適当なサイズのガラス密閉容器に保存する。

引用：「梅名人・藤巻あつこの梅仕事　おいしい『梅干し作り』と『梅のレシピ』」（小社）

柿

生でも干しても絶大な美容効果が

カロテンやビタミンCが豊富なかき。渋み成分のタンニンは血圧降下作用がありますが、鉄分の吸収を妨げます。干し柿になるとカロテンと食物繊維がぐんと増え、美容効果が高まります。

くるみがいいアクセント

干し柿サラダ

干し柿 100g は 1 ㎝厚さに切り、レタス 4 ～ 5 枚は食べやすい大きさに手でちぎる。くるみ 10g は粗めに砕く。すべての材料を混ぜ合わせ、好みのドレッシング（p66、67 参照）をかけていただく。

食品成分表（渋ぬきがき　生　可食部 100g あたり）

エネルギー	63kcal
水分	82.2g
たんぱく質	0.5g
脂質	0.1g
炭水化物	16.9g
無機質　カリウム	**200mg**
ビタミン A（β - カロテン当量）	**300μg**
C	**55mg**
食物繊維	2.8g

β - カロテンやその他のビタミンが豊富。活性酸素を除去するタンニンや黄色い色素成分クリプトキサンチン、赤い色素リコペンなどの抗酸化物質が豊富で血圧の上昇を抑え、ガン抑制効果もあります。飲酒前に食べると二日酔いの防止効果もあります。

梨

みずみずしさと歯ざわりを味わう

みずみずしく、さわやかな甘みが特徴のなし。しゃりしゃりとした独特の食感は、リグニンという食物繊維によるもので、高い整腸作用があります。果糖やクエン酸も含み、疲労回復効果も期待できます。

なしの酢の物

なしの食感と甘さがいい

なし 1 個は六つ切りにして皮をむき、芯を取って酢水につけ、いちょう切りにする。きゅうり 1/2 本は板ずりをして輪切りにし、水分をしぼる。炒りごま（白）大さじ 1 と 1/2、だし汁・酢各大さじ 1、砂糖大さじ 1/2、塩小さじ 1/4 を合わせ、なしときゅうりを和える。

食品成分表（日本なし　生　可食部 100g あたり）

エネルギー	43kcal
水分	88.0g
たんぱく質	0.3g
脂質	0.1g
炭水化物	11.3g
無機質　カリウム	**140mg**
ビタミン B_1	**0.02mg**
C	**3mg**
食物繊維	0.9g

水分が多く、利尿作用があり、体のほてりを冷ます効果も。高熱の脱水症状を緩和する働きがあるので発熱や熱射病の改善にも有効。なしのサポニンは咳やのどの炎症をしずめ、アスパラギン酸には疲労回復作用があります。たんぱく質分解酵素も含まれ、肉や魚の消化を助けます。

魚

Fish

鯵《アジ》

味のよい魚なのでアジと呼ばれる

アジは干物だけでなく、塩焼き、刺身、フライなど、いろいろな調理法で楽しめる魚です。通年おいしいですが、脂がのってくるのは、春から夏です。

浅瀬にいるキアジは、小ぶりですが脂ものっているので刺身向き。外海を回遊するクロアジは、脂は少ないですが身がしまっていて味わいがあり、フライやソテーに向いています。

食品成分表
（マアジ　生　可食部 100g あたり）

エネルギー	121kcal
水分	74.4g
たんぱく質	20.7g
脂質	3.5g
炭水化物	0.1g
無機質　カルシウム	**27mg**
ビタミン B_2	**0.20mg**
B_6	**0.40mg**

良質のたんぱく質が豊富で、ミネラルやビタミンB群も豊富。背の青い魚特有のＥＰＡ、ＤＨＡなどの不飽和脂肪酸を多く含みます。特に豊富なＥＰＡは、血液をサラサラにし、善玉コレステロールを増加。さらにタウリンも豊富なので、生活習慣病予防にはダブル効果を発揮します。

黄鯵（真鯵）
側線に尖ったうろこ、稜鱗（ぜいご）がある。脂が多く、味、香りよし。

卵にしそを混ぜ込んで

アジのしそピカタ

材料（2人分）

- アジ（三枚おろし）…２尾分
- 塩・こしょう…各少々
- 小麦粉…大さじ１
- A 溶き卵…１個分
- A 粉チーズ…大さじ１
- A 青じそのみじん切り…２枚分
- サラダ油…大さじ１
- B ベビーリーフ…１袋
- B オリーブ油…少々
- B 塩…少々
- 青じそ…２枚

作り方

1. アジに塩、こしょうをふって小麦粉をまぶす。
2. フライパンにサラダ油を入れて中火にかけ、合わせたAにアジをくぐらせてから入れる。両面をキツネ色になるまで焼く。
3. ２を皿に盛り、合わせてもみ込んだBを添え、刻んだ青じそをかける。

伝統

千葉県の郷土料理 なめろう

青じそ、長ねぎ、みょうが、しょうがなどの薬味と、おろしたアジを包丁でたたいて合わせ、みそを加えたもの。漁師町の家庭料理として親しまれ、酒のお供にぴったり。なめろうを焼くと「さんが焼き」になる。

コツ

基本のムニエル

塩、こしょうで下味をつけたアジに小麦粉を薄くまぶし、バターで両面色よく焼く。白ワインをふり入れてふたをしたら蒸し焼きに。両面を香ばしく焼いてから蒸し焼きにすることで、カリッとジューシーに仕上がる。

常備

手作り干物

開いたアジを５～10％の塩水に15～30分つける。晴天なら半日（夏場は気温が高すぎて不向き）。風が当たるほど早く乾く。扇風機を当てると、３時間ほどと早くできあがる。

黒鯵（真鯵）
全体が黒っぽく、季節回遊をする大型のマアジ。大味で脂が少なめ。

豆鯵（真鯵）
骨ごと食べることができるマアジの幼魚。「小アジ」とも呼ばれる。

関あじ（真鯵）
大分県佐賀関で水揚げされるマアジ。一本釣りで釣られる美味な高級魚。

室《むろ》鯵《あじ》
北海道南部、本州南部などに分布。産卵のために接岸する5～6月が旬。

ゆず果汁の酸味がさわやか

アジとセロリーのゆずマリネ

材料（2人分）

アジ（刺身用・三枚おろし）…2尾分
セロリー…1本
A
ゆずの果汁…140㎖
酢…50㎖
オリーブ油…大さじ3
砂糖…小さじ2
塩…小さじ1/3
こしょう…少々
ゆずの皮…少々
セロリーの葉…適量

作り方

1. アジはそぎ切りにし、セロリーは斜め薄切りにする。ゆずの皮は細かく刻む。
2. 容器にAを混ぜ合わせ、1のアジとセロリーを漬ける。冷蔵庫で15分ほどおいて味をなじませる。
3. 器に盛り、1のゆずの皮を散らし、セロリーの葉を添える。

コツ 塩焼き

盛りつけ面の裏側からワタを取ると仕上がりがきれいに。下処理後よく洗って臭みを取り、水分をふく。多めに塩をふって10分おき、水気をふいてから薄く塩をふり、尾とひれに飾り塩をしてグリルでこんがり焼く。

ソースを軽くあぶるのがコツ

マスタードグリル焼き

グリルを熱し、アジ（三枚おろし）2尾分を皮目を下にして焼き、8割がた火が通ったら返す。粒マスタード大さじ1/2、マヨネーズ大さじ2、しょう油小さじ1、おろしにんにく小さじ1/4を合わせてソースを作る。皮目にソースを塗り、弱火で2～3分あぶる。仕上げに刻んだパセリ適量を散らし、クレソンを添える。

常備

野菜はごぼうやたまねぎでもOK

アジと野菜の南蛮漬け

材料（2人分）

アジ（三枚おろし）…2尾分
塩・小麦粉…各適量
かぼちゃ…1/8個
れんこん…5㎝
A
しょうがの千切り…1/2片分
赤とうがらしの小口切り…1本分
酢…大さじ4強
しょう油・みりん…各大さじ4
だし汁…100㎖
揚げ油…適量

作り方

1. アジは塩をふり、小麦粉を薄くまぶす。かぼちゃはタネとワタを取り、5㎜の薄切りに、れんこんは薄いいちょう切りにする。
2. 170℃の揚げ油で、かぼちゃとれんこんを2～3分揚げ、熱いうちに合わせたAに漬ける。
3. アジを2～3分揚げ、熱いうちに2の漬け汁に入れ、味がなじむまで5分ほど漬ける。

カワザカナ
川魚

手軽に味わえる川魚の風味

日本の河川には、アユ、マス、ヤマメなど多くの淡水魚がいますが、今はその多くが養殖で生産されています。

川底の藻を食べるアユは、独特の香りが珍重され、「香魚《こうぎょ》」とも呼ばれます。養殖ものは天然ものに比べて香りは劣りますが、養殖技術の進歩により、安価なうえ脂もあり、食べやすい川魚になっています。

食品成分表（アユ　養殖・生　可食部 100g あたり）

エネルギー	152kcal
水分	72.0g
たんぱく質	17.8g
脂質	7.9g
炭水化物	0.6g
無機質　カルシウム	**250mg**
ビタミンA（レチノール当量）	**55μg**
D	**8.0μg**

良質なたんぱく質を含み、養殖でも筋肉がやわらかくなりません。適度な脂質も含み、ＥＰＡやＤＨＡなどの不飽和脂肪酸も豊富です。カルシウムが多く、その吸収を促進するビタミンＤもたっぷり。各種のビタミンをいろいろ含んでいます。

鮎（天然）
旬は初夏から夏で、秋の子持ちアユも美味。身とともに内臓の栄養価も高い。

鮎（養殖）

焼いてから炊いたアユが香ばしい

アユの炊き込みご飯

材料
（作りやすい分量）

アユ…４尾
塩…大さじ１
米…３合
しょうが…１片
青じそ…10 枚
みょうが…２個
だし汁…適量
A　酒…大さじ３
A　薄口しょう油…大さじ２
A　みりん…大さじ１
A　塩…小さじ 1/3

作り方

1. アユは全体に塩をふり、両面に焼き色がつくまでグリルで焼く。
2. 米は洗ってざるに上げ、30 分おく。しょうが、青じそ、みょうが１個は千切りに、残りのみょうがはみじん切りにする。
3. 炊飯器に米、A、しょうがを入れ、目盛りまでだし汁を加える。焼いたアユをのせ、普通に炊く。
4. アユを取り出し、そのうちの２尾は頭、骨を除いてほぐし、みじん切りしたみょうがを加えて混ぜ合わせる。
5. ご飯の上に残りのアユ２尾をのせ、仕上げに千切りにした青じそとみょうがを散らす。

アユの塩焼き

コツはぬめりを取ること。包丁で尾から頭に向けてこすってぬめりを取り、流水でよく洗う。きれいに仕上げるためには、飾り塩が大切。ひれと尾をはさむようにして指先で塩をつけ、グリルで焼く。あれば、たで酢を添えて。

木の芽のみそが本格的な料亭の味に

アユの田楽

材料（２人分）

アユ…２尾
木の芽…10 枚
A　みそ…大さじ１
A　砂糖…大さじ 1/2
A　酢…大さじ 1/2
きゅうり…1/2 本
塩…適量
B　砂糖…ひとつまみ
B　酢・水…各大さじ 1/2

作り方

1. アユはぬめりを取り、包丁でさっとウロコを取って洗い、水気をふく。
2. 木の芽８枚の葉を細かくたたき、A の材料と合わせる。
3. きゅうりは小口切りにして塩でもみ、水気を切って B と合わせる。
4. アユにふり塩をし、尾とひれに化粧塩をつけ、グリルで両面を焼く。
5. 焼けたら表面に２を薄く塗り、グリルで１分ほど焼く。器に盛り、残りの木の芽を飾って３のきゅうりを添える。

コイの洗い

水がきれいな場所の名産、コイ料理。コイの洗いは、45℃ぐらいの温水に薄切りにした刺身を入れて身をしめ、氷水で冷やします。からし酢みそをつけていただき、臭みがないプリプリの食感を楽しみます。

鯉

日本の国魚で、旬は11～3月。ミネラルが豊富な身は独特のクセがある。

虹鱒

サケ科で養殖が盛ん。体側の中央に桃色の縦帯があるのが特徴。味は淡白。

公魚《わかさぎ》

キュウリウオ科。体長約15㎝で細長く、脂びれがある。氷上の穴釣りで有名。

雨鱒

サケ科イワナ属。細長い体形をして、白い斑紋が特徴（ヤマトイワナ型以外）。

常備

洋風にアレンジしたおしゃれな一品

ワカサギマリネ南蛮

材料（作りやすい分量）

- ワカサギ…15尾
- 塩…少々
- たまねぎ…1/4個
- パプリカ…1/3個
- レモン…1/2個
- 赤とうがらし…1本
- A しょう油…大さじ2
- A みりん・酢…各大さじ1
- ハーブ（タイム・ディルなど）…適量
- 小麦粉・揚げ油…各適量

作り方

1. ワカサギは塩をふって水気をふく。たまねぎとパプリカは薄切りに、レモンは半分に切って薄切りにする。赤とうがらしは小口切りにする。
2. Aを合わせ、ワカサギ以外の1、ハーブを入れる。
3. 1のワカサギに小麦粉をまぶし、180℃の揚げ油で揚げ、熱いうちに2に10分ほど漬ける。

骨まで食べられる

ワカサギ南蛮

ワカサギ15尾は塩適量をふって水気をふく。赤とうがらし1本は2つに切ってタネを取る。酢・白ワイン各120㎖、しょう油・砂糖各大さじ2を合わせ、赤とうがらしを加えて漬け汁を作る。ワカサギに小麦粉適量をまぶして、180℃に温めた揚げ油適量で揚げ、熱いうちに漬け汁に10分ほど漬ける。

梅干しが川魚のクセを消す

ニジマスの甘露煮

材料（2人分）

- ニジマス…2尾
- 酒・しょう油…各大さじ2
- 砂糖…大さじ1
- 梅干し…1個
- 水あめ…小さじ1

作り方

1. ニジマスはぬめりとワタを取り、グリルで焼く。
2. 鍋に1、水2カップ（分量外）、酒、しょう油、砂糖、梅干しを入れ、落としぶたをして弱火で30分ほど煮る。
3. 水あめを加え、水分がなくなるまで煮詰める。

きゅうり、ハーブを混ぜたソースで

ニジマスのヨーグルトソースがけ

材料（1人分）

- ニジマス…1尾
- A プレーンヨーグルト…60g
- A きゅうりのすりおろし…1/4本分
- A ディルのみじん切り…大さじ1/2
- A レモンの皮のすりおろし…小さじ1/4
- A オリーブ油…小さじ1
- A 塩・こしょう…各少々
- きゅうり・レモン…各適量

作り方

1. ニジマスはぬめりとワタを取り、塩・こしょう各適量（分量外）で下味をつけてグリルで8分ほど焼く。
2. 器に盛って、合わせたAをかけ、きゅうりとレモンを添える。

和菓子のアユ

小麦粉と卵を合わせた皮であんを包み、アユの形にした菓子は、初夏に各地で売り出されます。関西では求肥を入れるのが一般的で、関東ではあんこが入ります。皮の香ばしくふんわりした食感と、中のあんの相性が抜群。

鯛

今では庶民の魚に

お目出鯛、ありが鯛とハレの席には欠かせない、格の高い魚とされてきたのがタイです。

近年では養殖ものの漁獲高も増え、手軽に味わえる魚になってきました。天然と養殖では値段に大きな差がありますが、脂ののった養殖ものは鮨ネタとしても人気があります。

食品成分表（マダイ　養殖・生　可食部 100g あたり）

エネルギー	194kcal
水分	66.1g
たんぱく質	21.7g
脂質	10.8g
炭水化物	0.1g
ビタミン D	**8.0μg**
E（α - トコフェロール）	**2.4mg**
B_1	**0.34mg**

高たんぱく低脂肪の白身魚の代表選手。良質なたんぱく質は疲労回復を促進します。全般的に栄養素は養殖の方が天然よりも豊富。タウリンが多いので、交感神経を抑制し高血圧の改善に。さらに血中コレステロールや血糖値の上昇を抑え、生活習慣病予防にもなります。

ソースは火を通しすぎないように

タイのしょうがソテー

材料（2 人分）

- タイ（切り身）…2 切れ
- 塩・こしょう…各少々
- 小麦粉…適量
- サラダ油・バター …各大さじ 1
- A
  - おろししょうが…小さじ 1
  - みりん・しょう油・酒 …各大さじ 1
  - 塩・こしょう…各少々
- 貝割れだいこん …1/4 パック

作り方

1. タイは塩、こしょうをふり、水気をふいて、小麦粉を薄くまぶす。
2. フライパンにサラダ油を入れて中火にし、タイの皮目から色よく焼く。同様に裏面も焼く。最後にバターを加え、タイにからめる。
3. 2 のフライパンをペーパータオルなどでふき、合わせた A を入れて余熱で温め、タイにかける。皿に盛り、貝割れだいこんを添える。

ごま風味が食欲を増す

タイ茶漬け

タイ（刺身用）100g は、しょう油大さじ 2、酒小さじ 2、すりごま（白）大さじ 1 を合わせたものに 1 ～ 2 分漬ける。茶碗に熱いご飯を盛り、漬けたタイと漬け汁をかける。上に刻みのりと練りわさびをのせ、温めただし汁 2 カップをかけ、ふたをして少し蒸らす。

淡白な魚は甘酢とよく合う

タイと野菜の甘酢がけ

材料（2 人分）

- タイ（切り身）…2 切れ
- 塩・こしょう…各少々
- 片栗粉…適量
- じゃがいも…1 個
- ピーマン…1 個
- パプリカ（赤・黄）…各 1/2 個
- A
  - 水…50 ㎖
  - 酢・酒…各大さじ 4
  - 砂糖…小さじ 1
  - しょう油・みりん …各大さじ 2
- サラダ油…適量

作り方

1. タイは塩、こしょうをふり、片栗粉をまぶす。ピーマンとパプリカは 1 ㎝角に切り、じゃがいもは千切りにして水にさらす。
2. フライパンにサラダ油を熱し、じゃがいも、ピマン、パプリカを炒め、A を加えてからめる。
3. 170℃に温めたサラダ油で、タイを 4 ～ 5 分揚げる。タイと 2 を器に盛りつける。

鰯 イワシ

食品成分表
（マイワシ　生　可食部 100g あたり）

エネルギー	217kcal
水分	64.4g
たんぱく質	19.8g
脂質	13.9g
炭水化物	0.7g
無機質　カルシウム	**70mg**
ビタミンA（レチノール当量）	**40µg**
D	**10.0µg**

脂質が豊富で、ＥＰＡやＤＨＡ、タウリンなど注目の健康成分がたっぷり。血液をサラサラにし、善玉コレステロールを増やして中性脂肪を減らします。血管を丈夫にし、血圧を正常に保つなど、生活習慣病予防の強い味方です。

漁獲量が多く日本人にとって青魚の代表

かつては日本の総漁獲量の３割を占めるほど、イワシはたくさん獲れ、食用以外にも魚油や、肥料にも利用されていました。しかし、近年では漁獲量が激減し、高級魚として扱われるほどです。

冬は漁獲が安定せず味のわりに高値ですが、暑くなると脂ものっておいしくなります。

はちみつでコクと照りをプラス

イワシのしょうが煮

イワシ４尾は頭とワタを除き、酒少々をふる。しょうが１片は千切りにする。鍋にしょうが、しょう油・酒・各大さじ１強、水 40 ㎖、はちみつ小さじ１を入れて火にかける。煮立ったらイワシを入れ、落としぶたをして弱火で 15 分ほど煮る。

酢としょう油でシンプル漬け

お手軽イワシずし

材料（２人分）

- イワシ（刺身用・三枚おろし）…２尾分
- A しょう油…大さじ 1/2
- A 酢…小さじ１
- ご飯…300g
- B 酢…大さじ１と 1/2
- B 砂糖…小さじ２
- B 塩…小さじ 1/4
- しょうがの甘酢漬け…15g
- 貝割れだいこん…少々
- 青じそ…６枚
- ごま（白）…小さじ１
- サラダ油…小さじ 1/2
- 塩…少々

作り方

1. イワシは皮をむいて３㎝長さのそぎ切りにし、A をふって 10 分ほどおく。
2. しょうがの甘酢漬けは細切りに、貝割れだいこんは根元を除く。青じそは千切りにして水にさらし、水気を切る。
3. B を合わせてご飯に混ぜ、ごま、しょうがの甘酢漬りを加え混ぜ合わせる。
4. 皿に３を盛り、イワシ、青じそ、貝割れだいこんをのせる。

ポテトサラダがとろり

イワシのポテサラロールソテー

材料（２人分）

- イワシ…４尾
- 塩…小さじ 1/2
- こしょう…少々
- ポテトサラダ…100g
- サラダ油…適量
- つけ合わせ（好みのもの）…適量

作り方

1. イワシはワタを除いて手開きにし、両面に塩、こしょうをする。
2. １にポテトサラダをのせて巻き、楊枝で止める。
3. フライパンにサラダ油を熱し、２を転がしながら焼く。全体に焼き色がついたら、ふたをして弱火で３～５分蒸し焼きにする。
4. 楊枝を取って皿に盛り、好みのつけ合わせを添える。

サンマ

秋刀魚

サンマは秋とは限らない現実

脂ののった秋のサンマは、塩焼きが最高。刺身も人気があります。サンマの旬は、初夏から秋にかけてですが、現代の急速冷凍技術によって旬をはずした時期にもサンマは売られるようになりました。つまり、脂ののっていない季節外れの生を食べるより、旬の時期に冷凍したものの方がおいしいこともあります。また、サンマのワタがおいしいのは、サンマは腸が短く消化が早い魚だから。しかし、ワタの風味を楽しむには、冷凍ものは不向きです。

食品成分表（生　可食部 100g あたり）

エネルギー	310kcal
水分	55.8g
たんぱく質	18.5g
脂質	24.6g
炭水化物	0.1g
ビタミン D	**19.0μg**
E（α-トコフェロール）	**1.3mg**
B_2	**0.26mg**

豊富な脂質には健康成分のＥＰＡやＤＨＡがたっぷり。動脈硬化や心筋梗塞、脳梗塞、高血圧、冷え性、眼精疲労、ストレスなどに有効です。ミネラルやビタミン群も豊富で、たんぱく質は良質なので、疲労回復、肥満防止、体力増強、精神安定などにも。

ワタを取らずに味に深みを

サンマの炊き込みご飯

材料（作りやすい分量）

サンマ…１尾
米…２合
A
しょう油・酒…各大さじ２
酢…大さじ１
塩…小さじ 1/2
小ねぎ…４本
しょうが…１片

作り方

1. 炊飯器に洗った米、Aを入れ、目盛りまで水を加える。尾だけを切ったサンマをのせ、普通に炊く。
2. 炊けたらサンマを取り出し、ワタを残して骨を除き、身をほぐす。
3. サンマを釜に戻す。ねぎは小口切り、しょうがは千切りにし、それぞれの半量を釜に加えて混ぜる。器に盛り、残りのねぎとしょうがを散らす。

コツ　フライパンでパリッと塩焼き

フライパンで皮をパリッと焼くには、余分な脂をシートに吸わせること。フライパンにクッキングシートを敷き、弱めの中火にかけて温める。サンマを入れて脂が出てきたら、弱火で７～８分両面を色よく焼く。

伝統　松葉汁

宮城県の郷土料理

サンマが水揚げされる石巻港付近で作られる、サンマのつみれ汁のこと。サンマのすり身に、しょうがやみそを加えて作ったつみれと、だいこんやにんじん、長ねぎを入れて煮て、みそを溶き入れる。お好みで豆腐を入れたり、七味唐辛子をかけて。

こんがり焼いたらピリッとしたたれをかけて

サンマの柚子こしょうサラダ

材料（作りやすい分量）

サンマ（三枚おろし）…１尾分
塩…少々
小麦粉…適量
ごま油…大さじ 1/2
A
長ねぎのみじん切り…10 cm分
柚子こしょう…小さじ 1/3
コンブだし（顆粒）…小さじ 1/3
（湯小さじ２で溶いておく）
塩…少々
サラダ油…大さじ 1/2
ベビーリーフ…適量

作り方

1. サンマは塩少々をふり、余分な水分をふき取って小麦粉をふる。
2. フライパンにごま油を熱し、サンマを皮から入れて両面をこんがり焼く。
3. 焼き上がったら食べやすい大きさに切り、ベビーリーフを盛った上にのせる。合わせた A を上からかける。

しっかり煮詰めて味を含める

サンマの筒煮

材料（２人分）

サンマ…２尾
ごぼう…1/2 本
A
しょう油・みりん・酒…各大さじ２
酢…大さじ１
水…１カップ
しょうが…１片
長ねぎ…５ cm

作り方

1. サンマは頭を落として４等分にし、ワタを除く。熱湯でさっと湯引きし、水にとる。
2. ごぼうは洗ってから皮をこそぎ、すりこぎなどでたたいたら、サンマの長さに揃えて切る。しょうがの半分は千切りにし、半分は薄切りにする。
3. フライパンにサンマ、ごぼう、しょうがの薄切り、A を入れて強めの中火にかける。
4. ひと煮立ちしたら中火にし、汁気が少し残る程度まで煮る。器に盛り、千切りにしたねぎとしょうがをのせる。

カリカリのパン粉がたまらない

サンマのマスタードパン粉焼き

材料（２人分）

サンマ（三枚おろし）…２尾分
塩・こしょう…各少々
粒マスタード…大さじ１
にんにく…１片
パン粉…大さじ５
オリーブ油…大さじ１
パセリ…少々

作り方

1. サンマは半分の長さに切る。アルミホイルに皮を上にしてのせ、塩、こしょうをふり、粒マスタードを塗る。みじん切りにしたにんにく、パン粉をのせ、オリーブ油をかける。
2. オーブントースターで焼き色がつくまで 10 分ほど焼く。仕上げに刻んだパセリを散らす。

鰹

カツオは季節で料理を選ぶ

江戸の頃より初ガツオは珍重されてきましたが、カツオがおいしいのは春と秋で、その味は季節によって異なります。

春のカツオは、旨みはたっぷりですが、脂が少ないので、たたきが合います。脂がのっている秋の「戻りガツオ」は、(皮がかたいので) 皮を引いて刺身で食べるとよいでしょう。

食品成分表
(生　秋獲り　可食部100gあたり)

エネルギー	165kcal
水分	67.3g
たんぱく質	25.0g
脂質	6.2g
炭水化物	0.2g
無機質　鉄	**1.9mg**
ビタミンD	**9.0μg**
パントテン酸	**0.61mg**

豊富なパントテン酸はストレスに対抗する免疫抗体を作ります。刺身やたたきでシンプルに食べるのが効果的。たたきににんにくを組み合わせれば、ビタミンB_1の働きを高め、良質で豊富なたんぱく質との相互作用で疲労回復になります。生活習慣病予防に有効なEPAやDHAも豊富です。

にんにくバター焼き

火を通しすぎるとカツオがパサつくので注意

材料（2人分）

カツオ（皮なし）…1サク
塩・こしょう…各少々
にんにく…1/2片
しょう油…大さじ1
バター…大さじ1
サラダ油…適量
レモン・パセリ…各適量

作り方

1. カツオは2㎝幅に切り、両面に塩、こしょうをふる。にんにくは薄切りにする。
2. フライパンを熱してバターとサラダ油を入れ、にんにくとカツオを入れる。カツオの両面をさっと焼いて、しょう油を加え、香りをつける。
3. 皿に盛り、レモンとパセリを添える。

コツ

家庭で簡単カツオのたたき

フライパンにサラダ油を熱し、強火で皮目に焼き色をつけ、身は色が変わる程度に焼く。すぐに氷水にとり、冷めたら取り出して水分をふく。薬味は青じそ、しょうが、みょうが、にんにく、長ねぎなどを刻んでたっぷり用意。また、しょう油マヨネーズで和えると濃厚に。

伝統

徳島県の郷土料理

茶ずまし

地元の漁師おすすめの一品。しょう油とおろししょうがに漬けたカツオの刺身をご飯にのせ、熱い番茶をかけ、わさびやのりをのせていただく。お茶の代わりにだし汁をかけたり、ほかの薬味をのせるのもおすすめ。

しょうがをきかせて煮たあっさり味

時雨煮

材料（2人分）

- カツオ…1サク
- しょうが…1片
- A 酒…50㎖
- A みりん・しょう油…各大さじ1
- A 砂糖…小さじ1
- 長ねぎ…適量

作り方

1. カツオは2㎝の角切りにする。しょうがは千切りにする。
2. 鍋に1とAを入れ、強火で煮る。煮立ったら中火に変え、汁気がなくなるまで煮る。
3. 器に盛り、千切りにしたねぎをのせる。

焼いたら氷水にとらないのがポイント

塩たたき

カツオは塩をまぶして水気をふき、たたきと同様に、表面を焼きつける。焼いたらそのまま粗熱をとり、食べやすい大きさに切って、全体に塩をまぶす。薬味を添え、かぼすやレモンでいただく。分量はお好みで。

鰹節とは

鰹節は、カツオを蒸して乾かしたのちにコウジ菌の働きで、さらに水分を除いたものです。菌はその脂肪分とたんぱく質を分解し、脂肪酸やアミノ酸へと変え、特有の鰹節風味を生みます。鰹節という世界一かたい食べ物は、菌の力で作られています。

鰈

日本近海には200以上の種類が

カレイの煮付けは、家庭の味としての定番ですが、カレイの種類は意外に多いのです。旬は種類によって多少異なりますが、どれも産卵期の子持ちガレイが美味とされています。

塩焼き、唐揚げなど、あらゆる料理に合い、鮨ネタとしても人気があります。

食品成分表
（マガレイ　生　可食部100g あたり）

エネルギー	95kcal
水分	77.8g
たんぱく質	19.6g
脂質	1.3g
炭水化物	0.1g
無機質　カルシウム	**43mg**
ビタミン D	**13.0μg**
E（α-トコフェロール）	**1.5mg**

良質なたんぱく質が豊富で低脂肪。弱っているときの食欲増進におすすめ。タウリンが多いので、コレステロールを排泄し、血液をサラサラに保ち、ビタミンEとの連動で生活習慣病を予防します。

さんしょうが香る大人向けの煮付け

カレイのさんしょう煮

材料（2人分）

- カレイ（切り身）…2切れ
- 塩・こしょう…各少々
- さんしょう（粉末）…適量
- A
  - 酒…大さじ1
  - 水…130 ㎖
  - 中華スープの素（顆粒）…小さじ 1/2
  - しょう油…小さじ 1/2
- 酒…大さじ1
- だいこんのつま…40g
- 青じそ…適量

作り方

1. カレイは切り目を入れ、塩、こしょうをふる。
2. 鍋にAとカレイを入れ、粉さんしょうをふり入れ、5分ほど煮る。
3. カレイを取り出して酒を加え、だいこんのつまをさっと煮る。
4. 皿に3を敷き、カレイをのせて煮汁をかける。仕上げに千切りにした青じそをのせ、粉さんしょうをふる。

伝統

アイヌの郷土料理

カレイのおかゆ

病気の人や産後の母親を中心に食べられていた、昔から伝わるおかゆ。カレイは焼き色がつくまで焼き、身をほぐし、ちぎった皮とともにおかゆに入れて煮る。仕上げに小口切りにした小ねぎを散らす。

淡白な身に濃厚なホワイトソースをのせて

カレイときのこのグラタン

材料（2人分）

- カレイ（切り身）…2切れ
- たまねぎ…1/2 個
- マッシュルーム…6個
- まいたけ…1/2 パック
- しいたけ…1枚
- バター…大さじ2
- オリーブ油…大さじ2
- 塩・こしょう…各適量
- A
  - ホワイトソース（市販）…1/2 缶
  - 生クリーム…大さじ2
  - 砂糖…小さじ 1/2

作り方

1. たまねぎは薄切りにし、きのこ類は食べやすい大きさに切る。バター・オリーブ油各大さじ1で炒め、塩、こしょうをふって耐熱皿に敷く。
2. カレイはひと口大に切り、残りのバター、オリーブ油で焼き、塩、こしょうをふって1の野菜の上にのせる。
3. レンジでやわらかくしたホワイトソースと残りのAを合わせ、2にかける。温めたオーブントースターで焼き色がつくまで焼く。

コツ

カレイの煮付け

生臭みを抑えるため、ぬるま湯で、ひれや皮のぬめりをしっかり洗うとよい。煮立てた煮汁にカレイを入れ、途中で煮汁を回しかけ、味をしみ込ませる。ほかの魚と違って、頭を右向きに盛りつけること。

ヒラメ

平目

食品成分表
（養殖　生　可食部 100g あたり）

エネルギー	124kcal
水分	73.9g
たんぱく質	21.2g
脂質	3.7g
炭水化物	Tr
無機質　カルシウム	**23mg**
マグネシウム	**30mg**
ビタミンD	**18.0µg**

アミノ酸バランスのよい良質なたんぱく質が豊富。カルシウムの吸収を促すビタミンDや、老化現象を遅らせるビタミンEは天然よりも養殖の方が多い傾向にあります。タウリンが豊富で動脈硬化や高血圧予防に有効です。縁側にはコラーゲンもたっぷり。

高級白身も身近な食材に

白身魚の最高峰とされていましたが、近年養殖ものの方が主流となりつつあります。天然と養殖の味の差が少なく、もっと身近な食材となっていくでしょう。

ヒラメはカレイに比べて肉質がしまって味もいいので、刺身に適していますが、揚げ物やソテーなど幅広く楽しむことができます。

最後に軽く焼いて香ばしく

ヒラメのホイル焼きタルタルソース

材料（2人分）

- ヒラメ（切り身）…2切れ
- 長ねぎ…1/2本
- アスパラガス…2本
- にんじん…4㎝
- えのきだけ…1/2袋
- サラダ油…適量
- A
  - ゆで卵のみじん切り…1個分
  - きゅうりピクルスのみじん切り…1本分
  - たまねぎのみじん切り…大さじ1
  - パセリのみじん切り…小さじ1
  - マヨネーズ…大さじ3

作り方

1. ねぎは斜め切りにし、アスパラガスとにんじんはゆでて食べやすい長さに切る。えのきだけは根元を落とす。ヒラメは食べやすい大きさに切る。
2. アルミホイルにサラダ油を塗り、ねぎ、ヒラメ、その他の野菜の順にのせ、合わせたAをかける。
3. アルミホイルを閉じ、グリルで8分ほど蒸し焼きにする。アルミホイルを開き、さらに5分ほど焼く。

料亭の味を食卓に

ヒラメの昆布〆

バットにコンブ20㎝を1枚敷き、上に薄造りにしたヒラメ（刺身用）150gを1枚ずつ並べる。さらにコンブ20㎝をのせてラップをかけ、もう1枚バットを重ねて軽く押さえ、冷蔵庫にひと晩おく。だいこんのつま・青じそ各適量を添え、しょう油またはポン酢でいただく。

わさびがきいたさっぱりソース

ヒラメのカルパッチョわさびソース

材料（2人分）

- ヒラメ（刺身用・サク）…120g
- チャイブ…5～6本
- A
  - 練りわさび…小さじ1と1/2
  - たまねぎのすりおろし…40g
  - レモン汁…小さじ1
  - しょう油…少々
  - オリーブ油…大さじ2

作り方

1. ヒラメは薄いそぎ切りにし、皿に並べる。チャイブは6～7㎝長さに切る。
2. Aをよく混ぜ合わせて、1のヒラメの上にのせ、チャイブを飾る。

鰤

ブリは大きさで味に差がある

出世魚として、成長に合わせて呼び名の変わる魚ですが、その基準や呼び名は、地方によって差があります。関東では「ワカシ」「イナダ」「ワラサ」「メジロ」「ブリ」。全国的に80㎝を超えるものがブリと呼ばれ、大きくなるほど脂がのっておいしくなります。

天然の寒ブリは最高の味。養殖ものは通年脂がのっていて、刺身だけでなく、煮物、しゃぶしゃぶにしてもおいしくいただけます。

食品成分表
（成魚　生　可食部 100g あたり）

エネルギー	257kcal
水分	59.6g
たんぱく質	21.4g
脂質	17.6g
炭水化物	0.3g
無機質　鉄	**1.3mg**
ビタミン D	**8.0μg**
E（α - トコフェロール）	**2.0mg**
B2	**0.36mg**

良質なたんぱく質が豊富でミネラル、ビタミン群を含みます。ＥＰＡやＤＨＡが豊富で生活習慣病予防に効果的。血合い部分に特に豊富なタウリンは、肝機能強化にも有効。パルミトオレイン酸には脳を活性化する働きがあります。

ブリしゃぶ

表面に火が通り中が半生状態が食べ頃

材料（2人分）

- ブリ…300g
- にんじん…1/2本
- 長ねぎ…2本
- みずな…1/2束
- A　コンブ…8㎝　水…5カップ

作り方

1. ブリはひと口大の薄切りにする。にんじんはピーラーで薄切りに、ねぎは焼いて5㎝長さに、みずなは適当な長さに切る。
2. 鍋にAを入れて火にかけ、煮立ったら1を順に入れる。
3. 好みでだいこんおろし、小口切りにした小ねぎ、七味唐辛子を添え、ポン酢でいただく。

コツ　ブリだいこん

ブリのアラは熱湯にさっとくぐらせて旨みを閉じ込め、流水でウロコや血合いを除いて臭みをしっかり取る。先にだいこんを煮て、やわらかくなったらブリを加え、だいこんに味をしみ込みやすくする。

間八

天然のカンパチはめったに食べられない

カンパチは、昔から漁獲量も少なく高級魚として扱われてきました。やはり、カンパチの旨さは、刺身が一番といわれています。

近年は養殖ものがスーパーにも出回っていて、その身は天然ものに近い食感もあり、ブリに勝る味わい。ブリよりも高値で扱われています。

食品成分表
（養殖　生　可食部 100g あたり）

エネルギー	129kcal
水分	73.3g
たんぱく質	21.0g
脂質	4.2g
炭水化物	0.1g
無機質　カリウム	**490mg**
ビタミン B1	**0.15mg**
B12	**5.3mg**

カリウムが豊富で血圧を調整するので高血圧の人にはおすすめ。豊富なビタミンB12は赤血球の生成を助けます。ＥＰＡやＤＨＡなどの多価不飽和脂肪酸は生活習慣病予防に。

島ずし

八丈島の郷土料理で
マグロやカツオでもおいしい

材料（2人分）

- カンパチ（すし種用）…12切れ
- A　しょう油…50㎖　みりん…小さじ1
- すし飯…2合
- 練りがらし…少量
- しょうがの甘酢漬け…適量

作り方

1. カンパチは合わせたAに5分くらい漬ける。すし飯は俵形に12個握る。
2. 握ったすし飯にカンパチをのせ、ラップに包んで握り、形を整える。練りがらしと甘酢しょうがを添える。

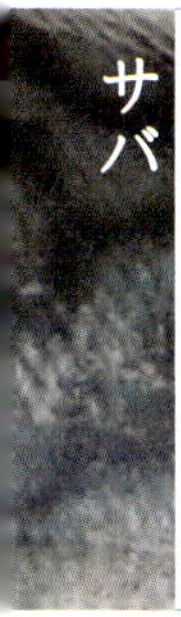

サバ

鯖

食品成分表
（マサバ　生　可食部 100g あたり）

エネルギー	202kcal
水分	65.7g
たんぱく質	20.7g
脂質	12.1g
炭水化物	0.3g
無機質　カリウム	320mg
ビタミン B_2	**0.28mg**
B_{12}	**10.6mg**

注目のＥＰＡ、ＤＨＡは魚類の中でもトップクラス。タウリンも多いので生活習慣病予防には相乗効果があり、サバペプチドにもコレステロールの酸化を防ぐ作用があります。またタウリンには心を安定させる効果も。

サバを刺身で楽しむ時代

「サバの生き腐れ」というほど、足が早い魚。これは内臓にある消化酵素が自己消化を進めてしまうためです。生食は難しかったそんなサバも、全国の養殖ブランドサバの流通で、刺身として食べることも可能になってきました。

先に野菜を炒めてコクを出す

サバとはくさいの煮物

材料（2人分）

サバ（切り身）…2切れ
長ねぎ…1本
はくさい…2枚
しょうが…1片
ごま油…大さじ 1/2
A しょう油…大さじ2
A みりん…大さじ2
A 砂糖…大さじ1と 1/2

作り方

1. サバは5cm幅に切る。ねぎは5cm長さの斜め切り、はくさいは葉と軸に分け、5cm長さに切る。しょうがは薄切りにする。
2. 鍋にごま油を熱し、はくさいの軸とねぎを軽く炒める。Aを加えてひと煮立ちしたら、サバ、はくさいの葉、しょうがを加え、強めの中火で10分ほど煮る。

コツ

サバみその基本

サバには身に中骨がついた二枚おろしと、中骨を除いた三枚おろしがある。ここで使うのは二枚おろし。煮汁を温めてからサバを加え、臭みが出ないようにする。最初に味をしみ込ませるために煮汁を回しかけて軽く煮、次に落としぶたをして煮る。

常備

〆サバの方法

三枚おろしのサバに塩をたっぷりふり、30分ほどおく。酢1：水1の割合で酢水を作り、サバの塩を洗う。バットやポリ袋などにサバと浸るぐらいの酢水を入れ、30分～1時間漬ける。野菜とサラダ風にしたり、すしにしたり。

揚げ物をさっぱりと

みぞれ煮

材料（2人分）

サバ（切り身）…2切れ
えのきだけ…1/2袋
だいこん…10cm
片栗粉…適量
揚げ油…適量
だし汁…200㎖
A 薄口しょう油…大さじ2
A みりん…小さじ1
A 砂糖…小さじ1
小ねぎ…1本

作り方

1. えのきだけは根元を落として半分に切り、だいこんはおろしておく。
2. サバに片栗粉をまぶし、180℃の揚げ油でキツネ色に揚げる。
3. 鍋にだし汁、A、えのきだけ、2を入れてひと煮立ちさせ、だいこんおろしを加えて再び煮立てて火を止める。仕上げに小口切りにしたねぎを散らす。

鮭

サケとマスはどこが違うのか？

サケ（シロザケ）、ギンザケ、ベニザケなどを総称してサケといい、サクラマスやマスノスケなど「マス」とつく魚もすべて同じサケ類です。

ヒメマスが海に下ってベニザケになり、現在では養殖品種として、ニジマスからサーモントラウト（商品名）が生まれています。生食用のサーモンがこれです。輸入もの（アトランティックサーモン）が多いなか、現在は国内養殖も盛んになっています。

食品成分表
（シロザケ　生　可食部 100g あたり）

エネルギー		133kcal
水分		72.3g
たんぱく質		22.3g
脂質		4.1g
炭水化物		0.1g
無機質	**カルシウム**	**14mg**
ビタミン	**D**	**32μg**
	B_2	**0.21mg**

サケの身のピンク色はカロテノイド系のアスタキサンチンで、超強力な抗酸化作用があります。悪玉コレステロールの酸化を抑え、血管壁を保護したり、ストレス性免疫低下を抑制、白内障や胃潰瘍防止にも。

白鮭
国産天然ものの過半数を占める。身はピンクでも白身魚の仲間。

伝統　北海道の郷土料理

ちゃんちゃん焼き

漁師がサケなどの魚と野菜を鉄板で焼いたのが始まり。鉄板にバターを溶かし、ドーナツ状に野菜を置いて、真ん中にサケをのせる。みりんや砂糖を加えた甘みそをサケに塗り、火が通ったらサケをほぐしながら食べる。

ご飯と魚、野菜を蒸した新潟や福島の郷土料理

わっぱ飯

材料（2人分）

- 生ザケ（切り身）…1切れ
- A しょう油・みりん…各大さじ 1/4
- イクラ…20g
- 塩・酒…各少々
- しいたけ…1枚
- みつば…2本
- さやえんどう…2本
- ご飯…茶碗2杯分

作り方

1. サケは2つに切り、Aをつけてグリルで焼く。
2. しいたけは飾り切りに、みつばはゆでて結ぶ。
3. 冷たいご飯に塩、酒を混ぜて器に盛り、1としいたけをのせ、蒸し器で蒸す。
4. 蒸し上がったら、イクラ、ゆでたさやえんどう、みつばを飾る。

おろしたにんじんがジューシー

サケハンバーグ

材料（2人分）

- 生ザケ（切り身）…2切れ
- 長ねぎ…1/4本
- たまねぎ…1/6個
- にんじん…1/3本
- サラダ油…適量
- A
  - おろししょうが…小さじ1
  - 卵…1個
  - パン粉・小麦粉…各大さじ2
  - 酢・しょう油…各大さじ 1/2
  - 塩…小さじ 1/2
  - こしょう…少々
- みずな…1/4束

作り方

1. ねぎとたまねぎはみじん切りにし、サラダ油で炒めて冷ます。にんじんはすりおろす。
2. サケは皮と骨を取り、1㎝角に切る。
3. 1、2、Aを混ぜ合わせ、形を整える。
4. フライパンにサラダ油を熱し、3を火が通るまで中火で両面を焼く。
5. 皿に盛り、食べやすい長さに切ったみずなを添える。

紅鮭

産地はアメリカ、ロシア、カナダ、アラスカなど。他種と比べて、身が特に赤い。

銀鮭

全長70～100㎝と大型で、味もいい。チリ産の養殖ものが大量輸入される。

桜鱒

日本全域に分布。淡水に陸封されるとヤマメ、海に降りるとサクラマスと呼ばれる。

サーモントラウト

ニジマスの改良種を海で養殖した新品種。ノルウェー、カナダ、チリなどから輸入。

ほんのり甘いしめじあんが包む

サケのしめじあんかけ しょうが風味

材料（2人分）

- 生ザケ(切り身)…2切れ
- 塩…小さじ1/4
- 小麦粉…大さじ1/2
- しめじ…1パック
- 長ねぎ…1/2本
- しょうが…小1片
- A しょう油・酢・酒…各大さじ2
- A 砂糖…大さじ1
- A 和風だし（顆粒）…小さじ1/2
- A 片栗粉…小さじ2
- A 水…150㎖
- サラダ油…大さじ1

作り方

1. サケは塩をふって10分ほどおき、水気をふいて小麦粉をまぶす。しめじは小房に分け、ねぎは斜め薄切り、しょうがは千切りにする。
2. フライパンにサラダ油大さじ1/2を熱し、中火でサケを1～2分焼く。焼き色がついてきたら裏返し、ふたをして弱火で1～2分焼き、フライパンから取り出す。
3. フライパンの汚れをふき、残りのサラダ油を熱し、野菜を入れて軽く炒める。合わせたAを加えて炒め、とろみがついたら火を止め、2にかける。

塩鮭の基準

塩鮭は、かつては新巻鮭のことで、腹の中に塩を埋め込む製法で作られていました。これは、保存性を重視していたため、とても塩辛いもの。現在は健康志向の意識もあって、塩分を控えたものが主流です。一般的に「甘塩・1～3％」「中辛・3～4％」「辛口・4～5％」の塩水で処理されています（加工業者によって差はある）。

伝統

北海道の郷土料理

石狩鍋

石狩市発祥の鍋。生のサケのアラや身をはじめ、キャベツやにんじんなどの野菜、豆腐、こんにゃくを入れた、みそ仕立ての鍋。仕上げにさんしょうをかけたり、バターを入れてコクを出したりする。具にじゃがいもやきのこを入れてもおいしい。

鮪

日本人の好むマグロの味は？

江戸の頃には、トロよりも赤身が好まれていました。冷蔵庫のなかった時代、脂の部分は傷みも早いので、臭みがあったとも考えられます。それが日本人の食生活も欧米化が進むにつれ、脂ののった魚が好まれるようになり、トロの需要が急速に増えていきました。

クロマグロ（ホンマグロ）は世界的にその減少が危惧されています。国内では、近海でも獲れますが、沖縄や奄美で畜養（養殖）が始まっており、海外での畜養ものが多く輸入されています。養殖魚は、脂がのりやすく、天然ものよりもトロの比率はぐっと高くなります。

食品成分表（クロマグロ　赤身　生　可食部100gあたり）

エネルギー	125kcal
水分	70.4g
たんぱく質	26.4g
脂質	1.4g
炭水化物	0.1g
ビタミンA（レチノール当量）	**83μg**
D	**5.0μg**
E（α-トコフェロール）	**0.8mg**

赤身は良質なたんぱく質がとても豊富で低脂質なのでダイエット向きな食材。一方トロは脂質が多くＥＰＡ、ＤＨＡやビタミンＡ、Ｄ、Ｅが豊富。特に豊富なＤＨＡは生活習慣病を予防します。またセレンとビタミンＥの相乗効果でガンの予防も。

黒鮪
特徴は、短い胸びれと付け根が黒い尾。肉質がよい。

具は３種類のみで簡単

マグロ餃子

マグロ（刺身）４切れ、長ねぎ10㎝はみじん切りにし、しょうが１片はすりおろす。具をすべて合わせ、塩･しょう油各少々を加え、餃子の皮８枚でそれぞれ包んで焼く。

らっきょう入りのわさび風味

マグロの和風タルタルステーキ

材料（２人分）

- マグロの赤身…150g
- オリーブ油…大さじ１
- A
  - 長ねぎのみじん切り…大さじ２
  - らっきょうのみじん切り…２～３個分
  - みょうがのみじん切り…１個分
  - ごま油…大さじ１
  - 練りわさび…小さじ 1/2
  - 薄口しょう油…小さじ２
  - 塩…少々
- 卵黄…１個分
- 青じそ…５枚分

作り方

マグロは粗みじん切りにしてオリーブ油をまぶし、Ａを加えて混ぜ合わせる。仕上げに卵黄をのせ、千切りにした青じそを散らす。

マグロの値段

マグロは部位によって価格に差があります。基本的に、頭の方から順に上（カミ）、中（ナカ）、下（シモ）と呼びます。腹側の場合、上に寄るほど脂が強く筋が太くなり、下にいくほど脂が弱くなります。価格は上ほど高価、下の方が安価。背の場合は上が筋が太く、下は筋が細く、真ん中が一番筋が入らず高値。脂ののり具合の差はありません。

黄肌

体側やひれが黄色いのが特徴。刺身や鮨ネタのほか、缶詰の原料にもなる。

鬢長

胸びれが長く、白っぽい身が特徴。シーチキンとして缶詰にもなっている。

眼ばち

眼が大きいことからこの名前に。漁獲量が多いため値段が手頃で味がよい。

赤身とよく合うみそマヨネーズ

マグロのごまネギごろも

マグロの赤身250gは1.5㎝角に切り、さっと熱湯をかける。みそ・マヨネーズ各大さじ2、砂糖大さじ1を合わせ、マグロ、小口切りにした小ねぎ1/2束、炒りごま（白）大さじ2を和える。

ツナ缶

マグロの油漬け缶詰は「シーチキン」という代名詞がありますが、これは、はごろもフーズの登録商標。マグロの缶詰は、戦前から米国では作られていましたが、当時の日本では、豆腐よりも安かったビンナガマグロ（ホワイトミート）を使ったものを、シーチキンとして売り出したのがこれ。現在ではビンナガが高騰し、原料にキハダマグロ、カツオを使った「ホワイトミート」が主流になっています。

梅干しとツナであっさりヘルシー丼

ツナねぎ丼

ツナ缶1/2缶を軽くほぐし、缶汁の油で軽く炒める。しょう油・砂糖各小さじ1/2を加えて混ぜる。丼にご飯を盛り、炒めたツナをのせ、刻んだわけぎ、タネを除いた梅干し1個と刻みのり適量をのせる。

サクで漬けたマグロは旨みを閉じ込めたプロの味

湯引き漬け丼

漬けたマグロを好みの厚さに切り、丼に盛ったご飯の上にのせ、わさびをのせる。好みで卵黄や小ねぎ、刻みのりをのせても美味。

漬けの作り方

1

表面に熱湯をかけ、白くなったら氷水にとって冷ます。湯引きは旨みを閉じ込め、漬けだれをからみやすくする。

2

酒1：みりん1：しょう油2の割合で漬けだれを作り、マグロを入れて1時間ほど漬け込む。

ウナギ

鰻

万葉集にも詠まれる日本の夏にはウナギ

大伴家持が「夏痩せによしというものぞ　鰻とりめせ」と詠んだほど、ウナギは古くから夏に栄養をつけてくれる食材でした。

天然ものの身のしまり方や風味は格別ですが、近年はそれを味わうことは難しいようです。養殖ものは、脂ののったものを通年食べることができ、価格的にも安定供給されています。

食品成分表
（蒲焼き　可食部 100g あたり）

エネルギー	293kcal
水分	50.5g
たんぱく質	23.0g
脂質	21.0g
炭水化物	3.1g
無機質　カルシウム	**150mg**
ビタミン A（レチノール当量）	**1500μg**
D	**19.0μg**
E（α-トコフェロール）	**4.9mg**

ビタミンAやEPAがたっぷりなウナギ。EPAは生活習慣病を予防します。レチノール（ビタミンA）は粘膜を強化し、細胞のガン化を防ぐ免疫力アップに効果的。きゅうりとの組み合わせは、ビタミンCや食物繊維を補える健康メニューです。

洋風の炒め物は
ケチャップと酢が隠し味

ウナギとパプリカの炒め

材料（2人分）

- ウナギの蒲焼き…1枚
- パプリカ（赤・黄）…各1/2個
- にんにく…2片
- サラダ油…大さじ1
- A 蒲焼きのたれ…大さじ 1/2
- A トマトケチャップ・酢…各小さじ1

作り方

1. ウナギは4㎝幅に切る。パプリカは細切りに、にんにくは薄切りにする。
2. フライパンにサラダ油を熱し、にんにくを炒める。香りが立ったら、ウナギ、パプリカを加えて炒める。合わせたAを加え、炒め合わせる。

塩もみきゅうりで水っぽさをなくして和える

ウナギときゅうりのごま酢和え

材料（2人分）

- ウナギの蒲焼き…1/2枚
- きゅうり…1本
- A 酢…大さじ1
- A 砂糖…大さじ1
- A 塩…少々
- A 炒りごま（金）…大さじ2

作り方

1. ウナギは縦半分、2㎝幅に切り、レンジで1～2分加熱する。きゅうりは4㎝長さの短冊切りにして塩少々（分量外）で軽くもみ、水気をしぼる。
2. ボウルにAを合わせ、1を加えて和える。

伝統

愛知県の郷土料理

ひつまぶし

名古屋名物で、おひつに入ったご飯に、刻んだウナギがのっている。1杯目はそのままで、2杯目は薬味をのせて、最後はだしを注いでお茶漬けが一般的。ウナギと蒲焼きのたれをご飯と一緒に炊き込むと、ふっくらやわらかに。

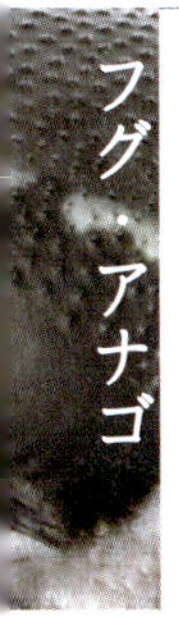

河豚

フグ・アナゴ

食品成分表（トラフグ　養殖　生　可食部 100g あたり）

エネルギー	85kcal
水分	78.9g
たんぱく質	19.3g
脂質	0.3g
炭水化物	0.2g
無機質　カリウム	**430mg**
ビタミン B_2	**0.21mg**
B_6	**0.45mg**

フグは、高たんぱく低脂肪、低カロリーでヘルシーなダイエット向き食材。皮には話題のコラーゲンもたっぷり。旨み成分のアミノ酸が多く、よいだしが出ます。

おいしいフグはどれが毒フグ？どこが毒？

フグは高価なトラフグが一番ということになっていますが、それ以外に食用になっているものが20種類以上あります。マフグは鍋物や刺身でもおいしく、シロサバフグなどは無毒で安価なフグとして人気もあります。

基本的に猛毒のテトロドトキシンをもっているものは、専門のフグ調理者が内臓を取り除いた「ぬき身」を購入します。

虎河豚
味も価格もフグの中では最高級。古くから山口県下関市が集散地。

毒の部位と強さ

	卵巣	精巣	肝臓	腸	皮	肉	血液
トラフグ	強	無	強	弱	無	無	無
マフグ	猛	無	猛	強	強	無	
シロサバフグ	無	無	無	無	無	無	
カラスフグ	猛	無	猛	強	無	無	
ショウサイフグ	猛	無	猛	強	強	弱	

猛毒…1000MU 以上　強毒…100 ～ 1000MU　弱毒…10 ～ 100MU　無毒…10MU 未満
1MU ＝フグの臓器 1g で体重 20g のマウス 1 匹を 30 分で死亡させる毒力。

身がプリプリで贅沢

フグのたたき

フグ 1 尾（刺身用）は串に刺し、火でさっとあぶる。両面を焼いたら串を抜き、冷蔵庫でしばらく休ませる。細かく切った小ねぎ 6 本、千切りにしたみょうがが 5 個分、青じそ適量と和え、ポン酢やレモン汁をかけていただく。

穴子

関東は煮穴子関西は焼き穴子

江戸前の食材としてアナゴは欠かせません。天ぷら、すし、佃煮などでもおいしいものです。関東風のすしは白いまま煮たものにツメを塗りますが、関西はウナギのようにたれでつけ焼きします。

ウナギに比べると、脂は少ないのですが、その淡白な味わいに人気があります。

食品成分表
（蒸し　可食部 100g あたり）

エネルギー	194kcal
水分	68.5g
たんぱく質	17.6g
脂質	12.7g
炭水化物	Tr
無機質　カルシウム	**64mg**
ビタミン A（レチノール当量）	**890μg**
E（α - トコフェロール）	**2.9mg**

豊富なビタミン A は、皮膚や粘膜の抵抗力を高め、風邪を予防。眼精疲労やドライアイにも効果があり、ビタミン E との相乗効果で老化防止にも力を発揮します。

口に入れた途端アナゴがほろりと溶ける

アナゴとだいこんの重ね煮

材料（2 人分）
- アナゴの蒲焼き…2 枚
- だいこん…15 ㎝
- 粒ざんしょう…少々
- A
  - しょう油…小さじ 1
  - 酒…30 ㎖
  - 砂糖…小さじ 1
  - だし汁…150 ㎖
- さやえんどう…適量

作り方
1. だいこんは薄い輪切りにし、塩少々（分量外）をふり、しんなりするまでおく。アナゴは 3 ㎝幅に切る。
2. 鍋にだいこんとアナゴを重ねるように入れ、A と粒ざんしょうを入れて火にかけ、落としぶたをして 30 分ほど煮る。
3. 器に盛って、ゆでたさやえんどうを飾る。

スズキ・イサキ

鱸

川と海を行き来して味の個性が出る

スズキは出世魚。「コッパ」「カヤカリ」「セイゴ」「フッコ」「スズキ」と成長します。幼魚の頃は、春に川を上り、秋には海へ下るのを繰り返します。スズキになると川へは上らず、浅瀬にいるそうです。

東京湾でも獲れますが、湾のものは独特の匂いがあるので、香草を加えた料理がおすすめ。

食品成分表（生　可食部 100g あたり）

エネルギー	123kcal
水分	74.8g
たんぱく質	19.8g
脂質	4.2g
炭水化物	Tr
ビタミンA（レチノール当量）	**180μg**
D	**10.0μg**
B6	**0.27mg**

脂肪が少なく上品な味の白身魚。豊富なビタミンAは皮膚や粘膜、目の健康に働き、ビタミンDはカルシウムの吸収を促進し、骨や歯を丈夫にします。疲労回復に効果のあるビタミンB群も含みます。

煮詰めたソースが濃厚

スズキのソテー　バルサミコソース

材料（2人分）

- スズキ（切り身）…2切れ
- 塩…少々
- オリーブ油…少々
- バター…20g
- バルサミコ酢…大さじ2
- ロケット・クレソン…各適量

作り方

1. スズキは塩をふってしばらくおく。
2. フライパンにオリーブ油をひき、皮目から弱火で焼き目がつくまで焼く。
3. 返してバター少々を加え、火を止める。
4. 3のフライパンをふき、残りのバターとバルサミコ酢を入れる。弱火で軽く煮詰め、器に盛ったスズキにかけ、ロケットとクレソンを添える。

伊佐幾

磯の香りが楽しめる魚

イサキといえば塩焼き。脂ののった夏のものは、魚らしい磯の香りがして、人気のある魚です。

味の落ちる時期が少ないので、冬には鍋やから揚げに。鮮度がよければ洗いや刺身もいいでしょう。

食品成分表（生　可食部 100g あたり）

エネルギー	127kcal
水分	75.8g
たんぱく質	17.2g
脂質	5.7g
炭水化物	0.1g
無機質　カリウム	**300mg**
ビタミンD	**15μg**
B2	**0.12mg**

カリウムは不足しやすいミネラルのひとつで、余分な塩分を排出する働きがあり、高血圧の予防や動脈硬化などの生活習慣病予防に効果が。代謝を促進し成長を助けるビタミンB2や、カルシウムの吸収をよくするビタミンDも含んでいます。

コツ　姿焼き

全体に塩をふり、焦げやすい尾やひれに水をつけ、たっぷりと塩をつける。焼き網は十分に熱し、表になる方からやや強火で、こんがりと焼く。返したら少し火を弱め、中まで火を通す。焼き加減は表6：裏4の割合で。

レンジで簡単、味は本格的な

イサキとねぎの和風蒸し

材料（作りやすい分量）

- イサキ…1尾
- 塩…小さじ 1/2
- 酒…大さじ1
- 長ねぎ…1本
- コンブ…適量
- A
  - しょう油…大さじ3
  - 水…大さじ2
  - おろししょうが…1片分
  - レモン汁…大さじ 1/2
  - 砂糖…大さじ 1/2
- 小ねぎ…2〜3本

作り方

1. イサキはワタを除き、洗って水気をふいて塩と酒をふる。
2. 長ねぎは斜め薄切りにする。Aは合わせる。
3. 耐熱皿にコンブを敷き、イサキ、長ねぎの順にのせ、Aを回しかける。
4. ラップをしてレンジで2分〜2分30秒加熱する。仕上げに小口切りにした小ねぎを散らす。

目張

煮付けだけではもったいない

メバルといえば煮付け。そのやわらかな肉質ととろりと溶けるような皮の味は、惣菜の定番でした。

近年、脂ののった刺身に人気が集中し、メバルも刺身や鮨ネタとして扱われています。漁獲量が減ったこともあり、すっかり高級魚になってしまいました。

食品成分表（生　可食部 100g あたり）

エネルギー	109kcal
水分	77.2g
たんぱく質	18.1g
脂質	3.5g
炭水化物	Tr
無機質　カリウム	**350mg**
カルシウム	**80mg**
ビタミンD	**1.0μg**

良質なたんぱく質を含み低脂肪で淡白な白身魚。カリウムが高血圧を予防し、カルシウムが骨や歯を丈夫に。ビタミンDはカルシウムの吸収を促すので相乗効果が。生活習慣病予防に効果のあるＥＰＡやＤＨＡも含みます。

季節の野菜とともにイタリア風にした

メバルの春野菜煮

材料（作りやすい分量）

メバル（ウロコとワタを取ってあるもの）…１尾
アサリ（殻つき）…６～10 個
なばな…50g
にんにく…２片
ミニトマト…４個
アンチョビ…１枚
塩・こしょう…各適量
オリーブ油…大さじ３
水…80 ㎖
白ワイン…80 ㎖

作り方

1. メバルは塩、こしょうをふる。にんにくは薄切りに、なばなとミニトマトは半分に切り、アンチョビはみじん切りにする。
2. フライパンにオリーブ油大さじ２とにんにくを入れて火にかけ、メバルを加えて両面焼く。
3. アサリ、残りの１、水を加え蒸し煮にする。
4. アサリの口が開いたら、白ワインを加えて５分ほど煮、残りのオリーブ油を回しかける。

柳葉魚

食品成分表（カラフトシシャモ生干し　生　可食部 100g あたり）

エネルギー	177kcal
水分	69.3g
たんぱく質	15.6g
脂質	11.6g
炭水化物	0.5g
無機質　カルシウム	**350mg**
ビタミンA（レチノール当量）	**120μg**
B_2	**0.31mg**

強い骨や歯を作るカルシウムは、欠乏すると精神安定にも影響が。マグネシウムや亜鉛などのミネラル分や、成長促進に関与するビタミンB_1も含まれ、育ち盛りにもおすすめ。

シシャモにそっくり樺太シシャモ

シシャモは、北海道の太平洋岸でしか獲れず、年々漁獲量も減少しています。現在一般的にシシャモとして売られているのは「樺太シシャモ（カペリン）」。見た目はシシャモにそっくりで、どちらもおいしさに大きな差はなく、樺太シシャモの方が大量に獲れるので安価です。

本家のシシャモ漁は、10月頃の短期間。その資源を守るために、ふ化事業も始まっています。

本柳葉魚

樺太柳葉魚

薬味のさわやかな風味が食欲をそそる

シシャモの香味焼き漬け

材料（作りやすい分量）

シシャモ…10 尾
青じそ…８枚
しょうが…１片
A
- 酢…50 ㎖
- 水…100 ㎖
- しょう油…大さじ２
- 砂糖…大さじ１
- 練りがらし…小さじ１
- 昆布茶…小さじ 1/2
- ごま油…小さじ２

作り方

1. 青じそとしょうがは千切りにする。
2. シシャモは中火のグリルで、６～７分両面を色よく焼く。
3. 熱いうちに合わせておいたＡに漬け、２～３分おいて味をなじませる。１を全体に散らす。

鱩

生もしょっつるも ハタハタの 旨みがたっぷり

流通しているものは干物が主ですが、近年は生も見かけるようになってきました。卵（ぶりこ）を持った、旬の秋のものは格別。

秋田では、ハタハタを原料としたしょっつるが料理に使われ、郷土の味となっています。

食品成分表
（生干し　可食部 100g あたり）

エネルギー	167kcal
水分	71.1g
たんぱく質	16.7g
脂質	10.3g
炭水化物	Tr
無機質　カリウム	**240mg**
ビタミン A（レチノール当量）	**22mg**
D	**1.0μg**
E（α - トコフェロール）	**2.8mg**

ビタミンAは目の粘膜や皮膚を健全に保ち、ビタミンEとともに抗酸化作用で活性酸素から体を守り、老化や生活習慣病を予防します。DHA、EPAも豊富なので血液をサラサラにして動脈硬化を予防するなどダブル効果を発揮します。

干物の塩加減がご飯にちょうどいい

ハタハタご飯

ハタハタ（干物）3 尾を焼き、焼き上がったらそのうちの 1 尾をほぐしておく。ほぐし身、長ねぎ 1/2 本のみじん切り、青じそ 2 枚の千切り、麺つゆ大さじ 2、すりごま（白）小さじ 2、ごま油少々をご飯（茶碗 1 杯分）に混ぜ合わせる。

鱚

江戸の頃から 高級魚だった

江戸前天ぷらのネタとして、欠かせないキス。関東近海でも産地は多いのですが、沿岸の砂地に生息しているので大量に獲れず、昔から白身の高級魚とされてきました。

天ぷら以外にも、塩焼き、刺身、鮨ネタとしても人気があります。

食品成分表（生　可食部 100g あたり）

エネルギー	85kcal
水分	79.0g
たんぱく質	19.2g
脂質	0.4g
炭水化物	0.1g
無機質　カリウム	**350mg**
カルシウム	**38mg**
ビタミン D	**9.0μg**

油で揚げることが多いキスは、脂肪が少なく低カロリーな白身。たんぱく質も良質なので、ダイエット向きです。お酒やコーヒーをよく飲む人に不足しがちなカリウムが多く、ナトリウムを排出し、血圧上昇を抑える作用があります。

魚をしっとり蒸し上げた

キスの梅みそ蒸し

材料（2 人分）

キスの開き…4 尾	梅肉…1 個分
キャベツ…1/4 個	水…100 mℓ
たまねぎ…1/2 個	塩…少々
田舎みそ…小さじ 2	

作り方

1. キスは塩をふり、キャベツはざく切り、たまねぎは薄切りにする。
2. 鍋に 1 の野菜、田舎みそ、水を入れて混ぜ、ふたをして煮る。
3. キャベツがしんなりしたら、キス、梅肉を加えて混ぜ、キスが白っぽくなるまで煮る。

鱈

生タラの身はやわらかく鮮度が命

流通しているタラの切り身は、甘塩が主流。生のものは、鮮度が落ちやすいので、身の透明感が目安です。

タラの身は火が通りやすいので、鍋などでは煮すぎないことが肝心。

タラは白子が珍重されますが、身も雄の方がおいしいといわれています。

保存食の棒ダラをほろりと煮付けた

いもぼう

棒ダラ

材料（2人分）

棒ダラ…200g
さといも…300g
A 酒…大さじ5
しょう油…大さじ3
水…100㎖
みりん…少々

作り方

1. 棒ダラは短冊切りにして水につけ、何度か水を替えながらもどす。
2. 1を熱湯でゆでて、ゆで汁を一度捨てる。さといもは皮をむいてゆでる。
3. 鍋にA、2を入れて火にかける。煮立ったら弱火にし、味がしみ込むまで煮て、最後にみりんを加える。

食品成分表
（マダラ　生　可食部100gあたり）

エネルギー	77kcal
水分	80.9g
たんぱく質	17.6g
脂質	0.2g
炭水化物	0.1g
無機質　カリウム	**350mg**

高たんぱく低脂肪、低カロリーのダイエット向きの食材。タウリンが豊富で、余分なコレステロールを排出する役目を果たし、生活習慣病予防に効果的。カリウムも豊富なので血圧上昇を抑えます。

吉次

食品成分表（生　可食部100gあたり）

エネルギー	262kcal
水分	63.9g
たんぱく質	13.6g
脂質	21.7g
炭水化物	Tr
無機質　カルシウム	**32mg**
ビタミンA（レチノール当量）	**65μg**
E（α-トコフェロール）	**2.4mg**

血液をサラサラにするＥＰＡや神経細胞を活性化させるＤＨＡなどの不飽和脂肪酸が比較的豊富で、認知症の予防にも期待が。血圧を調整したり肝機能を強化するタウリンも豊富なので、生活習慣病予防にはダブル効果も。

煮魚の代表ゼラチン質がなんとも美味

とろりとした煮付けは、キンキのよさが出る料理法。身がやわらかく脂も多いので、干物や粕漬けの材料にされています。

惣菜用の魚というイメージがありますが、赤い色なのでタイの代わりとして用いられることもあるようです。

調味料はシンプルに

キンキとたまねぎの包み蒸し

材料（2人分）

キンキの一夜干し…1枚
たまねぎ…1/2個
しめじ…1/2パック
酒・オリーブ油・塩・こしょう…各少々

作り方

1. たまねぎは薄切りにし、しめじはいしづきを取って小房に分ける。
2. クッキングシートに、たまねぎ、しめじ、キンキの順にのせる。酒、オリーブ油、塩、こしょうをふり、シートをしっかり閉じる。
3. 2を耐熱皿にのせ、レンジで5分ほど加熱する。

イカ

烏賊

日本人がもっとも多く食べている海産物

イカは日本人が昔から食用としてきた海産物。コンブと並んでするめは縁起物にもなるほど、古くから保存食として重要な食材だったことは確かです。

今でも日本近海で100万トンを超える水揚げがあり、もっとも多く食べている海産物のひとつなのです。

食品成分表（スルメイカ　生　可食部 100g あたり）

エネルギー	88kcal
水分	79.0g
たんぱく質	18.1g
脂質	1.2g
炭水化物	0.2g
無機質　マグネシウム	**54mg**
亜鉛	**1.5mg**
ビタミンE（α-トコフェロール）	**2.1mg**

大きな特徴はタウリンが豊富なこと。タウリンは血圧を正常に保ち、血中コレステロール上昇を抑え、生活習慣病を予防。また肝臓の機能を高めたり、胆石症の予防や気管支喘息に効果があったりと様々な働きが。高たんぱく低カロリーなので、カロリー制限がある人にもおすすめです。

バターしょう油が香ばしい

イカのワタ炒め

材料（2人分）

スルメイカ…1ぱい
長ねぎ…1/2本
しょうが…1片
バター…大さじ1
しょう油…小さじ2

作り方

1. イカは胴と足を離し、リタを除いて洗い、ワタはしぼり出す。胴とエンペラは1.5㎝幅の輪切りに、足はぶつ切りにする。
2. ねぎは斜め薄切りに、しょうがはみじん切りにする。フライパンにねぎを入れ、色づくまで炒めて取り出す。
3. フライパンにバターを熱し、中火でしょうがを炒める。香りが立ったら、イカ、ワタを加え、全体にからめる。
4. 2のねぎを戻し入れて炒め合わせ、しょう油を回し入れて調味する。

常備

おつまみの定番を自宅で

一夜干し

イカの腹を切って開き、くちばし、目、ワタ、墨袋を取り、水でよく洗う。足はつけたままにする。海水の濃度ぐらいの塩水に30分ほどつけ、風通しのいい場所でひと晩、日中なら4〜5時間干す。

一夜干しアレンジレシピ

みょうがの酢の物

イカの一夜干しは細切りに、みょうが、きゅうりは形を揃えて切る。酢1：薄口しょう油1：みりん1の割合で煮立てて三杯酢を作り、冷めたら材料と和える。

伝統

北海道の郷土料理

イカ飯

駅弁としてもおなじみ、北海道函館地方の郷土料理。イカの胴身に米を詰め、しょう油とだし汁で炊き上げる。簡単な作り方は、ご飯にしょうがが、長ねぎを混ぜ込んでイカに詰め、表面を焼きつけたら水、砂糖、酒でさっと煮る。

タコ

蛸

食品成分表
（マダコ　生　可食部 100g あたり）

エネルギー		76kcal
水分		81.1g
たんぱく質		16.4g
脂質		0.7g
炭水化物		0.1g
無機質	**鉄**	**0.6mg**
	亜鉛	**1.6mg**
	銅	**0.30mg**
ビタミンＥ（α-トコフェロール）		**1.9mg**

タコに豊富なタウリンは、コレステロール上昇を抑え、疲労回復や視力低下予防にも効果があります。また皮膚や粘膜の再生を助けるコラーゲンが含まれ、美容にもぴったり。市場に出回るのはマダコとイイダコが多くミネラルやビタミンはイイダコの方が豊富です。

タコ好きは関西のたこ焼きから？

日本は世界一のタコ消費国。今は「明石のタコ」が有名ですが、これはたこ焼きが流行してきた戦後につくられた言葉。大阪の諺に「この世に女の好むもの。芝居、浄瑠璃、いも、たこ、なんきん」というのがあります。江戸には、タコを好んで食した記録が少ないことから、瀬戸内のタコをはじめ、今と同様に関西でのタコ人気は高かったのでしょう。

たこ焼きを思い出す味

タコとキャベツのソース炒め

材料（2 人分）
ゆでタコ…200g
キャベツ…150g
塩・こしょう…各少々
サラダ油…大さじ 1
A ┃ おろししょうが…小さじ 2
　┃ ウスターソース…大さじ 2
　┃ 砂糖…小さじ 1

作り方
1. タコ、キャベツはひと口大に切る。
2. フライパンにサラダ油大さじ 1/2 を熱し、キャベツを軽く炒め、塩、こしょうをふって皿に盛る。
3. フライパンに残りの油を足して熱し、タコを入れる。中火で 1 分ほど炒め、合わせた A を加えてからめる。盛ったキャベツの上にのせる。

コツ

やわらかく煮る

炭酸水、水、酒同量を用意して煮立て、ゆでタコを入れ、弱火でタコがやわらかくなるまで煮る。炭酸の力で、水だけで煮るよりやわらかくなり、時間が半分に。先に砂糖を入れ、次にしょう油を加えて調味する。

定番に野菜をたっぷりと

タコとかぶの酢の物

ゆでタコ足 1/2 本は乱切りにする。かぶ 1 個は皮をむき、半分に切って薄切りにする。きゅうり 1/2 本、トマト 1/2 個は乱切りに。酢大さじ 1、しょう油小さじ 2、だし汁・酒・水各大さじ 1、塩少々を合わせて漬け汁を作る。タコと野菜を漬け汁に入れ、冷蔵庫で半日ほど漬ける。

海老

冷凍エビだから生で食べる

鮨ネタのエビといえば、ゆでたものと決まっていましたが、物流システムが進歩して、アマエビをはじめとした生食が流行しています。

カニ同様、甲殻類は生かしていないと、傷みが早く、臭くなって商品価値を失います。生食のおいしさは、冷凍技術が支えているわけです。

冷凍ものを使うときには、料理の直前に使用する分だけ解凍するのがコツ。解凍後は臭みが出やすいので、解凍品の扱いには注意した方がいいでしょう。

食品成分表（クルマエビ　養殖　生　可食部 100g あたり）

エネルギー	97kcal
水分	76.1g
たんぱく質	21.6g
脂質	0.6g
炭水化物	Tr
無機質　カルシウム	**41mg**
マグネシウム	**46mg**
ビタミンE（α-トコフェロール）	**1.8mg**

車海老
日本料理有数の素材。仲間にブラックタイガーも。

しょうがをじっくり炒めて香りを十分引き出した

エビチリしょうが風味

材料（2人分）
- エビ（殻つき）…15尾
- A 酒・片栗粉…各小さじ1/2
- 長ねぎ…10cm
- しょうが…2片
- にんにく…1片
- 豆板醤…少々
- B
  - 酒…大さじ2
  - 鶏がらスープの素…小さじ1
  - トマトケチャップ…大さじ2
  - しょう油・砂糖…各小さじ1
  - 水…大さじ2
  - 塩…少々
- ごま油…大さじ1
- 水溶き片栗粉…少々
- サラダ油…適量

作り方
1. エビは殻をむいて背ワタを取り、背中に切り目を入れ、Aをからめる。殻はとっておく。
2. ねぎ、にんにくはみじん切り、しょうがは千切りにする。
3. フライパンにごま油を熱し、ねぎ、しょうが、にんにくを弱火で炒める。長ねぎは少量残しておく。豆板醤を加えて香りが出たら、Bとエビの殻を加え、軽く煮て殻を取り出す。
4. 別のフライパンにサラダ油を熱し1のエビを炒め、色がついてきたら3を加えて炒め、水溶き片栗粉でとろみをつける。少量を残しておいたねぎのみじん切りを散らす。

下ごしらえをしたエビはツルッとプリプリ

エビとスナップえんどうのにんにく炒め

材料（2人分）
- むきエビ…150g
- スナップえんどう…200g
- しいたけ…4枚
- にんにく…1片
- A
  - 酒…小さじ1/2
  - 塩…少々
  - 片栗粉・サラダ油…各小さじ1
- サラダ油…大さじ1
- 酒…大さじ2
- 塩・こしょう…各少々
- ごま油…少々

作り方
1. ボウルにエビを入れ、Aを順に加えてその都度よく混ぜる。スナップえんどうはヘタと筋を取る。にんにくはみじん切りに、しいたけはいしづきを取り、半分に切る。
2. フライパンにサラダ油とにんにくを入れ、中火で炒める。香りが立ったらエビを加えて炒める。エビの色が変わったら、残りの1、酒を加えて軽く炒め合わせる。
3. 1分ほど炒めたら、塩、こしょう、ごま油を加え、全体を混ぜ合わせる。

伊勢海老

産地は千葉や和歌山で、秋から翌春が旬。身は低脂肪、高たんぱく。

甘海老

秋から冬が旬。身の甘さからアマエビと呼ばれ、刺身がおすすめ。

芝海老

体長約15㎝のクルマエビ科。天ぷらやすり身に使われる。

桜海老

国内では駿河湾のみで水揚げされ、干すと鮮やかな桜色になる。

コツ フライのポイント

油はねの原因である尾先を切って水分をしごく。衣に生パン粉を使うとジューシーに。180℃の油でじっくり揚げ、揚げる音が大きくなったら火が通った合図。衣は、砕いたせんべい、ナッツ、そうめんも新食感でいい。

勢いよく炒めて素材の食感を生かす

エビ焼きそば

材料（2人分）

エビ（殻つき）…8尾
塩…小さじ1/4
中華蒸し麺…1玉
長ねぎ…1/2本
しょうが…1/2片
にら…1/2束
もやし…1/2袋
ごま油…大さじ1
A 片栗粉…小さじ1
　酒…大さじ1
　こしょう…少々
B 酒…大さじ2
　オイスターソース・しょう油…各大さじ1/2
　塩・こしょう…各少々

作り方

1. エビは殻をむいて背ワタを取り、塩をふってAをもみ込む。麺は半分に切り、ねぎ、しょうがは千切り、にらはざく切りにする。
2. 鍋にごま油、しょうがを入れて炒める。しょうがの香りが立ったら、エビとねぎを加えて炒め、エビが半分ほど色が変わったら麺を入れ、全体に炒め合わせる。
3. Bを加え、にらともやしを入れて軽く混ぜ合わせる。

おがくずの理由

湿らせたおがくずの中に活エビを入れて冷蔵。これは、エビが海底の砂の中で冬眠しているように安心して眠ることができるため、鮮度を保つことができる。

アジアンおつまみに
枝豆を加えて彩りアップ

枝豆エビパン

材料（2人分）

むきエビ…40g
枝豆…20g（豆のみ）
A たまねぎのみじん切り…1/8個分
　おろししょうが…小さじ1/2
　溶き卵…1/4個分
　片栗粉…小さじ1
　ナンプラー…小さじ1/2
　塩・こしょう…各少々
サンドイッチ用食パン…2枚
揚げ油…適量

作り方

1. エビは背ワタを取り、包丁でたたく。枝豆はゆでてさやから豆を出し、細かく刻む。
2. ボウルに1、Aを入れてよく混ぜ、四つ切りにした食パンにのせる。
3. 170℃に温めた揚げ油で、2の具の面を下にして入れ、両面をキツネ色に揚げる。

カニ

蟹

日本近海でも1000種類

カニは、かたい殻に覆われ、通常1対のハサミと4対の脚があります。その種類はとても多く個性も豊か。例えばタラバガニの脚は3対しかなく、身は大きいのですが、ミソは少なめです。ズワイガニ（松葉ガニ）は、流通しているものは雄で、雌は半分ほどの大きさです。

カニは傷みが早く、すぐに臭気が出るので、港でゆでてから出荷されていましたが、物流システムの進化で生のものも楽しめるようになってきました。

ズワイ蟹
マツバガニ、エチゼンガニと呼ばれる日本の代表種。

食品成分表（ズワイガニ　ゆで　可食部 100g あたり）

エネルギー		69kcal
水分		82.5g
たんぱく質		15.0g
脂質		0.6g
炭水化物		0.1g
無機質	**カルシウム**	**120mg**
	マグネシウム	**55mg**
ビタミンE（α-トコフェロール）		**2.6mg**

低脂質で低カロリー。血中コレステロールの上昇を抑える働きがあるタウリン、キチン、アスタキサンチンが豊富。甲羅に含まれる食物繊維のキチンは便通を整えたり、血糖値の上昇を抑える効果があるので工業的にも利用されています。

カニだしを味わうみそ仕立ての豪快鍋

毛ガニ鍋

材料（2人分）

毛ガニ…1ぱい
はくさい…1/4株
にんじん…適量
長ねぎ…1本
しいたけ…4枚
木綿豆腐…1/2丁
だし汁…600㎖
みそ…適量

作り方

1. 鍋にだし汁を入れ、カニを煮る。軽く煮たらカニを取り出し、汁をこす。
2. 野菜と豆腐は食べやすい大きさに切る。
3. 鍋に1の汁を入れ、みそを溶かし加える。カニ、2を加えて煮込む。

カニエキスたっぷり濃厚ソース

ワタリガニのトマトクリームパスタ

材料（2人分）

ゆでワタリガニ…1ぱい
パスタ…120g
にんにく…1片
パセリ…1本
赤とうがらし…2本
トマト（缶詰）…1/2缶
オリーブ油…大さじ2
生クリーム…100㎖
白ワイン…50㎖
塩・こしょう…各少々

作り方

1. カニはフンドシと甲羅をはがし、エラを除く。殻つきのまま身を2等分にし、脚は足先を除き、キッチンバサミで切り分けて切り込みを入れる。
2. にんにく、パセリはみじん切りにし、赤とうがらしはタネを除く。トマトは実をつぶす。
3. フライパンにオリーブ油とにんにくを入れ、弱火で軽く炒め、赤とうがらし、カニの身と脚を加える。中火でカニを木べらでつぶしながら炒める。
4. ワイン、パセリ、甲羅、トマト、塩、こしょうを加え、ふたをして2分ほど煮、火を止める。
5. 4に生クリームを加え、弱火で1分ほど煮る。ゆでたパスタとソースを和える。

毛蟹

旬は冬から早春で、全身に短い剛毛が生えているのが特徴。

鱈《たら》場《ば》蟹《がに》

キングクラブと呼ばれ、身がぎっしり詰まった脚は美味。

渡り蟹

青緑の体色は、ゆでると朱赤に変化する。東南アジアで多く出回る。

わさびがきいたクリーミーサラダ

カニとアボカドのわさびサラダ

材料（2人分）

ゆでガニのむき身…100g
たまねぎ…1/4個
セロリー…1/2本
アボカド…1/2個
レモン汁…小さじ1
A ｜マヨネーズ…大さじ2
A ｜練りわさび…小さじ1/2

作り方

1. カニは身を粗くほぐし、軟骨を除く。たまねぎとセロリーは薄切りにし、塩少々（分量外）をふって、しんなりしたら水気をしぼる。
2. アボカドは1㎝厚さに切り、レモン汁をまぶす。
3. Aで1と2を和える。

殻でも十分だしが出る

焼き殻スープ

フライパンにサラダ油を熱し、にんにくのみじん切り1/2片分を香りよく炒め、カニの殻100～150gを入れて炒める。熱湯300㎖を加え、煮立ったら酒・しょう油・砂糖・塩・こしょう各適量で調味する。カニの殻を除き、もどした春雨、斜め切りにした長ねぎ適量を加えて軽く煮込む。

カニの食べ方

毛ガニ

1 脚の根元にハサミを入れて、切り離す。

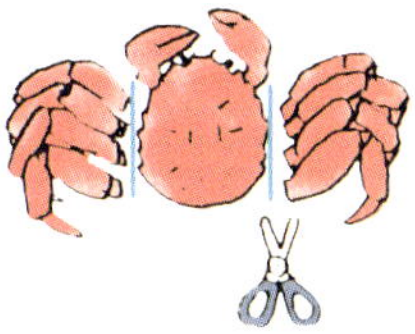

2 フンドシを切り取る。

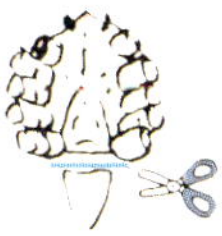

3 甲羅を下にして、ミソを落とすようにめくり胴体をはずす。

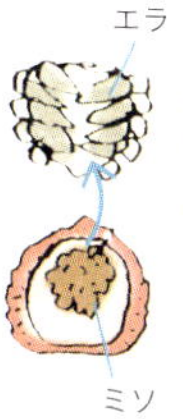

4 エラをはずして根元の部分を切り分ける。

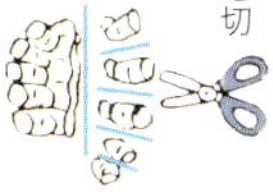

ズワイガニ（松葉ガニ）

1 裏側にある三角のフンドシを切り取る。

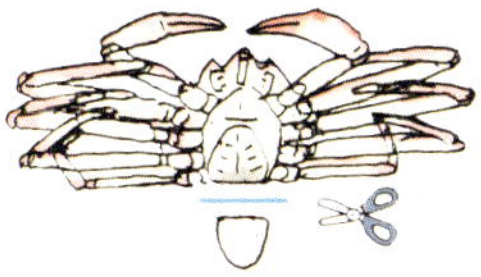

2 中央から縦にハサミで切り、甲羅からはずす。

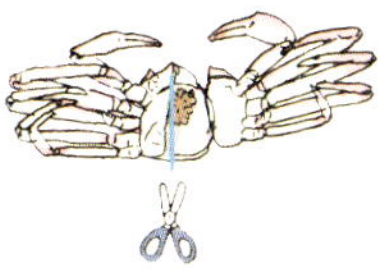

3 エラをはずして脚は切り分ける。

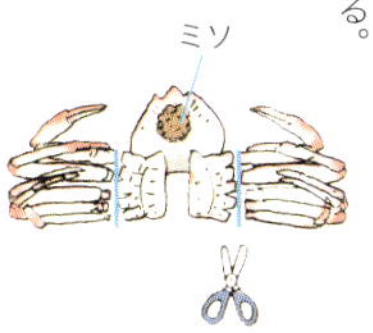

タラバガニ

1 裏側にある三角のフンドシを切り取る。

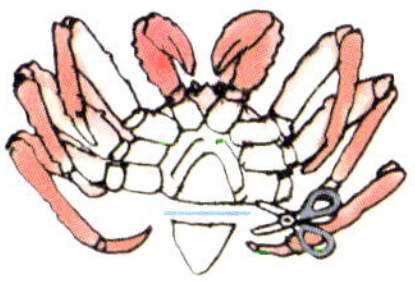

2 中央から縦にハサミで切り、甲羅からはずす。

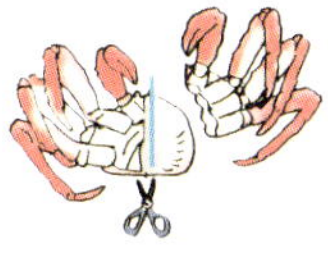

3 エラをはずして、脚は切り分ける。

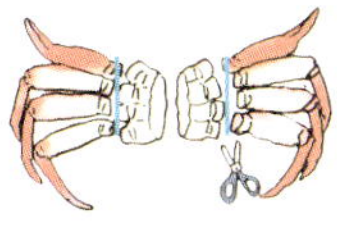

※作業のときは、必ず軍手などを着用のこと。

貝類

食べやすくなった養殖の貝

日本の沿岸では様々な貝が生息していましたが、天然ものに代わって、盛んに養殖されているものもあります。

ホタテガイやカキなどは、天然ものを意識することはありませんが、価格は安定しており、栄養豊富な食材のひとつです。アワビやアカガイ、ハマグリなど、なじみがあるものが、収穫量が激減しているのも事実。

ムール貝など、今まで輸入品だけだと思われていたものが、盛んに養殖され始め、定番食材となる日も近いでしょう。

食品成分表
（カキ　養殖　生　可食部 100g あたり）

エネルギー		60kcal
水分		85.0g
たんぱく質		6.6g
脂質		1.4g
炭水化物		4.7g
無機質	**カルシウム**	**88mg**
	マグネシウム	**74mg**
	鉄	**1.9mg**
	亜鉛	**13.2mg**

「海のミルク」ともいわれるカキは各種のミネラルや、ビタミンB群やEの供給源となります。特に豊富な亜鉛は味覚細胞の形成や免疫機能、男性機能の維持に重要です。鉄分が多く鉄の吸収を助ける銅も含まれるので貧血防止にも効果的。炭水化物の大部分のグリコーゲンは肝機能を強化します。

牡蠣
旬はマガキが晩秋から早春、イワガキは夏。

カキのオイスターソース

コクのあるソースでご飯が進む

材料（2 人分）

- カキ（加熱用）…300g
- 酒…大さじ 1/2
- 片栗粉…大さじ 2
- にんにくの芽…1 束
- サラダ油…少々
- A
  - オイスターソース…大さじ 2
  - みそ・砂糖…各小さじ 1
  - 酒…大さじ 1
  - 水…大さじ 2

作り方

1. カキは洗って水気を切り、酒をふって片栗粉をまぶす。にんにくの芽は 4 ～ 5 ㎝長さに切る。
2. フライパンにサラダ油を熱し、中火でにんにくの芽を 1 分ほど炒める。
3. 2 に 1 のカキを入れ、両面を 1 分くらいずつ焼く。A を加えてからめ、汁気がとんだら火を止める。

ホタテのバターソテー

バターは最後に加えて香りよく

材料（2 人分）

- ホタテ…10 個
- 塩・こしょう…各少々
- 小麦粉…適量
- しょう油…小さじ 1/2
- ブランデー…小さじ 2
- バター…10g
- サラダ油…小さじ 1

作り方

1. ホタテは塩、こしょうをふって 3 分ほどおき、水気をふき取って小麦粉を薄くまぶす。
2. フライパンにサラダ油を熱してホタテを入れ、強火で焼く。
3. いったん火を止め、しょう油、ブランデーをふり入れ、中火にしてホタテにからめる。
4. 焼き色がついてきたらバターを加え、からめるようにして焼く。

シジミのみそ汁

「酒呑みにシジミのみそ汁」といわれるように、シジミのたんぱく質は肝臓の機能改善や、二日酔いに効果的と知られています。また、目の疲れを取ったり、利尿促進の働きもあるという健康食材です。

帆立

主な産地は北海道、東北地方。養殖が盛んで、量、味ともに安定している。

蜆

旬は春で、淡水、汽水域に生息。冷凍すると旨みが増す。

浅蜊

日本各地の内湾域に生息。旬は産卵期の晩春と晩秋の直前。

蛤

おいしい時期は春。国産は絶滅寸前で、朝鮮半島や中国から輸入している。

アサリの蒸し汁で炊いた

アサリの炊き込みご飯

材料（作りやすい分量）

米…2合
アサリ…200g
酒…大さじ3
だし汁
　…350～400㎖
A 薄口しょう油
　　…大さじ1
　みりん…小さじ2

作り方

1. 米は洗ってざるに上げ、30分おく。
2. アサリは洗って水気を切り、鍋に入れて酒を加え、ふたをして強火にかける。アサリの口が開いたら火を止め、取り出して殻をはずす。蒸し汁はペーパータオルなどでこす。
3. 炊飯器に米、アサリの蒸し汁、Aを入れ、目盛りまでだし汁を足して普通に炊く。
4. 炊き上がったら10～15分蒸らし、アサリの身を加えて全体に混ぜ合わせる。

香ばしいパン粉がお酒と相性がいい一品

ハマグリのハーブ焼き

材料（2人分）

ハマグリ（殻つき）
　…10～12個
白ワイン…適量
塩・こしょう…各少々
バター…大さじ1と1/2
パン粉…1/2カップ
にんにくのみじん切り
　…1片分
好みのハーブのみじん切り
　（タイム、ローズマリー、
　イタリアンパセリなど）
　…小さじ2

作り方

1. ハマグリはよく洗う。フライパンにバターとにんにくを入れ、弱火でゆっくり炒める。少し色づいたらパン粉とハーブを入れて混ぜ、全体にしっとりしたら火を止める。
2. 鍋にハマグリを入れて白ワインをふり、ふたをして火にかける。ハマグリの口が開いたら塩、こしょうをふる。
3. 耐熱皿にハマグリを並べて1をかけ、180℃に温めたオーブンで表面に焼き色がつくまで焼く。

煮切った酒で香りづけ

アサリの蒸し煮

材料（2人分）

アサリ（殻つき）…400g
酒…130㎖
サラダ油…少々
しょうが・にんにくの
　みじん切り
　…各1片分
しょう油…少々
パセリのみじん切り…適量

作り方

1. アサリはよく洗う。小鍋に酒を入れて火にかけ、煮立ててアルコールをとばす。
2. 別の鍋にサラダ油、しょうが、にんにく、アサリを入れて炒め、1の酒を加えパセリをふり、ふたをする。
3. 煮立ってアサリの口が開いたら、しょう油で調味する。

海藻
カイソウ

海の国、日本は海藻も野菜として食べてきた

日本人は、魚介類と同じように、藻類も身近な食材として利用してきました。生はもちろん、塩漬けや乾燥させて保存性を高め、佃煮や寒天にするのも日本的な利用法です。かつて野菜の少ない冬季には、その代用としても活用されてきました。
沿岸の環境問題もあって、現在では、多くの種類が養殖で安定供給されています。

若布
春から初夏が旬で、ほとんどが養殖。

食品成分表（乾燥ワカメ　素干し　可食部 100g あたり）

エネルギー	117kcal
水分	12.7g
たんぱく質	13.6g
脂質	1.6g
炭水化物	41.3g
無機質　カリウム	**5200mg**
カルシウム	**780mg**
ビタミン A（β-カロテン当量）	**7800μg**
食物繊維	32.7g

海藻特有成分のヨウ素は、新陳代謝を活発にして成長を促し、甲状腺ホルモンを生成するので成長期には不可欠です。ぬめりのもとフコイダンは抗ガン作用やコレステロールの上昇を抑える作用が。

ヘルシーなのはもちろん
少ない肉でもボリュームたっぷり

ワカメの豚肉ロール

材料（2人分）

- ワカメ（乾燥）…もどして 150g
- 豚ロース薄切り肉…10～14枚
- しょうが…1片
- 小麦粉…少々
- サラダ油…大さじ2
- A はちみつ…大さじ1
- A 酢…大さじ1
- A しょう油…大さじ1
- A 酒…大さじ1
- ごま（金）…適量

作り方

1. 豚肉は5～7枚を少しずつ重ねて並べる。水気をしぼったワカメ 1/2 ずつを豚肉の上にのせ、さらに千切りにしたしょうがをのせる。
2. 豚肉の端からしっかり巻き、楊枝で止めて全体に小麦粉をまぶす。
3. フライパンにサラダ油を熱し、2の巻き終わりを下にして入れ、全体に焼き色がつくまで転がしながら焼く。
4. 余分な油をふき取り、合わせた A を加えて煮からめる。楊枝を抜き、ひと口大に切ってごまをふる。

常備
食べる直前に甘酢と和えて

コンブしょうがの甘酢漬け

切りコンブ（生）100g をざく切りにし、熱湯をかける。にんじん4㎝、しょうが2片、長ねぎ5㎝は千切りにする。鍋にしょう油・酢各大さじ1と 1/2、ごま油少々、砂糖小さじ1を入れ、ひと煮立ちさせて甘酢を作る。コンブと切った野菜、赤とうがらしの小口切り 1/2 本分を合わせ、甘酢と和える。

だしをとったコンブ 60g は細切りにする。鍋にコンブ、梅干し1個をくずしてタネごと入れ、かぶる程度の水を加えて火にかける。煮立ったらふたをして弱火にし、やわらかくなるまで7～8分煮る。梅干しのタネを除き、しょう油・みりん各大さじ 1/2、砂糖小さじ1、ごま少々を加え、煮汁がとぶまで煮る。

常備
お茶漬けに合う常備菜

だしがらコンブの梅煮

利《り》尻《しり》昆布

だしコンブとして使われ、上品な味から特に京都でよく使われる。

羅《ら》臼《うす》昆布

産地は北海道羅臼町近海。コクのあるだしがとれる高級品。

日高昆布

価格が手頃で、だしのほかに、具としても利用される。

具はのりだけ！

のりみそ汁

鍋にだし汁300㎖を温め、みそ大さじ1と1/2を溶かしてひと煮する。器に焼きのり1枚をちぎり、みそ汁を注ぐ。

和と洋の新しいハーモニー

のりトースト

食パン1枚はスライスチーズ2枚をのせ、オーブントースターで焼く。こんがり焼いたら、のり1/4枚をのせる。

お好みでしょう油をたらりとかけて食べて

いんげんとお揚げののり巻き

材料（2人分）

のり…1枚
さやいんげん…80g
油揚げ…1枚
削り節…少々
しょう油…少々
花がつお…少々

作り方

1. いんげんは筋を取り、塩（分量外）を加えた熱湯でゆでて冷ます。
2. のりの上に油揚げをのせて削り節をふり、いんげんを手前に置く。巻き終わりにしょう油を塗り、手前から巻く。
3. 巻き終わりを下にし、少しなじませてから食べやすい大きさに切る。上に花がつおをのせる。

旬のカレンダー　魚

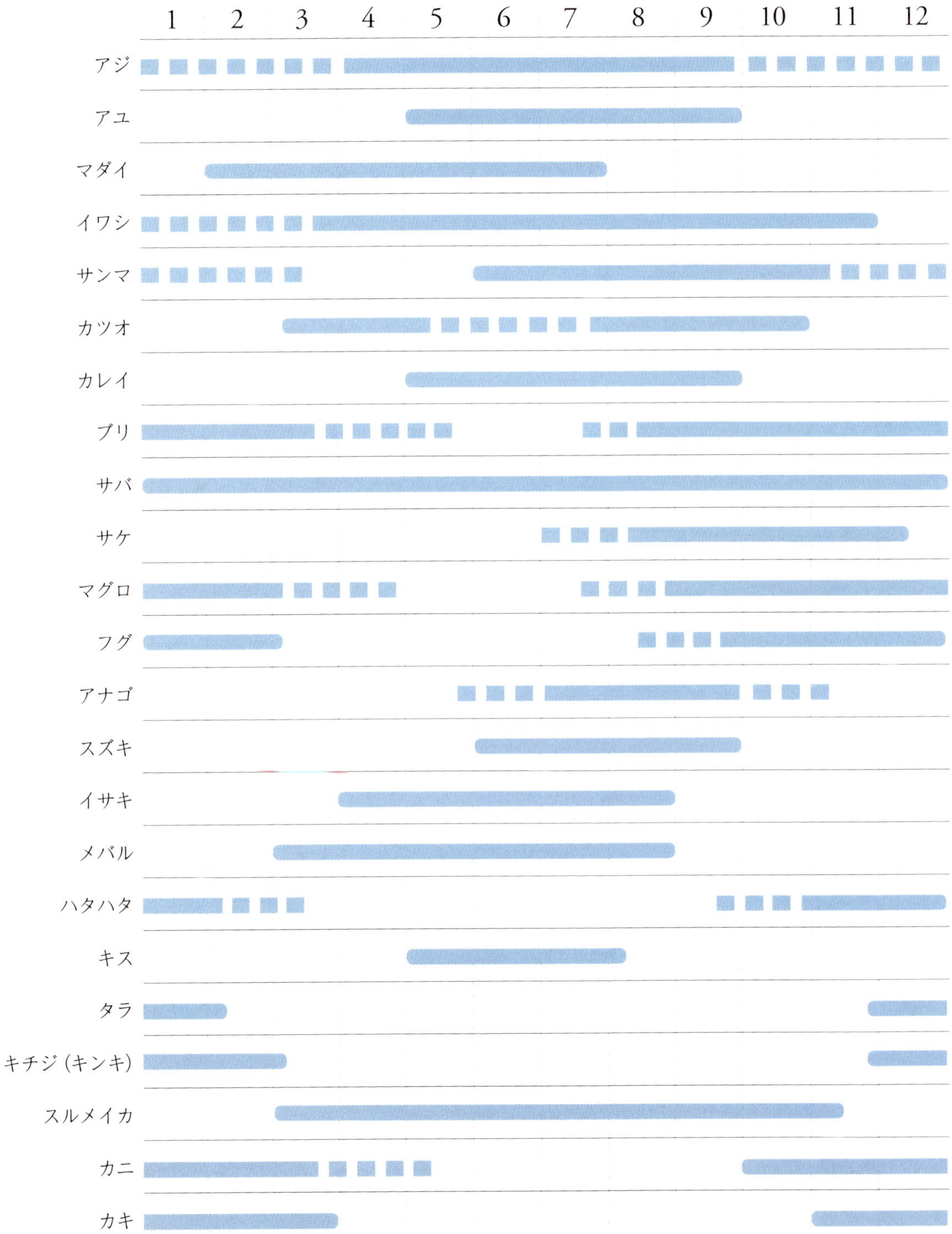

※天然魚の旬は、品種・産地によっても異なるため、詳しくは「日本の食材帖」を参照ください。

肉
その他

Meat&Other

牛《ウシ》

牛肉の食文化はまだ100年足らず

牛肉が庶民の食べ物になったのは大正時代以降ですが、牛肉の消費量は、日本の東西でいえば西で多いという傾向があります。これは、西日本では農耕に牛を使い、東日本では馬を使うことが多かったからだそうです。

国産食肉牛を大きく分けると、黒毛和種と乳用種になります。「和牛」と表記できるのは、黒毛和種など3種。乳用種（雌）と黒毛（雄）との間に生まれた交雑種は、乳用種が通年妊娠状態になるよう交雑されたもの。肉質は黒毛に近く「国産牛」として流通しています。

和牛は近年急速にブランド化が進み、各地に高級牛肉の銘柄が生まれています。

小ねぎを肉で巻いてラー油のピリ辛だれをかけて

牛肉のねぎ巻き

材料（2人分）

- 牛薄切り肉…150g
- 小ねぎ…1/2束
- A
  - すりごま（白）…大さじ1と1/2
  - 酢…大さじ1
  - 薄口しょう油…大さじ1
  - 砂糖…小さじ2/3
  - ラー油…小さじ1/2
  - ごま油…少々
- ベビーリーフ…適量
- サラダ油…大さじ1/2

作り方

1. 小ねぎは20㎝長さに切る。
2. 巻きすにラップを広げ、牛肉を少しずつ広げながら20㎝幅に並べ、手前にねぎをのせて端から巻き、ラップをはずす。
3. フライパンにサラダ油を熱し、2の巻き終わりを下にして入れ、転がしながら焼く。
4. 食べやすい大きさに切って器に盛り、合わせたAをかけ、ベビーリーフを添える。

焼き上がった肉は休ませて肉汁を落ち着かせる

ローストビーフ

材料（2人分）

- 牛ももかたまり肉…300～400g
- 塩・こしょう…各適量
- サラダ油…大さじ1/2
- A
  - 固形スープの素…1/2個
  - 塩・こしょう…各少々
  - 小麦粉・バター…各小さじ1
  - 赤ワイン…大さじ1
  - 水…200㎖

作り方

1. 牛肉はタコ糸でしばり、塩、こしょうを手ですり込み、サラダ油をかける。
2. 170℃のオーブンで30～40分焼く（肉の大きさによって時間は調整する）。
3. 焼き上がったらアルミホイルで包み、20分ほどおく。
4. 2の天板に残った肉汁にAを加え、小鍋に移して煮詰め、ソースにする。

コツ

ステーキのプロ技

牛肉にまんべんなく穴を開け、焼き縮みを防ぐ。サラダ油をかけてもみ、ラップをして冷蔵庫で5～6時間おく。焼く30分前ぐらいに肉を出し、直前に塩、こしょうをし、熱したフライパンで表を強火で、裏を中火で焼く。

食品成分表

（和牛肉　サーロイン　脂身つき　生　可食部 100g あたり）

和牛肉 サーロイン 脂身つき 生

エネルギー	498kcal
水分	40.0g
たんぱく質	11.7g
脂質	47.5g
炭水化物	0.3g
無機質　カリウム	180mg
鉄	0.9mg
亜鉛	2.8mg
ビタミンA（レチノール当量）	3μg
B_1	0.05mg
B_2	0.12mg

（和牛肉　肩ロース　脂身つき　生　可食部 100g あたり）

和牛肉 肩ロース 脂身つき 生

エネルギー	411kcal
水分	47.9g
たんぱく質	13.8g
脂質	37.4g
炭水化物	0.2g
無機質　カリウム	210mg
鉄	0.7mg
亜鉛	4.6mg
ビタミンA（レチノール当量）	3μg
B_1	0.06mg
B_2	0.17mg

（和牛肉　もも　脂身つき　生　可食部 100g あたり）

和牛肉 もも 脂身つき 生

エネルギー	246kcal
水分	62.2g
たんぱく質	18.9g
脂質	17.5g
炭水化物	0.5g
無機質　カリウム	310mg
鉄	1.0mg
亜鉛	4.0mg
ビタミンA（レチノール当量）	Tr
B_1	0.09mg
B_2	0.20mg

ごま油で炒めた
食欲が増す韓国風の丼

ズッキーニと牛肉のナムル丼

材料（1 人分）

- ズッキーニ…1/2 本
- 牛もも薄切り肉…50g
- A
  - 焼き肉のたれ（p164 参照）…大さじ 1/2
  - 小ねぎのみじん切り…小さじ 1
  - しょう油…少々
- ごま油…小さじ 5
- 塩…適量
- B
  - 長ねぎのみじん切り…小さじ 1
  - 塩・おろしにんにく…各少々
  - すりごま（白）…小さじ 2
- 卵黄…1 個分
- ご飯…丼 1 杯分

作り方

1. ズッキーニは 4 ～ 5 ㎝長さの短冊切りにし、塩少々（分量外）をふり、しんなりしたら水気をしぼる。牛肉は 1 ㎝幅に切り、A をもみ込む。
2. フライパンにごま油小さじ 2 を熱し、ズッキーニを強火でさっと炒め、B を加えてざっとからめる。
3. 2 のフライパンをふいてごま油小さじ 3 を熱し、牛肉をほぐし入れて強火で炒め、2 と和える。
4. ご飯を丼に盛り、3 と卵黄をのせる。

ビーフストロガノフ

短時間で濃厚な味に
フレンチフライの上にかけても美味

牛肩かたまり肉 300g は短冊切りにし、塩・こしょう各少々をふる。たまねぎ 1/2 個は 1 ㎝幅の半月切りに、マッシュルーム 1/2 パックは薄切りに、にんにく 1 片はみじん切りにする。バター大さじ 2 でにんにくとたまねぎを炒め、牛肉、マッシュルームを加えて炒める。赤ワイン大さじ 3 を入れてひと煮立ちさせ、スープ 200 ㎖、市販のデミグラスソース 60 ㎖を加えて 10 分ほど煮る。火を止めて生クリーム 50 ㎖を入れ、塩・こしょう各少々で調味し、皿に盛ったご飯にかける。

ご当地

タコライス

沖縄の名物

沖縄生まれの「タコライス」は、白いご飯の上に、スパイシーに味つけした牛ひき肉、シャキッとしたレタス、真っ赤なトマト、とろ～りと溶けたチーズをトッピングして辛いソースをかけたもの。メキシコ料理「タコス」が変身したヘルシーメニュー。

コツ

ハンバーグをジューシーに

ひき肉の代わりに切り落とし肉を粗く刻むと、肉の食感がいい。また、和牛脂のみじん切り少々をたねに加えると、肉汁がアップ。肉の両面に焼き色をつけたら、180℃のオーブンで中まで火を通すと、肉汁が逃げずジューシーに。

肉をしゃぶしゃぶにして
ヘルシーなタイ風の一品

牛肉と春雨のエスニックサラダ

材料（2人分）

- 牛もも薄切り肉…100g
- ナンプラー…少々
- 春雨…40g
- セロリー…1/2本
- 赤とうがらし…1本
- コリアンダー…適量
- A ナンプラー…大さじ1
- A レモン汁…大さじ1
- 塩…少々

作り方

1. 鍋に湯を沸かしてナンプラーを加え、牛肉を1枚ずつ広げながらゆでる。冷水にとり、水気を切る。
2. 春雨は熱湯でもどして食べやすい長さに切る。セロリーは斜め薄切りに、赤とうがらしはぬるま湯につけてもどし、タネを除いてみじん切りにする。
3. ボウルに1、2、ちぎったコリアンダー、Aを加えて混ぜ合わせる。塩で味を調える。

伝統

牛タン麦とろ

宮城県の郷土料理

牛タン焼きの発祥の地といわれる仙台市。仙台では炭火で焼いた牛タン、とろろ、麦飯、テールスープをセットで提供するお店が多く、牛タンを麦とろでさっぱり食べられると人気。味つけは塩味が一般的だが、みそ、たれなどもある。

常備

お弁当にぴったり

牛そぼろ

牛こま切れ肉100gを粗みじん切りにする。鍋に砂糖・酒・みりん・しょう油各大さじ1/2を入れて混ぜ、切った牛肉、しょうがのみじん切り1片分を加えて10分ほどおく。鍋を中火にかけ、肉がほぐれたら強火にし、汁がなくなるまで炒りつける。

炊いたご飯に混ぜるだけ

牛ごぼうご飯

材料（作りやすい分量）

- 牛しゃぶしゃぶ用肉…150g
- ごぼう…１本
- ごま油…大さじ１
- 米…２合
- A 麺つゆ（市販）…大さじ３
- A おろしにんにく…１片分
- のり…適量

作り方

1. 米は洗ってざるに上げて 30 分おき、炊飯器で普通に炊く。
2. ごぼうは皮をこそげてささがきにし、さっと水にさらす。牛肉は食べやすい大きさに切る。
3. フライパンにごま油を熱し、水気を切ったごぼう、牛肉の順に炒める。油が回ったら、合わせたＡを加え、炒め合わせる。
4. １のご飯に３を加えて混ぜ、ちぎったのりを散らす。

ご当地

日本生まれの

佐世保バーガー

国産牛 100%のパティ。外がカリッと中がもっちりしたパンの中には卵、チェダーチーズ、肉厚ベーコンとたまねぎ、トマト、レタスなどの新鮮な国産野菜がたっぷり入っている。1950 年頃長崎県佐世保市の米軍基地駐在のアメリカ人から教えてもらったのが始まりのハンバーガー。

常備

中まで味がしっかりしみ込んだ

牛タンのウスターソース漬け

材料（作りやすい分量）

- 牛タンかたまり…約 500g
- 塩…適量
- しょうが・長ねぎ…各適量
- A ウスターソース…大さじ５
- A しょう油…大さじ４
- A 赤ワイン・みりん…各大さじ２
- A おろししょうが…大さじ１

作り方

1. 牛タンは塩をよくすり込み、かぶるくらいの水、しょうが、ねぎとともに、圧力鍋で 25 分ほど加熱する。
2. １の牛タン、Ａを保存袋に入れて冷蔵庫で１日漬け、味がしみ込んでいたら食べ頃。漬けたまま保存すれば３日ほどもつ。

煮る関東、焼く関西

東西で調理法が違うすき焼き。関東は、だしにしょう油、砂糖、酒などを混ぜた割り下で牛肉を煮ます。一方、関西ではまず肉を焼き、砂糖をのせてしょう油をまぶし、直接味つけ。地域によって鶏肉や豚肉を入れることもあります。

ウシ

牛の部位

牛肉は部位によって選ぶべき料理法も

牛の分割法や部位の名前には、日本式、アメリカ式、イギリス式など多少の違いがあります。

部位は成分や肉質に特徴があるので、調理法や食べ方を選ぶとよいでしょう。

日本人は脂身が多く、やわらかい肉質を好みますが、牛の脂は融点が40～45℃と高め。例えば冷たいまま食べる場合は赤身を選ぶなど、ちょっとした工夫がおいしさにつながります。

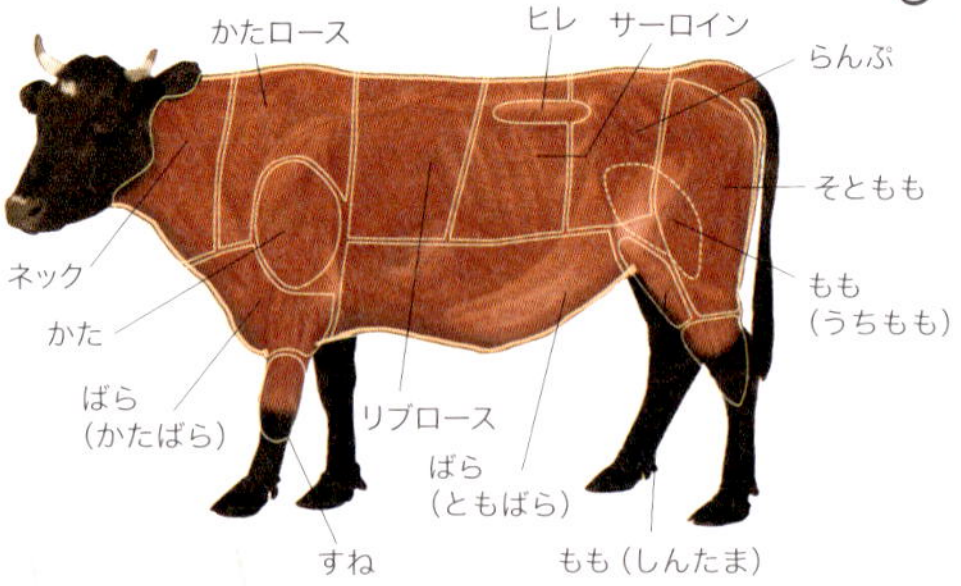

たんぱく質

人体を構成する重要成分のたんぱく質は、アミノ酸がつながったもの。20種類あるアミノ酸のつながりや組み合わせで、10万種ものたんぱく質を構成しています。そのアミノ酸の中でも、ヒトが体内で合成できないアミノ酸9種が必須アミノ酸。食肉のたんぱく質は、この必須アミノ酸を豊富に、しかもバランスよく含み良質です。肉類は部分によっては脂質が多いですが、効率よく栄養摂取するなら、赤身の部分がおすすめ。食事の中でたんぱく質の割合が高いと、満腹感が得られるといわれています。

ジューシーなハラミはレモンでさっぱりと

牛ハラミのレモンステーキ

材料（2人分）

牛ハラミ…200g
塩・こしょう…各少々
にんにく…1/2片
サラダ油…大さじ1
A ┃たまねぎのみじん切り…1/6個分
A ┃しょう油…小さじ1
A ┃レモン汁…大さじ2
粗びきこしょう…少々
レモン…適量

作り方

1. ハラミに塩、こしょうをふる。にんにくは薄切りにする。
2. フライパンにサラダ油とにんにくを入れて火にかけ、香りが立ったらにんにくを取り出す。
3. 2に1のハラミを入れ、両面を香ばしく焼く。
4. 皿に盛り、合わせたAをかけて粗びきこしょうをふり、レモンの薄切りを添える。

ていねいにアクを取ることおいしくなるポイントは

テールスープ

材料（作りやすい分量）

牛テール…約300g
長ねぎ…10㎝
しょうが…1/2片
八角…1個
水…適量
A ┃塩・こしょう…各適量
A ┃鶏がらスープの素（顆粒）…小さじ2
A ┃酒…大さじ1
コリアンダー…適量

作り方

1. 牛テールは水からゆで、沸騰して1～2分下ゆでし、洗って汚れを取る。ねぎは千切りにする。
2. 鍋に牛テールを入れ、八角、ひたひたの水を入れて火にかける。煮立ったらアクを取りながら、ふたをせず、弱火で2～3時間煮込む。
3. 八角を除き、Aを入れて調味し、30分煮る。器に盛り、コリアンダーとねぎを添える。

テール

尻尾。脂肪が多く、コラーゲンを含む。煮込み料理に最適。

ハラミ

横隔膜。一頭からとれる量が少なく、やわらかジューシー。

すね

筋が多くかたいが、煮込むとやわらかく、いいだしが出る。

レバー

たんぱく質やビタミンAが豊富。子牛のレバーはクセがなく食べやすい。

レバーの栄養

食肉の内臓に豊富なミネラルとビタミン。特にレバーは鉄や亜鉛などをはじめ、銅やマンガンなどの微量元素や、ビタミンA、D、B_2をとても豊富に含み、たいへん優れた食品です。

牛すね肉のビール煮込み

ビールで肉をやわらかく、ビター風味に

材料（作りやすい分量）

牛すねかたまり肉
…250g くらい
じゃがいも…2個
たまねぎ…1/4個
A
ビール…1缶（350㎖）
トマトジュース…160㎖
しょう油・バルサミコ酢
…各大さじ1
固形スープの素…1個
ローリエ…2枚
パセリ…少々

作り方

1. 牛すね肉は3㎝角に切り、熱湯で3分ほどゆで、冷水でアクを洗う。
2. じゃがいもは食べやすい大きさに切ってゆで、たまねぎはくし形に切る。
3. 鍋に1とたまねぎ、Aを入れて火にかける。アクを取りながら1時間ほど煮込む。
4. 皿に盛り、じゃがいもを添え、みじん切りにしたパセリを散らす。

牛すじとだいこんの和風煮

圧力鍋を使って手軽にスピーディーに

材料（2人分）

牛すじ肉…200g
だいこん…1/3本
A
だし汁…400㎖
酒…大さじ2
しょう油…大さじ3
みりん…大さじ1
小ねぎ…適量

作り方

1. 牛すじ肉は圧力鍋で加熱してやわらかくし、冷水でアクを洗い、食べやすい大きさに切る。
2. だいこんは2㎝角のさいの目切りにする。
3. 鍋に1、2、Aを入れて火にかけ、アクを取りながら味をしみ込ませる。
4. 器に盛り、小口切りにしたねぎを散らす。

煮込んだすじ肉は
トロトロに溶けるおいしさ

牛すじカレー

材料（2人分）

牛すじ肉…150g
たまねぎ…1/2個
にんじん…1/2本
にんにく…1/2片
サラダ油…適量
トマト（缶詰）
…1/2缶
カレールウ（市販）
…適量

作り方

1. 牛すじ肉は圧力鍋で加熱してやわらかくし、冷水でアクを洗い、ひと口大に切る。
2. たまねぎはくし形に切り、にんじんは乱切りに、にんにくは薄切りにする。
3. フライパンにサラダ油とにんにくを入れ、香りが立つまで炒める。たまねぎを加え、あめ色になるまで炒める。
4. 牛すじ肉とトマト、にんじんを入れ、ひたひたの水を加え20分ほど煮て、カレールウを溶かし入れる。

豚《ブタ》

食肉文化のはじめ とんかつは 大人気だった

豚は日本で一番食べられている肉です。イノシシを家畜として改良したものですが、日本でも「日本書紀」には、豚の飼育と食用の記録が残っているそうです。しかし、一般庶民の食卓に登場するのは明治時代になってから。

洋食料理が流行る中、千切りキャベツにウスターソースというとんかつのスタイルが登場。ビフテキよりもぐっと安く、それは瞬く間に全国に広まったそうです。

コツ

とんかつの上手な揚げ方

筋切りをして肉をやわらかくし、余分な肉汁が出ないように、揚げる直前に塩をふる。衣と肉を密着させるために、溶き卵にマヨネーズ少々を加え、サクサクの衣には生パン粉、または湿らせた乾燥パン粉を使う。

肉の脂を落とした
サラダ風のヘルシーな一皿

根みつばと豚肉のごま風味

材料（2人分）

豚薄切り肉…150g
根みつば…1/2束
塩…少々
酒…大さじ1
A 長ねぎのみじん切り…5㎝分
A しょうがのみじん切り…1/2片分
A 酢…大さじ1
A しょう油…大さじ1と1/2
A 砂糖…大さじ1/2
ごま油…大さじ1
すりごま（白）…少々

作り方

1. 根みつばは根を落とし、4㎝長さに切る。
2. 鍋にたっぷりの湯を沸かし、塩と酒を加える。豚肉を広げて入れ、火が通ったら取り出し、みつばを入れてさっとゆでる。
3. 2を器に盛り、合わせたA、ごま油、すりごまをかける。

ご当地

北海道が本場の甘辛ボリュームご飯

豚丼

材料（1人分）

豚ロース
　しょうが焼き用肉…4枚
塩・こしょう…各少々
サラダ油…小さじ1
A みりん・酒・しょう油
A 　…各大さじ1と1/2
A 砂糖…大さじ1
A はちみつ…小さじ1/2
ご飯…丼1杯分
グリーンピース（缶詰）
　…適量

作り方

1. 豚肉は筋を切って全体をたたき、塩、こしょうをする。
2. フライパンにサラダ油を熱して豚肉を入れ、両面に焼き色がつくまで焼き、取り出す。
3. フライパンの余分な油をふき、Aを入れて煮立たせる。とろみが出るまで煮詰めたら豚肉を戻し、たれをからめる。
4. 丼にご飯を盛り、豚肉とグリーンピースをのせる。

食品成分表
（大型種　ロース　脂身つき
生　可食部 100g あたり）

大型種
ロース
脂身つき
生

エネルギー…………263kcal
水分…………60.4g
たんぱく質…………19.3g
脂質…………19.2g
炭水化物…………0.2g
無機質　カリウム…………310mg
鉄…………0.3mg
亜鉛…………1.6mg
ビタミンA（レチノール当量）
…6μg
B_1…………0.69mg
B_2…………0.15mg

（大型種　もも　脂身つき
生　可食部 100g あたり）

大型種
もも
脂身つき
生

エネルギー…………183kcal
水分…………68.1g
たんぱく質…………20.5g
脂質…………10.2g
炭水化物…………0.2g
無機質　カリウム…………350mg
鉄…………0.7mg
亜鉛…………2.0mg
ビタミンA（レチノール当量）
…4μg
B_1…………0.90mg
B_2…………0.21mg

（大型種　ばら　脂身つき
生　可食部 100g あたり）

大型種
ばら
脂身つき
生

エネルギー…………386kcal
水分…………50.4g
たんぱく質…………14.2g
脂質…………34.6g
炭水化物…………0.1g
無機質　カリウム…………250mg
鉄…………0.6mg
亜鉛…………1.8mg
ビタミンA（レチノール当量）
…10μg
B_1…………0.54mg
B_2…………0.13mg

春菊は水をよくしぼって巻き込んで

春菊の豚肉巻き

材料（2 人分）
豚もも薄切り肉…150g
春菊…1 束
溶き卵…1/2 個分
片栗粉…適量
塩…少々
サラダ油…大さじ 1

作り方
1. 春菊は熱湯でさっとゆでて水にとり、しっかり水気をしぼる。
2. 豚肉を 3 ～ 4 枚ずつ広げ、春菊を巻き、巻き終わりを楊枝でとめる。
3. 2に塩をふってから片栗粉をまぶし、溶き卵をからめ、サラダ油を熱したフライパンに入れる。最初は強火で焼きつけ、次は弱火でしっかり火を通す、焼きながら楊枝をはずし、転がして焼き色をつける。
4. 焼き上がったら食べやすい大きさに切り、ポン酢をかけていただく。

弱火で味を煮含めた
しっとりやわらかい肉が美味

基本の煮豚 常備

材料（作りやすい分量）
豚かたまり肉（肩ロースまたはもも）
…500g くらい
ゆで汁…400 ㎖
しょう油…大さじ 5
酒…大さじ 2
砂糖…大さじ 2
しょうが…適量
長ねぎ（青い部分）…20 ㎝

作り方
1. 豚肉は鍋に入れ、たっぷりの湯を入れて火にかける。煮立ったら、アクを取りながら弱火で 20 分ほどゆでる。ゆで汁は分量を取りおく。
2. 鍋に豚肉以外の材料を入れ火にかける。煮立ったら豚肉を入れ、ふたをして弱火で 20 ～ 30 分煮る。
3. 煮上がったら、味がなじむまでしばらくおく。

ご当地　みその旨みで味わう

みそかつ

名古屋名物「みそかつ」は、とんかつに豆みそやだし汁、砂糖をベースにした独特のたれをかけたもの。老舗「矢場とん」によれば、串かつをどて鍋（もつ煮込み）にひたして食べたのが始まりだそうで、その濃厚な味わいが人気。

ブタ

豚の部位

骨以外に捨てるところがなくどの部位もやわらかい

豚肉の場合、牛肉のように細かな部位に分かれていません。そして、特にかたい部位もなく、利用しやすい肉質です。

しかし、豚には人体に感染する恐れのある寄生虫やE型肝炎ウイルスなどの可能性があるので、銘柄や産地にかかわらず、しっかり加熱調理することが必要です。

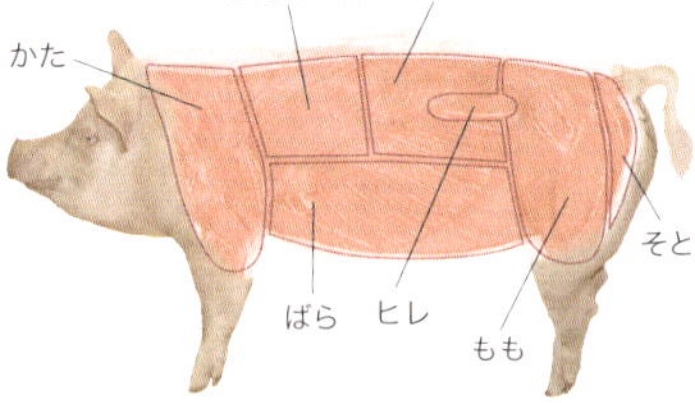

食肉のビタミン

ビタミンB群が豊富なのが特徴。ビタミンB_1は炭水化物のエネルギー代謝に関与し、特に豚肉には豊富。不足すると、いくら炭水化物をたくさん摂取してもエネルギーに変えることができず、疲れやすくなります。レバーなどに豊富なビタミンB_2は炭水化物、脂質、たんぱく質の代謝を促すビタミンで、スポーツマンなどエネルギー消費の多い人には不可欠。不足すると皮膚や粘膜が敏感になり、口内炎などになりやすくなります。

沖縄の定番料理は
じっくり煮込んでホロホロに

豚足煮込み

材料（作りやすい分量）

豚足…2本

A
- しょう油…70 ㎖
- 砂糖…大さじ4
- 陳皮…3g
- 八角…1個
- しょうがの薄切り…4枚

作り方

1. 豚足はよく洗い、残った毛をガスコンロの火であぶって除く。
2. たっぷりの湯で豚足を30分ほど下ゆでする。
3. 鍋に豚足、A、豚足が浸るぐらいの水を入れて火にかけ、煮立ったら弱火で2時間ほど煮る。

フルーツの力でやわらかジューシーに

豚ロースしょうが＋フルーツジュース焼き

材料（2人分）

豚ロースしょうが焼き用肉…200g

A
- パイナップルジュース…100 ㎖
- おろししょうが…1/2片分
- 酒…大さじ1
- しょう油…大さじ1/2

サラダ油…大さじ1

サラダ菜…適量

作り方

1. 豚肉は脂と赤身の境の筋に縦に切り込みを入れる。Aを合わせ、豚肉を15分ほど漬ける。
2. フライパンにサラダ油を熱し、肉の表側を強火で、裏側を弱火で焼いて取り出す。
3. 2のフライパンに漬け汁を入れて煮立て、豚肉を戻してからめる。
4. 皿にサラダ菜を敷き、3をのせる。

常備

塩豚

簡単な下ごしらえで自家製塩豚を作る。豚ばらかたまり肉に、肉の重量の5%の塩をすり込む。ローズマリーとともに保存袋に入れて冷蔵庫に。ひと晩経つと肉の水分が出てくるのでふき取る。スープの素にしたり、煮込んだりと様々な料理に。

ばら

「三枚肉」とも呼ばれ、赤身と脂肪が層になっている。濃厚な味わい。

ロース

やわらかく、縁の脂肪が美味。とんかつやしゃぶしゃぶに最適。

そともも

ややかたく、脂肪が少なくてあっさり味。料理全般に使える。

豚足《とんそく》

コラーゲンなどたんぱく質を多く含む。煮込み料理におすすめ。

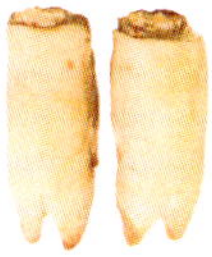

ミミ

耳。軟骨も含まれ、コリコリとした食感。酢の物や炒め物に。

コリコリとした
独特の食感がクセになる

ミミガーの酢の物

材料（2人分）

ミミ（ボイル）…60g
たまねぎ…1/4個
貝割れだいこん…1/6パック
糸とうがらし…少々

A
- 砂糖…大さじ2/3
- 酢…大さじ1/2
- しょう油…小さじ2/3
- レモン汁…少々

作り方

1. ミミは7～8㎜幅の細切りにする。たまねぎは薄切りにして水にさらし、水気を切る。貝割れだいこんは根元を落とす。
2. 合わせたAとたまねぎ、ミミを和える。器に盛り、貝割れだいこんと糸とうがらしを散らす。

ナッツの香ばしさが合う

ミミガーピーナッツ和え

たまねぎ1/4個は薄切りにし、つまみ菜20～30gはさっとゆでる。ピーナッツ粉・しょう油各大さじ1、砂糖大さじ1/2、水大さじ1/2～1を合わせ、ミミ（ボイル）とつまみ菜を加えて和える。器に盛り、たまねぎを添える。

コツ

豚骨スープのとり方

豚骨2～3本は洗い、金づちでたたき割って骨髄から味を出しやすくする。長ねぎ1本、しょうが2片、好みでたまねぎや煮干しを加え、水3ℓで煮出す。アクや脂をこまめにすくい、2～3時間煮出す。

ご当地

豪快にかぶりつく

肉巻きおにぎり

本家宮崎肉巻きおにぎりは、宮崎県産の米と豚肉でできたご当地料理。しょう油ベースのたれを入れて炊き込んだご飯を、たれに漬け込んだ豚もも肉の薄切りで巻いて焼く。肉汁とたれの味がご飯にしみ込んだ絶品。

加工食品《カコウショクヒン》

欧州人の知恵が ハムや ソーセージを 生んだ

ハム、ソーセージやベーコンは、北西ヨーロッパで進化した肉の保存調理法です。寒冷で家畜の飼料にも乏しかった時代、養豚は、夏の子豚をドングリで育て、年内に屠畜して加工するというサイクルで行ってきました。その加工品を、翌年の秋まで保存できる方法が進化したわけです。

生食用品種としての中ヨークシャー種、ハンプシャー種、加工用としては、ランドレース種、大ヨークシャー種があります。

ハム
豚肉を塩漬け、燻煙したもの。主にもも肉とロース肉で作られる。

ベーコンの塩気と
しょう油でシンプルに食べる

厚揚げこんがりベーコン

材料（2人分）

- 厚揚げ…1枚
- ベーコン…4枚
- わけぎ…2本
- しょう油…小さじ2
- オリーブ油…大さじ1
- 粗びきこしょう…少々

作り方

1. 厚揚げはオーブントースターまたはグリルで5～10分焼き、器に盛る。
2. ベーコンは短冊切りにする。わけぎは小口切りにして厚揚げにのせ、しょう油をかける。
3. フライパンにオリーブ油とベーコンを入れ、弱火で炒める。ベーコンがカリカリになったら2の厚揚げにのせ、こしょうをふる。

ホワイトソースと
少し濃いめに味つけした具で

ポテトソーセージグラタン

じゃがいも2個は1㎝厚さの輪切りにして水にさらす。たまねぎ1/4個は薄切りにする。ソーセージ3本は1㎝厚さ、厚切りベーコン2枚は1㎝幅に切る。フライパンにバター10gを溶かし、材料を炒め、塩・こしょうで調味する。耐熱皿にホワイトソース（市販）と炒めた材料を入れ、溶けるチーズ80gをかけて220℃のオーブンで焼き色がつくまで焼く。

ベーコンと黒酢の旨みを切り干しが含んだ

ベーコンと切り干しだいこんの黒酢煮

材料（2人分）

- ベーコン…2枚
- 切り干しだいこん…20g
- サラダ油…大さじ1
- A 黒酢…大さじ1
- A だし汁…100㎖
- A しょう油…小さじ1
- A 砂糖…小さじ1
- パセリ…少々

作り方

1. ベーコンは千切りにし、切り干しだいこんは水でもどす。
2. 鍋に油をひき、ベーコンがカリカリになるまで炒める。切り干しだいこんを加え、油をなじませる。
3. Aを加え、汁気がなくなるまで炒め煮する。
4. 器に盛り、パセリのみじん切りを散らす。

食品成分表

（ソーセージ類　ウインナー
可食部 100g あたり）

ソーセージ類
ウインナー

エネルギー		321kcal
水分		53.0g
たんぱく質		13.2g
脂質		28.5g
炭水化物		3.0g
無機質	**ナトリウム**	730mg
	カリウム	**180mg**
	鉄	**0.8mg**
	亜鉛	**1.4mg**
ビタミンB_1		**0.26mg**

ソーセージは肉の種類や合わせる材料、原料、製法によって多くの種類があり、高脂肪高エネルギーでビタミンB_1が豊富。畜肉加工品は塩分が多いので調味のときに控える工夫を。

（ハム類　ロース
可食部 100g あたり）

ハム類
ロース

エネルギー		196kcal
水分		65.0g
たんぱく質		16.5g
脂質		13.9g
炭水化物		1.3g
無機質	**ナトリウム**	**1000mg**
	カリウム	**260mg**
	鉄	**0.5mg**
	亜鉛	**1.1mg**
ビタミンB_1		**0.60mg**
	B_2	**0.12mg**

（ベーコン
可食部 100g あたり）

ベーコン

エネルギー		405kcal
水分		45.0g
たんぱく質		12.9g
脂質		39.1g
炭水化物		0.3g
無機質	**ナトリウム**	**800mg**
	カリウム	**210mg**
	鉄	**0.6mg**
	亜鉛	**1.8mg**
ビタミンB_1		**0.47mg**

ハムは豚肉のロースやもも肉を、ベーコンはばら肉を塩漬けにしてから燻製にしたもの。豚肉の栄養分とほぼ同じでたんぱく質やビタミンB_1が豊富なので、代謝を高め疲労回復に。ビタミンCが多いのは酸化防止剤を添加をしているからです。

ソーセージ

豚や羊の腸に、香辛料を入れた豚ひき肉を詰める。種類は様々。

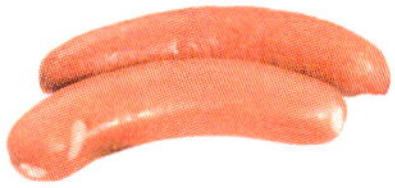

ベーコン

塩漬けした豚肉を燻製にしたもの。料理に加えるとコクが出る。

サラミ

牛や豚のひき肉のソーセージを乾燥させる。そのまま食べられる。

ハムとベーコンが味に深みをプラス

ハムと大豆のトマト煮

材料（2人分）

厚切りハム…2枚
ベーコン…2枚
たまねぎ…1/2個
にんにく…1片
オリーブ油…大さじ1/2
大豆（水煮）…200g
トマト（缶詰）…200g
水…200㎖
固形スープの素…1/2個
塩・こしょう…各少々

作り方

1. ハム、ベーコンは角切りに、たまねぎ、にんにくはみじん切りにする。
2. 鍋にオリーブ油を入れ、にんにく、ベーコンを加えて中火で炒める。薄く色づいたらたまねぎを加え、炒め合わせる。
3. 2に缶汁を切った大豆、トマト、スープの素を加え、トマトをつぶす。煮立ったら弱火で10分ほど煮る。
4. ハムを加えて2～3分煮、塩、こしょうで調味する。

冷ややっこを洋風にアレンジ

サラミとオリーブのイタリアン豆腐

サラミ8枚、ブラックオリーブ（種なし）8個、パセリ1本はみじん切りにする。これにおろしにんにく1/2片分、オリーブ油大さじ1、塩少々を加え混ぜる。器に水気を切った豆腐1/2丁を盛り、合わせた具をのせ、オリーブ油・こしょう・粉チーズ各適量をかける。

ホルモン

ホルモンにはまた別のおいしさがある

ホルモンとは、精肉(筋肉)以外の内臓類のこと。多くの部位があり、食べ方も様々です。

　ホルモンは、精肉の流通とは違い、ほとんどが専門店に行くか、加工品に使われます。精肉に比べ、鮮度が落ちやすいので、一般の流通はごくわずか。市販のものは、加熱してありますが、しっかり下処理をすると、おいしく食べることができます。

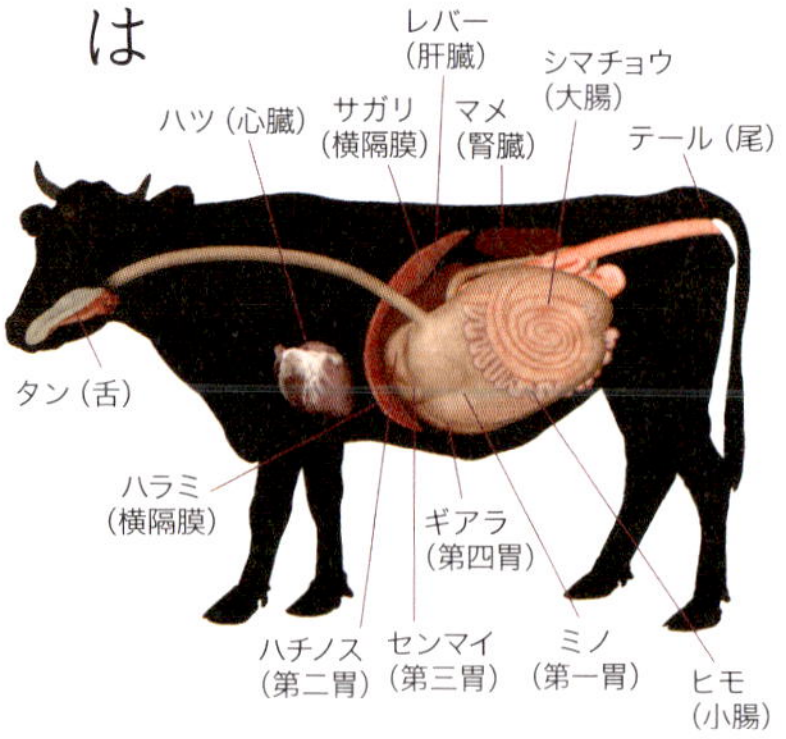

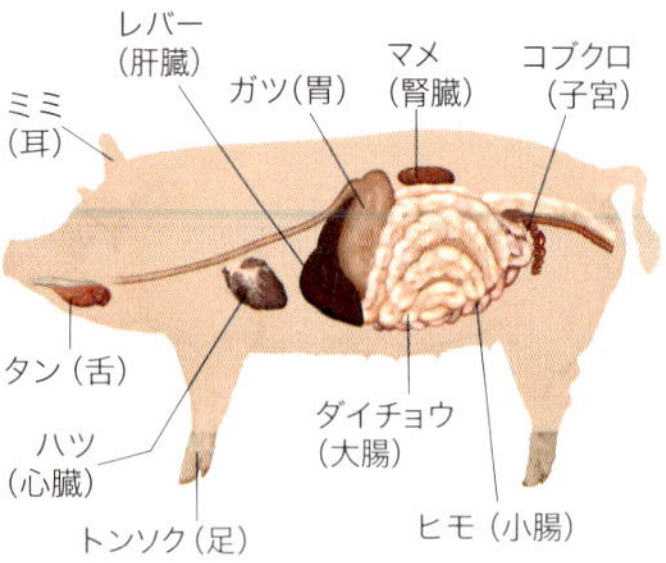

ご当地

口の中で溶ける！

厚木シロコロホルモン

養豚業が盛んな神奈川県厚木市は、おいしい豚のホルモン焼きの店が多い。厚木の豚ホルモンは、やわらかい大腸のみを裂かずに管状のままきれいにていねいに洗い、生のまま網焼きにするので、コロコロに。

赤みそがホルモンに合う

どて煮

材料（2人分）

- 牛ホルモン（ゆでたもの）…150g
- だいこん…8㎝
- にんじん 1/2本
- こんにゃく…1/2枚
- A
  - 赤みそ…40g
  - 砂糖…大さじ1
  - 酒…大さじ2
  - みりん…大さじ3
  - だしの素（顆粒）…少々
- 長ねぎ…5㎝分

作り方

1. ホルモンは下処理（p163参照）する。だいこん、にんじんはいちょう切りに、こんにゃくは下ゆでをし、食べやすい大きさに切る。
2. 鍋に1を入れて浸るぐらいの水を加え、具に火が通るまで煮る。
3. 合わせたAを鍋に加え、30分ほど煮込む。小口切りにしたねぎをのせる。

コリッとしたハツがアクセント

牛ハツとトマトのアジアン炒め

材料（2人分）

- 牛ハツ…200g
- きゅうり…1本
- トマト…2個
- にんにく…1片
- セロリー…1/2本
- A
  - ナンプラー・しょう油・酒…各大さじ1
  - 砂糖…小さじ1
  - こしょう…少々
- サラダ油…適量

作り方

1. ハツは薄切りにする。きゅうりは乱切り、トマトはくし形に切る。セロリーは斜め切りに、にんにくはみじん切りにする。
2. ハツは1のにんにく、Aと混ぜ合わせ、30分ほど漬ける。
3. フライパンにサラダ油を熱し、2を入れて炒める。ハツの色が変わったら、きゅうりとセロリーを加え、しんなりするまで炒める。
4. トマトを加え、炒め合わせる。

食品成分表

（牛　小腸　生
可食部 100g あたり）

牛
小腸
生

エネルギー		287kcal
水分		63.3g
たんぱく質		9.9g
脂質		26.1g
炭水化物		0g
無機質	**鉄**	**1.2mg**
	亜鉛	**1.2mg**
	銅	**0.07mg**
ビタミンA（レチノール当量）		**2μg**
	B_1	**0.07mg**
	B_2	**0.23mg**
	ナイアシン	**3.1mg**
	B_6	**0.05mg**
	B_{12}	**20.5mg**
	葉酸	**15mg**

（豚　小腸　ゆで
可食部 100g あたり）

豚
小腸
ゆで

エネルギー		171kcal
水分		73.7g
たんぱく質		14.0g
脂質		11.9g
炭水化物		0g
無機質	**鉄**	**1.4mg**
	亜鉛	**2.0mg**
	銅	**0.08mg**
ビタミンA（レチノール当量）		**15μg**
	B_1	**0.01mg**
	B_2	**0.03mg**
	B_{12}	**0.4mg**
	葉酸	**17mg**

レモンがきいたさわやかドレッシング

モツのさっぱりサラダ

材料（2人分）

- 豚白モツ…120g
- セロリー…1/2本
- たまねぎ…1/4個
- きゅうり…1/2本
- パプリカ（赤・黄）…少々
- パセリ…適量
- A 白ワインビネガー…大さじ1
- A レモン汁…大さじ1
- A オリーブ油…大さじ2
- A 塩・こしょう…各小さじ1/2強
- オレガノ・ルッコラ…各適量

作り方

1. モツは下処理（下記参照）する。セロリー、きゅうり、パプリカは1cm角に、たまねぎは粗みじん切り、パセリはみじん切りにする。
2. モツは水気を切り、1の野菜と合わせてAで和える。器に盛りルッコラやオレガノを添える。

オイスターソースが決め手

ホルモンのにんにく焼きそば

材料（2人分）

- 牛ホルモン（ゆでたもの）…200g
- にんにく…2片
- にら…1/2束
- もやし…1/2袋
- 中華蒸し麺…2玉
- サラダ油…大さじ1
- 赤とうがらし…適量
- A オイスターソース…大さじ1/2
- A しょう油…大さじ1
- A 塩・こしょう…各適量

作り方

1. ホルモンは下処理（左記参照）し、小さめに切る。にんにくはみじん切り、にらは食べやすい大きさに切り、赤とうがらしは輪切りにする。
2. フライパンにサラダ油とにんにく、赤とうがらしを入れて炒める。香りが立ったらホルモンを加え、よく炒める。
3. ホルモンに火が通ったらにらともやしを入れ、炒め合わせる。さらに麺を加えて軽く炒め、Aを入れて混ぜ合わせる。

コツ

モツの下処理

生のモツは新鮮ならば匂いが少ないが、必ず下ゆでをする。水からゆで、汁がにごったらモツを取り出し、水でよくもみ洗いをする。これを2〜3度繰り返したら、料理に使うことができる。茶色のモツは鮮度が落ちているので注意。

たれ・ソース・塩22種

肉、魚、野菜など幅広い料理に使えて味の変化が楽しめる便利なたれ・ソース。材料を混ぜるだけの簡単レシピはぜひお試しを。

焼き肉のたれ（甘辛） 肉

材料&作り方

しょう油…100㎖
砂糖…大さじ4
炒りごま（白）…大さじ1
ごま油…小さじ1
豆板醤…小さじ1/2
おろししょうが…1片分
おろしにんにく…1片分
こしょう…少々
一味唐辛子…適量

材料をすべて混ぜ合わせる。

焼き肉のたれ（さっぱり） 肉

材料&作り方

ポン酢…大さじ1
たまねぎのすりおろし
…小さじ1
すりごま（白）…小さじ1
豆板醤…適量
しょう油・ごま油…各小さじ1

材料をすべて混ぜ合わせる。

ガドガドソース 菜

材料&作り方

ピーナッツバター（無糖）
…大さじ1
ナンプラー…大さじ2
砂糖…小さじ2
酢…大さじ1
一味唐辛子…小さじ1/3

先にピーナッツバターとナンプラーを混ぜ、そのあと材料をすべて混ぜ合わせる。

マヨミルクからしだれ 菜 肉

材料&作り方

マヨネーズ
…大さじ2
コンデンスミルク
…小さじ2
練りがらし…小さじ1/2

材料をすべて混ぜ合わせる。

だし酢じょう油 魚

材料&作り方

干ししいたけ…1/2枚
桜エビ…小さじ1
酢…50㎖
しょう油…大さじ2

干ししいたけは粗く砕き、材料をすべて合わせ、1時間以上なじませる。

ねぎだれ 魚 肉

材料&作り方

長ねぎのみじん切り
…大さじ1
ザーサイのみじん切り…小さじ1
しょうがのみじん切り…小さじ1
みそ…小さじ1
酢…大さじ2
しょう油・ごま油…各大さじ1
ラー油…少々

材料をすべて混ぜ合わせる。

肉 肉料理と相性がよい
魚 魚料理と相性がよい
菜 野菜料理と相性がよい

和風タルタルソース 魚 菜

材料&作り方

小ねぎ…2本
みょうが…1個
らっきょう…1個
塩コンブ…ひとつまみ
おろしにんにく
…小さじ1/2
マヨネーズ
…大さじ2
酢…小さじ1
塩…少々

小ねぎは小口切り、みょうが、らっきょう、塩コンブはみじん切りにし、材料をすべて混ぜ合わせる。

ポン酢じょう油だれ 肉 魚

材料&作り方

しょう油…大さじ2
オレンジジュース
…大さじ1と1/2
酢…小さじ2
梅肉…小さじ1/2

材料をすべて混ぜ合わせる。

甘辛ケチャップソース 肉

材料&作り方

トマトケチャップ
…大さじ4
豆板醤…小さじ1
砂糖…大さじ1と1/2
長ねぎ…5㎝
おろししょうが…小さじ1
しょう油…大さじ1と1/2

ねぎはみじん切りにして軽く炒め、材料をすべて混ぜ合わせる。

さっぱり塩だれ 肉 菜

材料&作り方

長ねぎのみじん切り
…小さじ2
しょうがのみじん切り
…小さじ1
レモン汁…小さじ1
ごま油…大さじ2
塩…小さじ1と1/2
こしょう…少々

材料をすべて混ぜ合わせる。

※作り方は材料をすべて混ぜ合わせる。

ブレンド塩

ガーリック塩

肉 魚

材料

塩…大さじ 1
ガーリックチップ
（砕く）
…大さじ 1/2

ハーブチーズ塩

肉 菜

材料

塩…大さじ 1
ドライハーブミックス
…小さじ 1/2
粉チーズ…大さじ 1/2

抹茶塩

魚

材料

塩…大さじ 1
抹茶…小さじ 1/2

ゆかり塩

魚 菜

材料

塩…大さじ 1
ゆかり…小さじ 1

カレー塩

肉 魚

材料

塩…大さじ 1
カレー粉
…小さじ 1/2

さんしょう塩

魚 肉

材料

塩…大さじ 1
さんしょう（粉末）
…小さじ 1/2

ゆずみそだれ

魚 菜

材料＆作り方

みそ…大さじ 1
柚子こしょう…小さじ 1
みりん…大さじ 1 と 1/2
砂糖…小さじ 1

材料をすべて混ぜ合わせる。

トマトりんごソース

肉

材料＆作り方

ミニトマト…4 個
りんご…1/4 個
塩・こしょう…各少々

ミニトマトは刻み、りんごはすりおろし、材料をすべて混ぜ合わせる。

にんにくじょう油だれ

肉

材料＆作り方

おろしにんにく
…2 片分
しょう油…大さじ 4
酒…大さじ 1
砂糖…小さじ 1
ごま油・酢…各小さじ 1
コリアンダー…少々
ラー油…少々

材料をすべて混ぜ合わせる。

梅だれ

菜 魚

材料＆作り方

梅肉…大さじ 1/2
酢…大さじ 1
みりん…大さじ 1/2
薄口しょう油…小さじ 1/4

材料をすべて混ぜ合わせる。

豆板醤だれ

魚 肉

材料＆作り方

豆板醤…小さじ 1/2
酢…大さじ 4
しょう油…大さじ 2
砂糖…大さじ 1/2
しょうがのみじん切り
…小さじ 1/2
長ねぎのみじん切り…大さじ 1

材料をすべて混ぜ合わせる。

レモンわさびじょう油だれ

肉

材料＆作り方

レモン汁…小さじ 2
練りわさび…小さじ 1
しょう油…大さじ 2

材料をすべて混ぜ合わせる。

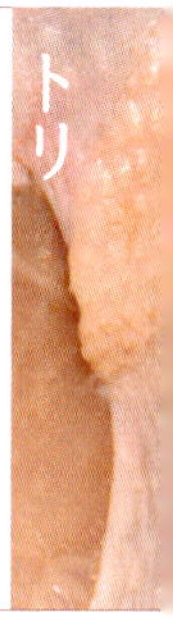

鶏《トリ》

から揚げには肉のやわらかいブロイラー

日本の養鶏は、戦後急速に成長しました。

日本の鶏肉の9割はブロイラー（肉用交配品種の総称）で、生産性が高く、若鶏は、平均8週間ほどで出荷されます。そのため、やわらかいのですが旨みの少ない肉質です。しかしから揚げの場合などでは、ブロイラーの方が濃い下味がしみ込みやすく、やわらかく仕上がります。

ブロイラーのほかにも、数多くの地鶏や銘柄鶏がありますが、その定義と表記は複雑。例えば、「比内鶏」。秋田県北部の在来種で、純粋な日本地鶏。天然記念物に指定されているので、食べることはできません。その改良種が「比内地鶏」として生産されているわけです。

一般的に、地鶏は旨みは強いのですが、生育期間が長いので、肉質はかためになります。

惣菜のきんぴらを使って手軽に

鶏きんぴらご飯

材料（作りやすい分量）

鶏もも肉…2/3枚
きんぴらごぼう（惣菜）…150g
米…2合
だし汁…適量
A しょう油…大さじ3
A 酒・みりん…各大さじ2
A 塩…小さじ1/2
小ねぎ…適量

作り方

1. 米は洗ってざるに上げ、30分おく。鶏肉は1cm角に切る。
2. 炊飯器に米とAを入れ、目盛りまでだし汁を加える。鶏肉、きんぴらごぼうをのせて普通に炊く。
3. さっくり混ぜ合わせ、小口切りにしたねぎを散らす。

ブルーチーズとはちみつがマッチ

鶏もものブルーチーズ焼き

鶏もも肉1枚は縦に切り目を入れて開き、真ん中に砕いたブルーチース適量をのせる。鶏肉でチーズを巻きアルミホイルの上に並べ、塩・こしょう各少々をふり、温めたグリルで全体に焼き目がつくまで焼き、食べやすい大きさに切り分ける。はちみつ・オリーブ油各大さじ2をを合わせてからめ、みじん切りにしたパセリをたっぷりかける。

コツ

照り焼きのポイント

鶏肉の皮側にまんべんなく穴を開け、焼き縮みを防ぐ。皮目から中火強で焼き、香ばしく焼けたら返し、弱火で焼く。最後に鶏肉を焼いたフライパンでみりん、しょう油、砂糖を合わせたたれを煮詰め、鶏肉にからめる。

食品成分表

若鶏肉
もも
皮つき
生

（若鶏肉　もも　皮つき
生　可食部 100g あたり）

エネルギー	200kcal
水分	69.0g
たんぱく質	16.2g
脂質	14.0g
炭水化物	0g
無機質　カリウム	**270mg**
マグネシウム	**19mg**
ビタミンA（レチノール当量）	**39µg**
B1	**0.07mg**
B2	**0.18mg**

若鶏肉
むね
皮つき
生

（若鶏肉　むね　皮つき
生　可食部 100g あたり）

エネルギー	191kcal
水分	68.0g
たんぱく質	19.5g
脂質	11.6g
炭水化物	0g
無機質　カリウム	**300mg**
マグネシウム	**23mg**
ビタミンA（レチノール当量）	**32µg**
B1	**0.07mg**
B2	**0.09mg**

若鶏肉
ささみ
生

（若鶏肉　ささ身　生
可食部 100g あたり）

エネルギー	105kcal
水分	75.0g
たんぱく質	23.0g
脂質	0.8g
炭水化物	0g
無機質　カリウム	**420mg**
マグネシウム	**31mg**
ビタミンA（レチノール当量）	**5µg**
B1	**0.09mg**
B2	**0.11mg**

じんわり味がしみた

鶏つくねとねぎの煮物

材料（2人分）

鶏ひき肉…300g

A
- 卵…1個
- 片栗粉…大さじ1
- 酒…大さじ3
- しょう油…小さじ1
- しょうが汁…少々

長ねぎ…1本

B
- 水…500㎖
- だしの素（顆粒）…小さじ2
- しょう油・みりん…各大さじ1

作り方

1. ひき肉にAを加え、練り合わせる。ねぎは4㎝長さに切る。
2. 鍋にBを煮立たせ、1の肉だねをスプーンですくって落とす。
3. ねぎを加え、中火で10～15分ほど煮る。

常備

パサつかずしっとり

鶏ハム

鶏むね肉1枚につき、はちみつ小さじ1を塗り、塩小さじ1強、こしょう小さじ1をすり込む。これを密封袋に入れ、冷蔵庫に2日おく。塩漬けした肉は軽く水洗いをし、30分～1時間ほど水につける。塩抜きした肉は沸騰した湯に入れ、煮立ったら火を止めてふたをし、汁ごと6時間ほどおいたら完成。

安価な鶏がらで
約7カップのスープができる

鶏がらスープ

材料（作りやすい分量）

鶏がら…2羽分
水…2ℓ
塩…小さじ1
にんじん…1/2本
セロリー…1本
たまねぎ…1/2個
ローリエ…2枚

作り方

1. 鶏がらはぶつ切りにし、血や脂肪を水で洗う。
2. 鍋に1と水を入れて強火にかけ、煮立ったら弱火にし、アクを取って塩を加える。
3. 適当な大きさに切った野菜、ローリエを加え、アクを取りながら30分ほど煮る。
4. ペーパータオルや布巾で煮汁をこす。

マリネ液にささみのゆで汁を加えた

ささみとごぼうのマスタードマリネ

材料（作りやすい分量）

鶏ささみ…3本
酒・水…各適量
A 酢…120㎖
A ささみのゆで汁…大さじ3
A 塩・サラダ油・ごま油…各小さじ1
A 砂糖…大さじ1と1/3
A 薄口しょう油…小さじ1と1/3
A こしょう…少々
新ごぼう…1本
粒マスタード・粗びきこしょう（黒）…各適量

作り方

1. ささみはそぎ切りにする。鍋にささみが浸るぐらいの水と酒を同量加えて煮立て、ささみを入れて弱火でゆでる。
2. 分量のゆで汁をこして残りのAと合わせ、熱いうちに粗くほぐしたささみを手早く加える。
3. ごぼうは洗って皮を残したまま斜め薄切りにする。さっとゆでて水気を切り、2に加える。
4. 保存袋に入れ、粗熱がとれたら冷蔵庫で半日ほど漬ける。食べるときに、粒マスタードと粗びきこしょうを加える。

コツ

筑前煮のポイント

煮るのではなく、炒め煮にするのが一番大事。まず鶏肉をさっと炒めて取り出す。次に、食感を生かすように乱切りにした野菜を、かたい順に入れて炒める。調味料を入れて鶏肉を戻し、最後は煮汁をとばして照りを出す。

ご当地

タルタルソースと相性抜群

チキン南蛮

宮崎県延岡市発祥のご当地料理で、タルタルソースと鶏肉の組み合わせが特徴的。塩こしょうした鶏肉に小麦粉をまぶし、溶き卵にくぐらせたものを油で揚げる。熱いうちに甘酢に短時間漬け込み、タルタルソースをかけて食べる。

定番料理をさっぱりアレンジ

鶏のから揚げ 野菜ドレッシングがけ

材料（2人分）

トマト（中玉）…3個
きゅうり…1/2本
たまねぎ…1/4個
A
マヨネーズ…大さじ1
白ワインビネガー…大さじ1
オリーブ油・はちみつ
…各小さじ2
塩・こしょう…各少々
鶏のから揚げ…適量

作り方

野菜はさいの目切りにし、合わせたAと混ぜてドレッシングを作る。器にから揚げを盛り、上からドレッシングをかける。

和風のたれが
コンブとゆで肉にマッチ

鶏肉のとろろコンブがけ

材料（2人分）

鶏むね肉…1枚
とろろコンブ…適量
A
しょう油…大さじ1
みりん…小さじ1
削り節…少々
卵黄…1個分
砂糖…小さじ1

作り方

1. 鶏肉は浸るぐらいの熱湯に入れ、ゆでる。Aは合わせておく。
2. ゆでた鶏肉は食べやすい厚さに切る。器に盛り、Aをかけ、とろろコンブをのせる。

常備

漬けて冷凍

しょう油とみりん同量のたれに、ひと口大に切った鶏もも肉を入れ、2～3時間漬け込む。たれごと保存袋に入れ、冷凍庫へ。使うときは自然解凍し、このまま焼くと照り焼き風になる。同じ方法で漬けた鶏肉を、焼いてから冷凍保存でもOK。

トリ

鶏の部位

どの部分もクセなく高たんぱくで消化もよい

鶏の部位は、もも肉、むね肉、手羽、ささみに分けられます。

もも肉は赤みがあり、脂肪も適度にあります。むね肉は見た目も白っぽく、淡白な味で脂肪も少なめ。手羽先はゼラチン質と脂肪が多く、揚げ物、煮込みに合います。

鶏の内臓物は、牛豚のホルモンと違ってクセもなく、精肉と同じように流通しています。

鮮度の低下が早いので、調理するか火を通してから保存する方がよいでしょう。

食品成分表
（若鶏肉　手羽　皮つき
生　可食部 100g あたり）

エネルギー		211kcal
水分		67.2g
たんぱく質		17.5g
脂質		14.6g
炭水化物		0g
無機質	**カリウム**	**180mg**
	マグネシウム	**14mg**
ビタミンA（レチノール当量）		**59μg**
	B_1	**0.04mg**
	B_2	**0.11mg**

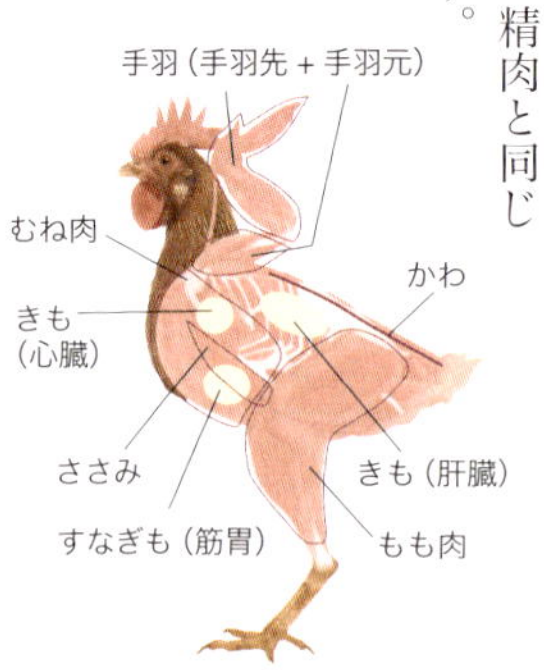

焼いた手羽先が熱いうちに
たれをからませて

ペッパーチキン

材料（2 人分）
手羽先…8 本
塩・こしょう…各適量
片栗粉…大さじ 3
A しょう油・みりん・黒酢…各大さじ 2
A 酒…大さじ 1
A ごま（白）…大さじ 1
A 粗びきこしょう…適量
サラダ油…適量

作り方
1. 手羽先は塩、こしょうをもみ込む。ポリ袋に片栗粉を入れ、手羽先を加えてまんべんなくまぶす。
2. フライパンに多めにサラダ油を入れて熱し、手羽先を 8 分ほど揚げ焼きにする。
3. A を合わせ、2 の手羽先にからめる。

しょうが効果でレバーを食べやすく

鶏レバーしょうが炒め

材料（2 人分）
鶏レバー…150g
A おろししょうが…1/2 片分
A しょう油…大さじ 1
A 酒…大さじ 1/2
サラダ油…大さじ 1/2
しょうが…少々
青じそ…5 枚

作り方
1. レバーはひと口大に切って血合いを除き、水に 15 分ほどさらして水気をふく。
2. ボウルに A を合わせ、レバーを 30 分ほど漬ける。
3. フライパンにサラダ油を熱し、2 のレバーを A ごと加え、ふたをして中火にかける。汁がはねなくなったらふたを取り、強火で汁気がなくなるまで炒める。
4. 器に盛り、千切りにしたしょうがと青じそをのせる。

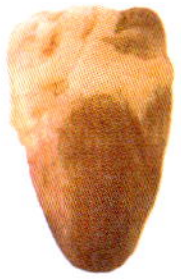

きも（心臓）

クセはなく、独特の歯ごたえがある。串焼きや揚げ物に最適。

かわ

脂肪が多く、カロリーが高い。炒めたり煮たりすると味がよく出る。

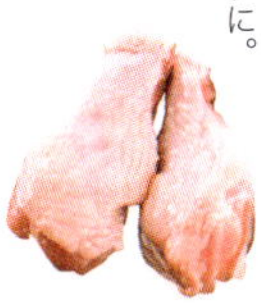

手羽

肉量が多い手羽元は揚げ物に、脂肪が多い手羽先はスープに。

すなぎも（筋胃）

脂肪が少なく、低カロリー。コリッとした食感は、から揚げや炒め物向き。

ミルクスープに手羽元の旨みが溶けた

手羽元のカレー煮

材料（2人分）

鶏手羽元…6本
塩・こしょう…各少々
小麦粉・カレー粉
　…各大さじ 1/2
たまねぎ…1/4 個
エリンギ…1本
白ワイン…大さじ2
オリーブ油…大さじ1
バター…10g
A 水…200 ㎖
A 固形スープの素…1個
ココナッツミルク
　…150 ㎖
パセリ…適量

作り方

1. 手羽元は骨の間に切り目を入れ、塩・こしょうをすり込み、合わせた小麦粉とカレー粉をからめる。
2. たまねぎは1㎝幅に切ってから半分に切る。エリンギは4つに裂いて横半分に切る。
3. 深めのフライパンにオリーブ油を熱し、手羽元を入れて中火で焼く。両面に焼き色がついたらバターとたまねぎを加え、炒め合わせる。
4. 白ワインを入れて煮立て、Aを加え、ふたをして 10 分ほど煮込む。
5. エリンギを加え、ふたをして5分煮る。さらにココナッツミルクを加え、ふたなしで5分煮て、塩、こしょうで調味する。仕上げにみじん切りにしたパセリを散らす。

すなぎものにら炒め

ヘルシーなすなぎもは少量でも食べごたえ十分

材料（2人分）

すなぎも…150g
にら…8本
しょうが…1片
長ねぎ…1/2 本
サラダ油…適量
A ナンプラー・オイスターソース
　…各小さじ2
こしょう…適量

作り方

1. すなぎもは食べやすい大きさに切り、さっとゆでる。にらは細かく刻み、しょうが、ねぎはみじん切りにする。
2. フライパンにサラダ油をひき、しょうが、ねぎを弱火で炒める。すなぎもを加えて炒め、Aを加えて調味する。
3. にらを加えてさっと炒め合わせる。皿に盛り、こしょうをふる。

鶏かわのコクにわさびを合わせて

鶏かわとごぼうのごまわさびきんぴら

材料（2人分）

鶏かわ…100g
ごぼう…1本
赤とうがらし…1本
A 砂糖…大さじ1
A しょう油
　…大さじ2と 1/2
A 酒・みりん…各大さじ1
A 練りわさび…大さじ 1/2
ごま（黒）…適量

作り方

1. 鶏かわは小さめに切る。ごぼうは皮をこそげて大きめのささがきにし、水にさらす。赤とうがらしは輪切りにする。
2. フライパンに鶏かわと赤とうがらしを入れて炒め、脂をふき取る。
3. 水を切ったごぼうを入れて炒め、合わせたAを加えて炒め合わせる。仕上げにごまをふる。

卵 タマゴ

豊富な栄養素 価格も安定

現在流通している鶏卵は、ほとんどが無精卵。栄養素は有精卵とほとんど変わらないといわれています。赤玉などの殻の色は、鶏の品種の差。黄身の色は、飼料によって異なりますが、味の差はありません。

日本の鶏卵は洗浄基準もあって、衛生管理が行き届いているため、安心して生食ができます。

食品成分表
（全卵　生　可食部 100g あたり）

エネルギー		151kcal
水分		76.1g
たんぱく質		12.3g
脂質		10.3g
炭水化物		0.3g
無機質	**カリウム**	**130mg**
	カルシウム	**51mg**
	鉄	**1.8mg**
	亜鉛	**1.3mg**
ビタミンA（レチノール当量）		**150μg**
	D	**1.8μg**
	B_1	**0.06mg**
	B_2	**0.43mg**

卵は、ビタミンC以外は必要な栄養素がすべて含まれ、アミノ酸バランスがよく、栄養成分が豊富。吸収がよいので、体が弱ったときなどのたんぱく源としても最適。

アボカドはレモン汁をふって変色を防いで

半熟卵とアボカドのサラダ

材料（2人分）

- 卵…1個
- アボカド…1個
- レモン汁…1/2個分
- たまねぎ…1/2個
- A すりごま（白）…大さじ1
- A マヨネーズ…大さじ1
- A 牛乳…大さじ1/2
- 塩・粗びきこしょう…各少々
- パセリ…少々

作り方

1. 卵は水から8分ゆで、半熟卵を作る。たまねぎはみじん切りにし、水にさらす。
2. アボカドは皮とタネを除いて2㎝角に切り、レモン汁をまぶす。
3. Aを混ぜ合わせて、2、水気を切ったたまねぎを加え、さっと和える。
4. 3を皿に盛り、半分に切った卵をのせ、刻んだパセリ、塩、こしょうをふる。

うまい厚焼き卵は最後にしっかり焼き色をつける

ねぎとじゃこのはちみつ焼き

材料（2人分）

- 卵…3個
- 牛乳…大さじ3
- A 塩…少々
- A はちみつ…小さじ1
- A 酒…小さじ2
- A しょう油…小さじ1
- A ちりめんじゃこ…大さじ5
- A 小ねぎのみじん切り…大さじ2
- サラダ油…大さじ2

作り方

1. ボウルに卵、牛乳、Aを入れてざっくり混ぜる。
2. 熱した卵焼き器にサラダ油を塗り、1を1/3量流し入れて端から巻く。再び油を塗って1/3量流し入れ、厚焼き卵を作る要領で焼く。残りも同様に焼く。
3. ペーパータオルで包んで形を整え、粗熱がとれたら切る。

常備　ご飯にも酒の肴にも

黄身のみそ漬け

密閉容器を用意し、厚さ2～2.5㎝ほどみそを入れる。酒・みりん各大さじ1を混ぜ、一部を取りおいて容器に敷きつめる。みその上にガーゼを敷き、スプーンでくぼみを作る。卵黄6個をそれぞれのくぼみに入れ、さらにガーゼをかぶせる。残りのみそを卵黄の上に薄くかぶせ、1日半～3日で食べられる。

ご当地

不思議な食感が病みつき

たまごふわふわ

沸騰しただし汁によく撹拌した卵を流し入れ、蒸気でふんわりと蒸し固めたもので、口にした途端にふわっと消える食感が特徴。東海道五十三次の真ん中に位置する静岡県袋井宿で、江戸時代に旅人に供したもてなし料理が再現、復活された。

常備

うずらの卵もおすすめ

卵ピクルス

卵はかためにゆでて殻をむく。ピクルス液を作る。酢 500 mℓ、水 350 mℓ、砂糖 125g、塩小さじ1と1/2、ピクルス用スパイス（クローブ、ローリエ、オールスパイス、ペッパーなど）適量を火にかけ、煮立ったら卵を入れた耐熱びんに注ぐ。

漬けるほど深い味わい

基本の煮卵

材料（作りやすい分量）

卵…4個
塩…大さじ1
削り節…5g
A
しょう油…大さじ7
酒…大さじ5
水…大さじ4
みりん…大さじ2
砂糖…大さじ3

作り方

1. 鍋に卵と塩、ひたひたの水を入れてゆで卵を作り、粗熱をとって殻をむく。
2. 鍋にAを煮立て、削り節を加えて1分ほど煮立て、ペーパータオルなどでこしてから粗熱をとる。
3. 保存容器に1、2を入れ、冷蔵庫で30分以上漬ける。

冷凍卵かけご飯

冷凍させた卵を1時間ほどかけて自然解凍し、熱いご飯の上にのせる。しょう油適量をかけ、混ぜながら食べる。ゼリー状の白身とクリーミーで濃厚になった黄身の食感が楽しい。食欲のない夏場には特におすすめ。

卵かけご飯9種

チーズ

手軽なプロセスチーズ 個性のナチュラルチーズ

家畜の乳をチーズに加工することは、古くからの知恵でした。日本には6世紀に伝わり、「蘇」として貴族階級だけの貴重な食品に。庶民の食材になるのは昭和になって、プロセスチーズの製造が始まってからです。プロセスチーズは、複数のナチュラルチーズに調味料を加え熱処理したもので、安定していて保存性もあります。

カッテージチーズのようにフレッシュ（熟成しない）な軟質、青カビなどで熟成させるブルーチーズなどの半硬質、パルメザンやチェダーなどの長い熟成時間をかける硬質のものがあります。作り方によって、味や風味も違い、楽しみ方も様々です。

食品成分表
（プロセスチーズ　可食部 100g あたり）

エネルギー		339kcal
水分		45.0g
たんぱく質		22.7g
脂質		26.0g
炭水化物		1.3g
無機質	**カルシウム**	**630mg**
	亜鉛	**3.2mg**
ビタミンA（レチノール当量）		**260 μg**
	B2	**0.38mg**

チーズはカルシウムがとても豊富。特にプロセスチーズは 100g 中に 630mg も。しかも良質なたんぱく質と結合して含まれているので消化吸収がよいのが特徴。骨を丈夫にするほかにも、イライラの予防や緩和にも。

とろーりチーズの洋風仕立て

ブロッコリーのチーズ茶碗蒸し

材料（1 人分）

ブロッコリー…1/4 株
溶けるチーズ…1 枚
卵…1 個
固形スープの素…1/2 個
水…200 mℓ

作り方

1. ブロッコリーは小房に分け、塩（分量外）を加えた熱湯でゆでる。
2. 水 200 mℓを沸かした熱湯にスープの素を溶かし、粗熱をとる。
3. 卵を溶きほぐし、茶こしでこしながら 2 と合わせる。
4. 耐熱容器に 1、3 を入れ、20 分ほど蒸す。蒸し上がったら溶けるチーズをのせる。

豆腐とチーズでよりクリーミー

クリームチーズとオクラの白和え

材料（2 人分）

木綿豆腐…1/2 丁
A みりん…大さじ 1/2
A 薄口しょう油…小さじ 1/2
A 砂糖…大さじ 1/2
A 塩…少々
A 練りごま（白）…小さじ 1/2
オクラ…4 本
だし汁…適量
クリームチーズ…40g
すりごま（黒）…大さじ 1

作り方

1. 豆腐はレンジで加熱し、水気を切る。裏ごしをしてすり鉢に入れ、A を加えてなめらかになるまでする。
2. オクラは板ずりし、ゆでて冷水にとり、だし汁に入れる。
3. オクラの汁気をふいて小口切りにし、クリームチーズ、1 と和える。
4. 器に盛り、すりごまをふる。

常備　小さく切っておつまみに

チーズと野菜の塩漬け

キャベツの葉（大きめ）4 枚は 1/4 に切り、セロリー 1/2 本は 6 ㎝長さに切って縦半分に切る。2 つを合わせ、塩小さじ 1/3 をふる。チェダーチーズ 80g は 6 ㎝の棒状に切る。チーズとキャベツ、セロリーを重ね、重石をして数時間からひと晩漬ける。

ヨーグルト

ヨーグルト

長寿の食材は乳酸菌が作る

ヨーグルトとは、主に牛乳を乳酸菌によって発酵させた、発酵乳をいいます。近年、乳酸菌の働きが研究され、機能性食品として期待を集めています。

日本では、甘みを加えゼラチンなどで固めたハードヨーグルトが主流でしたが、半流動で加糖しないプレーンヨーグルトの消費が増えています。

ドリンクヨーグルトは薄めたものではなく、攪拌して液状にしたものです。

食品成分表
（全脂無糖　可食部 100g あたり）

エネルギー	62kcal
水分	87.7g
たんぱく質	3.6g
脂質	3.0g
炭水化物	4.9g
無機質　カルシウム	**120mg**
ビタミンA（レチノール当量）	**33μg**
B2	**0.14mg**

乳酸菌は大腸内の善玉菌を増やし、それによって免疫力が強化されるので、整腸作用だけでなく大腸ガン予防にも効果があります。さらに、たんぱく質も豊富なカルシウムも乳酸菌の働きで吸収されやすくなります。余分なコレステロールを体外に排出したり、血圧上昇を抑えることも。

ダイエットにはもってこい

ヨーグルトサラダ

きゅうり 1 本は斜め切りにし、にんにく 1 片はみじん切りにする。トマト 1 個、パプリカ（黄）1/2 個は食べやすい大きさに切る。プレーンヨーグルト 200 ㎖、レモン汁大さじ 1、すりごま（白）大さじ 2、塩小さじ 1/2、こしょう少々を合わせて野菜と和え、仕上げにみじん切りにしたパセリを散らす。

手作りヨーグルト

完成したら容器を替えて冷蔵庫へ

準備するもの

- 温度計（料理用）
- 魔法びんなど保温容器

材料（作りやすい分量）

牛乳…1 ℓ
プレーンヨーグルト…100g
砂糖…大さじ 2

作り方

1. 鍋に牛乳と砂糖を入れ、弱火にかける。温度が 40℃になったら火を止める。
2. 1 にヨーグルトを加え、よく混ぜる。
3. 2 を熱湯消毒した保温容器に入れ、6～7 時間おく。

カレーにヨーグルト 4 役!?

ヨーグルトの成分・乳酸菌は、肉質を軟化、熟成させるので、調理前の肉に混ぜると、肉がふっくらジューシーに。また、直接加えると、辛さをまろやかにし、酸味がアクセントになります。カルシウムや乳酸菌もとれて、栄養面でもうれしい限り。

ヨーグルト効果で肉がやわらか

鶏肉のヨーグルト焼き

材料（2 人分）

鶏むね肉…160g
塩・こしょう…各少々
A プレーンヨーグルト…60g
A おろしにんにく…1/2 片分
A レモン汁…大さじ 1 と 1/3
サラダ油…小さじ 2
しょう油…小さじ 2
ベビーリーフ…適量

作り方

1. 鶏肉は塩、こしょうをし、合わせた A に 30 分ほど漬ける。
2. フライパンにサラダ油を熱し、1 を中火で片面を香ばしく焼く。裏返したら弱火で火が通るまで焼き、取り出して皿に盛る。
3. 2 のフライパンに漬けだれとしょう油を加え、ひと煮して鶏肉にかけ、ベビーリーフを添える。

ギュウニュウ
牛乳

栄養バランスがよく欠かせない食材

日本の乳牛は、ほとんどがホルスタイン種系。乳量が多く優秀な品種です。牛乳の殺菌は、63℃で30分間加熱するか、それに同等する方法が義務づけられています。これよりも高い温度で殺菌したロングライフ牛乳もあります。

成分調整牛乳とは、生乳から乳脂肪の一部や水分を除き、成分を濃くするなどの調整を行ったものです。

加工乳は、生乳や脱脂粉乳、バターなどを原料に、乳成分や乳脂肪分を調整したもので、濃厚ミルクや低脂肪乳などです。

食品成分表
（普通牛乳　可食部 100g あたり）

エネルギー	67kcal
水分	87.4g
たんぱく質	3.3g
脂質	3.8g
炭水化物	4.8g
無機質　カルシウム	**110mg**
ビタミンA（レチノール当量）	**38μg**
B2	**0.15mg**

牛乳は良質なたんぱく質、脂肪、ビタミン、ミネラルがまんべんなく含まれています。特にカルシウムが豊富で、しかも牛乳のたんぱく質にはカルシウムの吸収を助ける働きがあるので相乗効果が。牛乳のたんぱく質のMBPは骨を作り、骨からカルシウムが溶け出すのを防ぐ効果もあります。

牛乳の殺菌法

高温殺菌…72℃で 15 秒間殺菌
たんぱく質の変質は抑えられるが消費期限は短め。
超高温殺菌…120 ～ 135℃で 1 ～ 3 秒殺菌
密閉状態で 10 日ほどの消費期限がある。

みそと牛乳のとろりとしたやさしい味

さといもの和風ミルク煮

材料（2 人分）
- さといも…4 ～ 5 個
- A にんにくのみじん切り…小さじ 1
- A バター…10g
- B 牛乳…200 ㎖
- B 酒…大さじ 2
- C みそ…大さじ 1/2
- C 薄口しょう油…少々
- 小ねぎ…1 本
- 粗びきこしょう…少々

作り方
1. さといもは皮をむき、食べやすい大きさに切る。
2. 鍋に A を入れて中火で炒め、香りが立ったらさといもを加えて炒める。
3. B を加えて煮立たせ、弱火にして 5 分煮て、C で調味する。
4. ふたをせず、汁気が少しとぶまで煮る。仕上げに小口切りにしたねぎ、こしょうをふる。

消化がいい簡単リゾット風

牛乳おじや

材料（2 人分）
- ご飯…90g
- ベーコン…2 枚
- ミニトマト…4 ～ 5 個
- たまねぎ…1/4 個
- A 牛乳…200 ㎖
- A 水…100 ㎖
- みそ…小さじ 1
- 塩…少々
- 粉チーズ・パセリ…各少々

作り方
1. ベーコンは千切りにし、ミニトマトは半分に切り、たまねぎはみじん切りにする。
2. 鍋にご飯、1、A を入れて混ぜる。中火で煮立たせたら弱火にし、ふたをして煮る。
3. 汁気がひたひたになったら、みそと塩で調味し、軽く煮る。
4. 器に盛り、粉チーズ、刻んだパセリを散らす。

餃子＋牛乳、驚きのおいしさは試す価値あり

牛乳餃子鍋

材料（1人分）

ほうれん草…1/4束
長ねぎ…1/2本
ブロッコリー…1/4株
餃子…5個
A 牛乳…300㎖
A 水…100㎖
A 固形スープの素…1個
A バター…5g
塩・粗びきこしょう…各少々
ラー油…適量

作り方

1. ほうれん草は3等分に、ねぎは4㎝長さの斜め切りにする。ブロッコリーは小房に分け、かためにゆでる。
2. 土鍋にAを入れて煮立たせ、塩とこしょうで味を調える。1、餃子を加えて煮て、好みでラー油をかけていただく。

酢は様子を見ながら加減を

ミルク豆腐

牛乳600㎖を火にかけ、煮立てないように温める。火を止め、酢大さじ3を少しずつ入れる。牛乳が分離して固まってきたら、さらしなどで水分をこす。

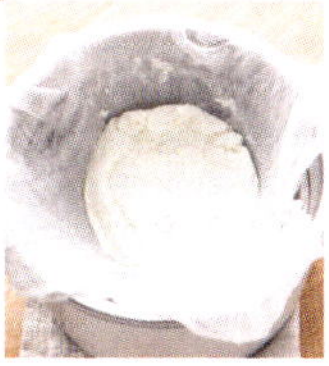

牛乳は最後に加えて煮すぎずに

まろやか豚汁

材料（2人分）

豚薄切り肉…50g
しょうが…1/2片
にんじん…2㎝
じゃがいも…1個
長ねぎ…5㎝
サラダ油…大さじ1/2
だし汁…200㎖
牛乳…100㎖
みそ…大さじ2
しょう油…少々

作り方

1. 豚肉はひと口大に切る。しょうがは千切りにし、一部を飾り用に取りおく。にんじん、じゃがいもはいちょう切りに、ねぎは小口切りにする。
2. 鍋にサラダ油としょうがを入れて炒める。香りが立ったら豚肉を加えて色が変わるまで炒め、にんじん、じゃがいもを加えて炒め合わせる。だし汁を加え、野菜がやわらかくなるまで煮る。
3. 火を止め、ねぎ、みそを溶き入れ、牛乳を加えてひと煮し、しょう油で調味する。仕上げに飾り用のしょうがをのせる。

牛乳ドリンク3種

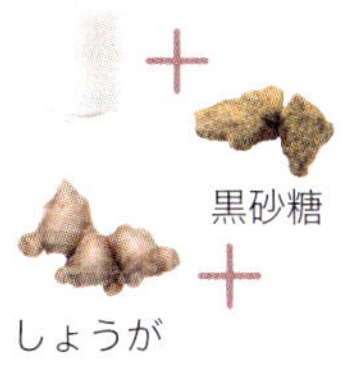

材料＆作り方

黒糖…10g
おろししょうが…1/2かけ分
水…大さじ1と1/2
牛乳…200㎖

鍋に黒糖としょうがと水を入れ中火にかける。沸騰したら冷まし、牛乳を加える。

材料＆作り方

りんごのすりおろし…1/2個分
塩…少々
シナモン（粉末）…少々
牛乳…200㎖

鍋に牛乳を入れ中火にかけ、りんごと塩、シナモンを加える。

材料＆作り方

クリームチーズ…40g
粗びきこしょう…少々
牛乳…200㎖

クリームチーズをレンジに30秒かけて、やわらかくする。牛乳を加えよく混ぜ、再度レンジで好みの温度に温め、黒こしょうをふる。

米
コメ

縄文時代から日本人の文化、経済の礎となった食材

東南アジアで広く栽培されている米には、細長いインディカ米と、丸型で粘りのあるジャポニカ米があります。日本では、風土に合ったジャポニカ米が栽培され、各地に250種以上のブランド米が存在します。

2004年に食糧法が大きく改定され、生産農家も販売先を自主的に決められ、消費者も味や価格だけでなく栽培法などを含めて選ぶことができます。

米は精米したもの以外に、玄米や半つき米など、栄養成分を考えて選ぶことも可能ですし、米以外の雑穀を合わせても楽しめます。

食品成分表
（水稲めし　精白米　可食部 100g あたり）※精白米 47g 相当量

エネルギー	168kcal
水分	60.0g
たんぱく質	2.5g
脂質	0.3g
炭水化物	37.1g
無機質　カリウム	**29mg**
亜鉛	**0.6mg**
マンガン	**0.35mg**
ビタミンB_1	**0.02mg**
食物繊維	0.3g

基本の握り方（三角握り）

おにぎりの命は、ふんわりとしたご飯。そのために、ご飯は少しかために炊き上げ、ほろりとした食感に。手に塩をすり込み、熱いご飯をのせ、4本の指で壁をつくる。反対の手の指を曲げて山形にし、ご飯に当てて握る。ポイントは、卵を持つようなやさしい手つきで、2～3回握ること。茶碗に入れて上下にふり、軽くまとめてから握ってもOK。お弁当用は必ず冷ましてから包むように。

丸形
両手の平を丸くしてご飯を包み、団子を作るようにご飯に丸みをつける。3～4回横に回転させながら握り、軽く押さえる。

俵形
手の平にご飯をのせ、親指以外の指を揃えて包むように握る。反対の手でご飯の上下を軽く押さえながら回し、同様に握る。

おにぎりの具組み合わせ12種

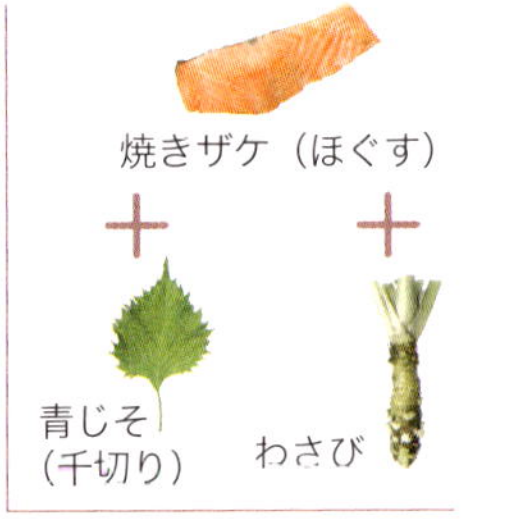

おかゆの基本

材料（4人分）
米…1合
水…7カップ
塩…小さじ1/5

1

七分粥の場合は、4人分で米1合、水7カップを用意する。米は炊く1時間前に研いで、たっぷり水を浸透させる。

2

強火で沸騰させたら、表面が静かに煮立つ程度の弱火にする。

3

鍋のふたは取らずに少しずらし、吹きこぼれないようにする。

白粥の水加減

三分粥…水の量が米の15倍
五分粥…水の量が米の10倍
七分粥…水の量が米の7倍
全粥…水の量が米の5倍

食品成分表

（水稲全粥　精白米　可食部100gあたり）※精白米20g相当量

エネルギー	71kcal
水分	83.0g
たんぱく質	1.1g
脂質	0.1g
炭水化物	15.7g
無機質　亜鉛	**0.3mg**
マンガン	**0.15mg**
ビタミンB_1	**0.01mg**
食物繊維	0.1g

米の主成分は炭水化物のでんぷんで、でんぷんから生成されたブドウ糖は脳の唯一のエネルギー源。胚芽米や玄米はそのブドウ糖をエネルギーに変えるビタミンB_1が多く含まれ、脳の働きを活発に。

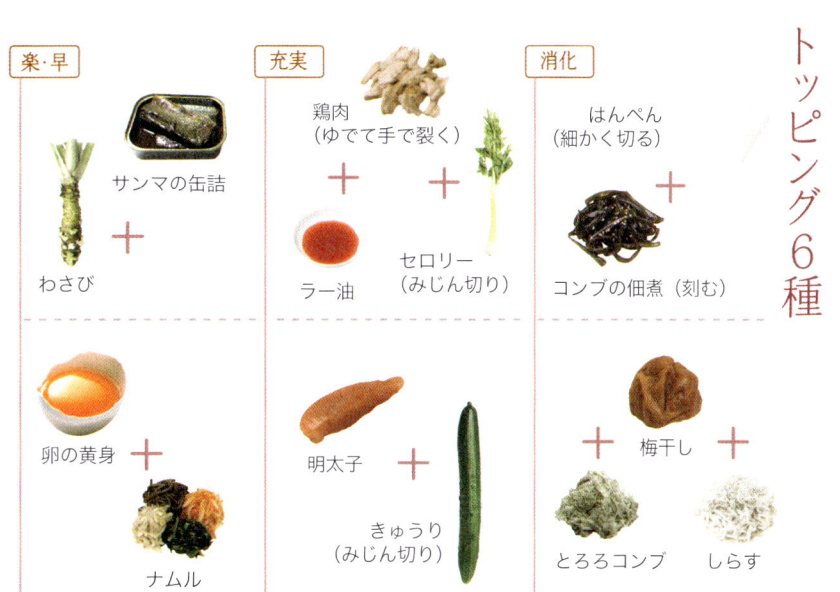

トッピング6種

楽・早

サンマの缶詰

＋

わさび

卵の黄身

＋

ナムル

充実

鶏肉
（ゆでて手で裂く）

＋

ラー油

＋

セロリー
（みじん切り）

明太子

＋

きゅうり
（みじん切り）

消化

はんぺん
（細かく切る）

＋

コンブの佃煮（刻む）

梅干し

＋

とろろコンブ

＋

しらす

冷やご飯を使うと
一層パラパラになる

基本の炒飯

材料（2人分）

ご飯…茶碗2杯分
溶き卵…1個分
長ねぎのみじん切り…20g
サラダ油…大さじ1
塩・こしょう…各少々
しょう油…少々

作り方

1. 鍋を熱し、煙が立ってきたらサラダ油を入れ、溶き卵を加える。
2. 卵が半熟状態になったらご飯を入れ、ご飯を切るようにほぐし混ぜる。
3. 火が通ったらねぎ、塩、こしょうの順に加える。最後に鍋肌からしょう油を回し入れ、全体を混ぜ合わせる。

炒飯バリエーション9種

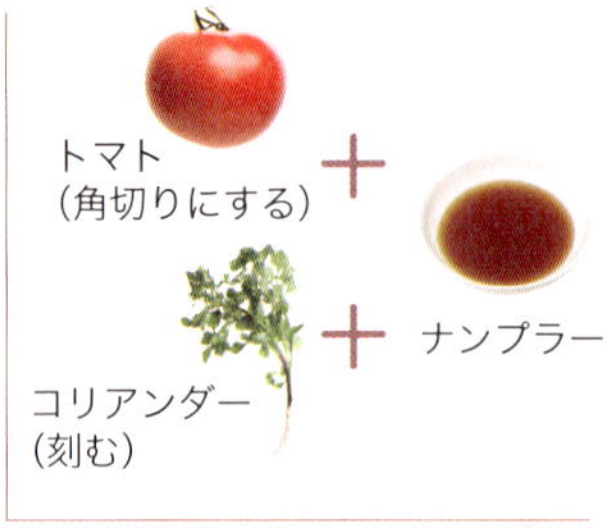

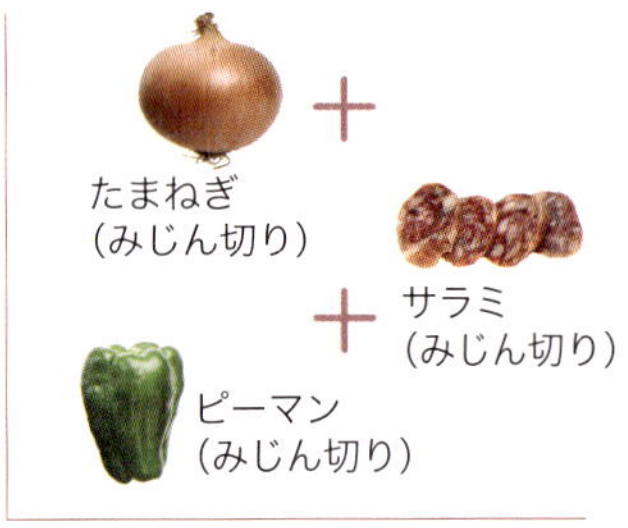

玄米ご飯を炊こう

炊飯器

下準備：玄米２合を軽く洗い、米の 1.3 倍の水に浸してひと晩おく。
炊き方：炊飯器の通常モードで炊き、15 分蒸らす。食べてかたければ、80 mℓほどの水を入れ、再度炊く。

土鍋

下準備：玄米 1.5 合、赤米 0.5 合を合わせて軽く洗い、米の 1.3 倍の水に浸してひと晩おく。
炊き方：土鍋に米と水を入れて強火にかけ沸騰させる。弱火にして 30 分ほど炊いて火を止め、10 分蒸らす。
※玄米のみの場合は、玄米の 1.3 倍の水に浸してひと晩おき、同様に炊く。

ホウロウ鍋などの厚手鍋

下準備：玄米２合を軽く洗い、米の 1.3 倍の水に浸してひと晩おく。
炊き方：玄米と雑穀ミックス大さじ３を鍋に入れて強火にかけ、10 分ほどで沸騰させる。弱火にして 35 分ほど炊いて火を止め、10 分蒸らす。
※玄米のみの場合は、玄米の 1.3 倍の水に浸してひと晩おき、同様に炊く。

圧力鍋

下準備：玄米 1.5 合、押し麦 0.5 合を合わせて軽く洗い、米の 1.2 倍の水に浸してひと晩おく。
炊き方：鍋に米と水を入れて強火にかけ、重りが動きだしたら１分ぐらいそのままにする。弱火にして 20 分ほど炊いて火を止め、10 ～ 15 分蒸らす。
※玄米だけの場合は、玄米の 1.2 倍の水に浸してひと晩おき、同様に炊く。

雑穀の種類と特徴

きび（黍）	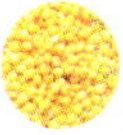	小粒ながらコクや甘みがあり、冷めてもモチモチした食感が特徴。ビタミン B_1、B_6、亜鉛、ナイアシンが豊富。ポリフェノールを含み抗酸化作用が期待できる。
あわ（粟）		きびよりも小粒で、あっさりとクセがない。パントテン酸が雑穀の中では特に多く、ストレス予防に効果的。食物繊維、たんぱく質、鉄分も豊富。
押し麦		麦とろご飯などに入っているのがこの押し麦。香ばしさや風味があるが、クセはなく食べやすい。水溶性繊維を多く含み腸内環境を整える。
そば（蕎麦）		つるんとした食感で消化がよい。スープや雑炊などにも向く。ポリフェノールの一種ルティンをはじめ、カルシウム、ビタミン B_2 を多く含む。
アマランサス		雑穀の中でもっとも小粒。種皮がやわらかく精白の必要がないので、栄養価の高いまま食べることができる。カルシウム、ビタミン B_6、葉酸、亜鉛を多く含む。
ひえ（稗）		クセがなく粘りやモチモチ感が少ない。冷めるとパサつくので調理法に工夫を。たんぱく質、カリウム、カルシウム、マグネシウムなどバランスよく含む。
ワイルドライス		「ライス」とついているが実際は植物の種。ナッツのような香ばしさとサクサクした食感をもつ。たんぱく質、ビタミン B_2、ミネラル類を多く含む。
キヌア		糠のような独特の風味があるので調理には加減して使用する。カルシウム、鉄分、食物繊維に富む。NASA が「21 世紀の主食になる」と発表し話題に。
黒米		少量入れるだけで、米に濃い色が出る。中国では薬膳料理によく用いられるため「薬米」と呼ばれる。黒い色素のアントシアニンは動脈硬化やガン予防に有効。
赤米		日本の米のルーツといわれる。粘りがなくパラリとしているので、リゾットやスープに向く。外皮にはポリフェノールの一種タンニンを含む。

茶《チャ》

お茶のカテキンは生活習慣病に効果も

日本の緑茶は、紅茶やウーロン茶などと同じ「チャ」から作られています。細かく分けると、中国種とインド種ですが、日本のお茶は中国種。

その同じチャ木から、様々な種類のお茶が作られています。新茶は、春の一番に摘みとられたもので、さわやかな風味が特徴。煎茶は、蒸して煎ることで発酵を抑えたもので、もっともなじみのあるお茶です。煎茶の製造時に除かれた茎で作られるのが茎茶。番茶やほうじ茶などは、産地地方によって様々な定義があります。

ご飯に茶がらの香り

茶葉ご飯

米2合は研ぎ、酒大さじ2、塩小さじ1/2を入れ、目盛りより少なめの水を加えてかために炊く。煎茶大さじ2は40～50℃の湯で2分ほどもどし、水分をしぼる。炊いたご飯に煎茶を混ぜ合わせる。

常備

いつもより上品な味に

茶がらの卯の花

材料（2人分）
- にんじん…1/2本
- しいたけ…4枚
- こんにゃく…50g
- おから…200g
- 茶がら…30g
- ごま油…小さじ2
- A だし汁…200㎖
- A みりん…90㎖
- A 薄口しょう油…大さじ2

作り方
1. にんじんは千切り、しいたけは薄切りにする。こんにゃくは熱湯でゆで、しいたけと同じ大きさに切る。
2. 鍋にごま油を熱して1を順に炒め、火が通ったらおからを加え、軽く炒め合わせる。
3. Aを加えて煮立て、弱火で汁気がなくなるまで煮る。最後に茶がらを加えてひと混ぜする。

乾燥させて保存食に

常備

茶がらのふりかけ

茶がら適量は乾燥するまでレンジで加熱する。すり鉢などで細かくし、から炒りする。香りが立ってきたら桜エビ・塩・ごま（白）各適量を加え、炒め合わせる。

食品成分表
（緑茶類　煎茶　茶
可食部 100g あたり）

緑茶類
煎茶
茶

エネルギー	331kcal
水分	2.8g
たんぱく質	24.5g
脂質	4.7g
炭水化物	47.7g
無機質　カリウム	**2200mg**
マンガン	**55.00mg**
ビタミンA（β - カロテン当量）	**13000μg**
葉酸	**1300μg**
C	**260mg**
食物繊維	46.5g

お茶などの苦み成分カフェインには、脂肪を分解する酵素活性を高める働きがあり、運動する前に飲むと脂肪代謝をアップさせます。旨み成分テアニンには血圧の上昇を抑えたり、脳や神経機能を健康に保つ働きが。お茶に多い GABA は脳の血流をよくし、脳細胞を活性化します。

（緑茶類　煎茶　浸出液
可食部 100g あたり）

緑茶類
煎茶
浸出液

エネルギー	2kcal
水分	99.4g
たんぱく質	0.2g
脂質	(0)
炭水化物	0.2g
無機質　カリウム	**27mg**
マンガン	**0.31mg**
ビタミンC	**6mg**
食物繊維	–

日本人には１日にお茶を何杯も飲む人が多いので、ビタミンCの貴重な供給源にもなります。緑茶にはポリフェノールの仲間のカテキンが豊富で、抗酸化作用によりガン細胞増殖の抑制も。殺菌力があり、食中毒の原因菌や、胃潰瘍の原因のピロリ菌にも有効です。抗ウイルス作用もあるので、お茶でうがいをすれば風邪予防にも。

煎茶

よく飲まれる緑茶。摘んだ茶葉は蒸してもみ、乾燥させる。

玉露

煎茶の一種。茶葉に覆いをかけて育て、香り、旨みが高い。

五穀玄米茶

煎茶と玄米、そば、あわ、大麦、はと麦などを合わせたさっぱり味。

ほうじ茶

番茶や煎茶を炒るのでカフェインが減り、香ばしいのが特徴。

おすすめは混ぜご飯

茶がらの佃煮

常備

鍋に茶がら大さじ5、しょう油・みりん各大さじ１を入れ、中火で煮る。汁気がなくなったら、ちりめんじゃこ・ごま（白）・七味唐辛子各適量を加える。

お茶のいれ方

水は軟水がおすすめ。水道水の場合は、沸騰後やかんのふたを開け、２～３分煮立たせてカルキ臭をとばす。人数分の湯のみに沸騰させた湯を入れて冷まし、茶葉を入れた急須に注ぐ。１分ほどおき、濃さが均一になるよう注ぎ分け、最後の一滴まで注ぎきる。注ぎきった茶葉は、２、３煎までおいしく飲める。

おいしいお湯の温度

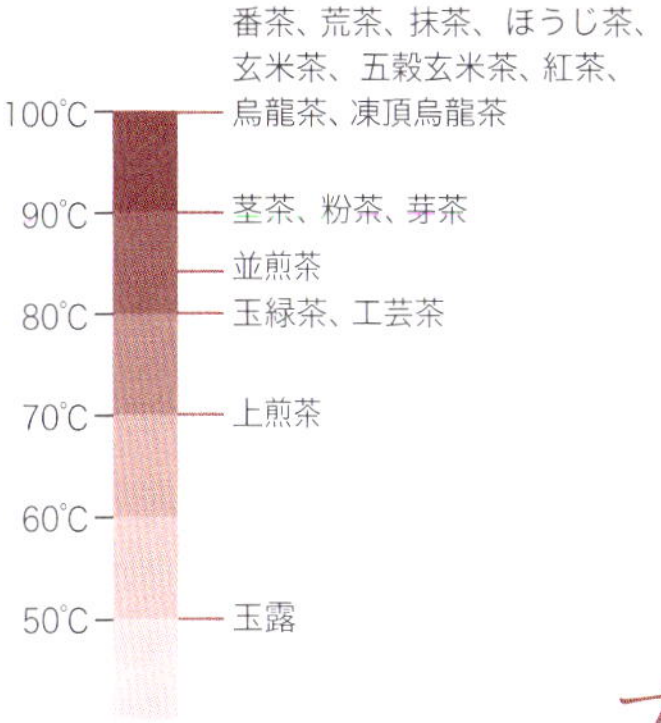

ブレンド茶3種

名前のさくいん

野菜

魚

肉

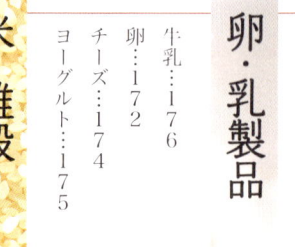

卵・乳製品

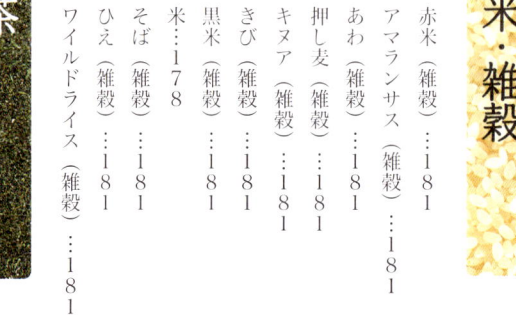

米・雑穀

茶

材料のさくいん

野菜

香・果

魚介類

大豆・卵・乳製品

穀類

米・穀類

小麦製品

加工・保存食品

缶詰

惣菜

干物

監修

女子栄養大学 名誉教授

吉田企世子

1934年栃木県生まれ。日本女子大学大学院修士課程修了。農学博士（東京大学）。専門は食品学、食品加工学。女子栄養大学名誉教授。現在、女子栄養大学名誉教授。（財）日本醤油技術センター理事。（財）中央果実生産出荷安定基金協会評議委員他。主な著書に「野菜の成分とその変動」（学文社）、「野菜ー畑から食卓まで」（女子栄養大学出版部）、「もっともっと野菜の本」（文化出版局）など多数。

Staff

編集・制作／reg-ia
編集・執筆協力／真木文絵、石崎公子、横田佳子
イラスト／浅田弥彦
校閲／堀江圭子
編集担当／深山里映

日本の食材帖 実践レシピ

編集人　泊出紀子
発行人　黒川裕二
発行所　(株)主婦と生活社
〒104-8357
東京都中央区京橋3-5-7
www.shufu.co.jp
編集部　TEL 03-3563-5321
FAX 03-3563-5273
販売部　TEL 03-3563-5121
生産部　TEL 03-3563-5125
印刷所　大日本印刷株式会社
製本所　株式会社若林製本工場

ISBN978-4-391-13897-9